카타르 월드컵
그날의 추억

카타르 월드컵
그날의 추억

황선재 지음

좋은땅

(조금 긴) 프롤로그

내 어린 시절 우연히 들었던 믿지 못할 한마디. 이 세상을 다 준다는 매혹적인 얘기. 내게 꿈을 심어 주었어.

-코요태 〈우리의 꿈(원피스 OST)〉-

- 2010 남아공 월드컵과 그 이후

나는 어렸을 당시에 축구는커녕 운동 자체를 싫어하고, 밖에 나가는 것은 더더욱 싫어하는 꼬마였다. 맨날 집에서 레고, 건담을 조립하고 움직이는 활동을 싫어하는 소년이었다. 그러다 보니 몸은 점점 뚱뚱해지고 매번 밖에 나가며 활발한 모습을 보이는 여동생과 달리 소극적인 나 때문에 부모님과 친척의 걱정을 언제나 사기 일쑤였다. 물론 '경도 비만'은 덤이고. 그런 나에게 2010년, 인생을 송두리째 영향을 주는 대회가 하나 일어났다. 바로 '2010 남아공 월드컵'이었다.

2010년 6월, 무더운 여름에 우리나라는 월드컵에서 그리스와의 경기를 앞두고 있었다. 하지만 축구에 대해 아예 관심이 없던 나는 당연히 이 경기에 관심이 없는 것이 당연했다. 그렇지만 우리나라의 첫 경기이기 때문에 우리 가족은 무더운 여름에 창문을 열고 티비를 켠 채 응원을 했다. 그게 내 첫 축구 경기 시청이었다.

나는 처음에 시큰둥했다. 내가 '안 그래도 축구를 별로 좋아하지 않는데 이 경기를 왜 봐야 하는 거지?'라는 생각이 가득했다. 그런데 이러한 생각은 곧바로 깨지기 시작했다. 바로 이정수 선수가 선제골을 넣은 것이었다. 온 아파트가 환성으로 가득 차기 시작했다. 그리고 이 골은 내 마음속에 축구에 대한 열정을 불붙이기 시작했다. 나는 점점 이 경기를 몰입해서 보았고, 이후 대한민국의 전설이자 '해버지(해외 축구의 아버지)'라는 별명을 가질 정도로 대한민국 선수들의 해외 축구 진출의 시발점이라고도 평가를 받을 정도로 무방한 선수였던 박지성 선수의 추가 골이 나왔다. 다시 한번 더 환호성이 터졌고 박지성 선수의 풍차 돌리기 세리머니로 생긴 바람이 내 마음의 축구에 대한 관심의 불을 더욱 활활 타오르게 지피기 시작했다. 그렇게 경기는 2-0으로 대한민국의 완승으로 끝났다. 그리고 이 경기는 내 인생에 '축구'라는 신세계를 안겨 주었다. 그렇게 축구는 내 인생에 후벼 들어오기 시작했다.

나는 이 경기 이후 축구에 대한 관심이 증폭했다. 이후에 있었던 아르헨티나, 나이지리아, 그리고 우루과이와의 경기까지 모두 시청했을 정도였으니 말이다. 물론 대한민국 축구 팬들은 이 장면이 당연하게 여길 수도 있지만, 당시에 축구는커녕 스포츠 자체에 관심이 없던 소년이 이 대회의 대한민국 경기를, 그것도 라이브로 모두 챙겨 봤으니 이 부분으로 보아 축구에 대한 관심이 증폭되었다는 사실을 알 수 있다. 그렇게 내 인생은 점점 축구로 물들기 시작했다.

축구는 확실히 내 인생에 너무 큰 영향을 주었다. 아니, 정확히 말하면 월드컵이라고 해야 하나? 어쨌든 이 대회 이후로 나는 축구에 대한 지식을 늘리는 것은 물론, 게임도 축구 게임만을 했고, 어딜 가든지 축구를 직접 하기 시작했다. 처음에는 사실 운동을 아예 모르는 소년이다 보니 운동 신경이나 경험 면에서 너무 부족했던 것은 사실이다. 그러니 당연히 축구를 하고 싶다는 열정은 충분했지만 공을 맞히는 것만으로도 장족의 발전이었을 정도였으니 확실히 타 또래에 비해 축구 실력은 너무 부족했다.

하지만 계속 축구를 하면서 내 포지션인 골키퍼도 찾았고 이 포지션을 필두로 중학교, 고등학교에 올라가면서 실력을 향상시키면서 자연스레 살을 빼는 것은 물론 몸과 정신도 건강해지고, 더불어 실력이 늘어 중학교 재학 당시에는 반 주전, 그리고 고등학교 재학 때에는 아예 학교 대표로서 도 대회 출전을 할 정도로 눈부신 성과를 이루었다. 물론 중간에 고등학생 시절 체육대회 1회, 리그 2회 우승도 거머쥔 것은 안 비밀이고. 심지어 대학교에 가서도 축구 실력을 인정받아(정확히는 골키퍼 실력) 입학하자마자 과에서 주전 골키퍼 자리를 차지하고 입학 다음 해에는 아예 체육대회에서 우승해 당시 내가 재학했던 과가 십몇 년 만에 우승을 차지하는 쾌거를 이루기도 했다.

게다가 내 꿈도 그날의 월드컵으로 인해 정해졌다. 나는 그 월드컵을 본 이후 축구에 관련된 직업을 가지길 원했고 그로 인해 축구로 인한 첫

꿈은 '스포츠 해설가'로 정해졌다. 아쉽게도 이후 해설가는 적성에 안 맞다고 판단해 '스포츠 기자'로 꿈이 바뀌었지만 말이다. 그래도 이 꿈으로 바뀐 이후 고등학교에 재학해 이 꿈에 맞는 대학 학과에 진학하기 위해 교내활동을 하는 등 여러 노력을 했다. 그리고 성인이 되고 대학에 진학하자, 축구에 관련된 대외 활동도 했다. 한 유명한 축구 플랫폼에 들어가 임원이 된다던가, 내가 직접 페이스북 페이지를 만들어 활동한다던가, 군 전역 이후엔 본격적으로 축구에 관련된 유튜브 활동도 한다던가. 그러면서도 네이버에서 블로그를 활용해 칼럼도 작성하고, 나중에는 티스토리까지 범위를 넓혀 활동했다.

다만 스포츠 기자에 대한 생각은 접었다. 그도 그럴 것이 운 좋게 한 축구 플랫폼의 기자(에티터)로 뽑혀 3개월 동안 활동하게 되었는데, 기자의 길은 생각보다 험난했다. 왜냐하면 첫째로 글 자체가 내 성격대로 쓰다 보니 호평을 받지 못했고 생각보다 돈이 너무 안 되었기 때문이다. 물론 나중에 정식으로 되거나 다른 곳에 정식으로 들어가면 이보다 더 많은 돈을 받는 구조가 될 수는 있었겠지만, 그마저도 '열정 페이'라고 생각이 들 정도로 할 일은 많은데 돈은 적은 직업이라고 생각이 들었다. 그래도 이후엔 '스포츠 마케터' 등으로 진로를 다시 정하기도 하였다.

여기까지 축구, 아니 월드컵이 내 인생에 어떻게 영향을 끼쳤는지에 대한 간단한 내 인생 회록이었고, 본격적으로 월드컵 직관에 대한 프롤로그 이야기를 시작하겠다. 월드컵으로 인해 축구에 관심이 생긴 동시에 나는 다음 월드컵 때는 가 보고 싶다고 생각을 했다. 다음 월드컵이 어디에서 열리는가? 바로 브라질에서 열리는, 즉 2014 브라질 월드컵이었다. 하지만 이 대회 직관은 사실상 불가능했다.

왜냐하면 이때 나이가 고등학교 1학년이기 때문에 대학 입시를 위해 한창 공부와 학교 활동에 집중해야 할 시기였다. 게다가 대회가 열리는 기간이 기말고사 준비 기간이라 사실상 말도 안 되는 시기였다. 그리고 덤으로 부모님은 브라질의 치안이 안 좋기 때문에 직관은 더욱 반대하는 분위기였다. 지금 생각해 보면 당연하다고 할 수 있는 '직관 실패'라는 결과였다.

- 2018 러시아 월드컵과 그 해

사실 그래서인지 월드컵 직관은 '언젠가 하겠시'라고 생각을 하는 것이 머릿속에 박혔다. 스포츠 기자가 되는 것이 급선무이기도 했고. 게다가 성인이 되었을 당시 2017년에는 재수까지 하면서 월드컵 직관에 대한 생각은 멀다 못해 단순히 꿈에 그칠 목표가 되었기도 했다. 그렇게 내 월드컵 직관은 '언젠가' 해야 할, 아니 어쩌면 할 수도 있는 목표가 되었던 것 같다. 게다가 내가 대한민국 국가대표팀 다음으로 좋아했던 이탈리아 국가대표팀(내가 가장 좋아하는 선수가 이탈리아 주전 골키퍼였던 지안루이지 부폰 선수였기 때문에)이 예선 플레이오프에서 스웨덴에 밀려 본선 진출 실패까지 하면서 이번 월드컵은 별로 보러 가고 싶지 않다는 생각까지 들었다.

그렇게 오히려 아르바이트 일을 하면서 일본 여행이나 생각할 무렵, 어쩌다 인터넷을 했는데 한 여행 패키지를 봤다. 바로 '2018 러시아 월드컵 패키지'였다. 가격도 거의 300만 원으로 괜찮았다. 이 정도면 갈 수 있었을 것 같다. 갑자기 내 마음에 잊고 있었던 '월드컵 경기 직관'이 활활 타오르기 시작했다. 나는 2018년 목표를 월드컵 직관으로 정했다.

나는 하지만 당시 대학교 입학을 앞둔, 돈 없는 예비 대학생에 불과했다. 그래서 지금 생각해 보면 사실 철없는 소리이지만 지원이 필요했다고 생각했다. 그래서 당연히 나는 부모님이나 친척들에게 지원을 요청했고 이번은 지원해 주겠다고 하셨다. 하지만 생각보다 지원이 너무 늦어졌고 결국 월드컵 여행 패키지 정원이 마감되었다. 사실 사람들에게는 막판에 돈이 부족해서 못 갔다고 말했지만, 자세한 사정은 말하지 않았는데, 이유가 바로 이 철없는 지원 대기였다. 그래서 누구에게도 탓을 할 수 없다. 꿈을 이루는 데 지원에 기대야 하는 나 자신에게 화가 났을 뿐이었다.

게다가 러시아 월드컵에서는 대한민국이 독일을 2-0으로 잡는 피란까지 일으켰다. 내가 이 경기가 더욱 아쉬웠던 것이, 바로 이 경기를 직관할 수 있는 패키지여행이었기 때문이다. 그래서인지 대한민국이 디펜딩 챔피언(2014 브라질 월드컵 우승 팀)이었던 독일을 잡은 것은 너무 기쁜 일이었지만 그렇기 때문에 더욱 아쉬운 날이었기도 했다. 그래서 나는 이날 다짐했던 것 같다. 다음 대회인 카타르 월드컵은 죽어도 직관을 하기로.

하지만 그때가 되면 25살이 되기도 하고 이번 러시아 월드컵에서도 남의 지원을 바라는 것은 철이 없을뿐더러 변수도 많아 절대 그렇게 하지 말기로까지 다짐했다. 더불어 카타르 월드컵 직관을 위해서라면 어떠한, 이 일정 이행에 대한 변수를 절대 허용하지 말고 다시 언급하지만 금전적인 부분에서도 철저해지자고 마음까지 굳게 먹었다. 그렇게 황선재의 '카타르 월드컵 직관 4년 프로젝트'가 시작했다.

우선 유럽 축구 직관은 어떤지 봐야 월드컵을 직관할 때 대응을 하기가 편하겠지? 물론 원래 버킷리스트가 내가 가장 좋아하는 축구팀인 '맨체스터 유나이티드(이하 맨유) 경기 직관'이었는데, 이 버킷리스트는 월드컵 직관처럼 '언젠가 하겠지'라고 생각한 버킷리스트였다. 그런 버킷리스트를 아예 앞으로 땅기기로 마음을 먹었다. 이유는, 첫째로 무엇이든지 기회가 있을 때, 시간이 있을 때 행해야 한다는 생각을 버릇처럼 들이기 위한 나 자신의 훈련이었고, 두 번째로 유럽 축구 경기 직관을 함으로써 카타르 월드컵에 대한 동경이 더욱 갈망처럼 느껴지고 나중에 직관을 할 때 대응을 하기 편하도록 견문을 넓히는 것이 목적이었다. 뭐 사실 내가 단순히 가고 싶다는 욕심이 더 맞는 소리이긴 하겠지만.

하지만 전제 조건이 무엇일까? 바로 다른 사람의 지원을 받지 않는 것이었지. 특히 부모님의 지원 말이다. 그래서 나는 겨울 방학에 맨유 경기 직관을 하기로 계획을 세웠고(마음을 먹는 것으로 그치지 않았다), 남은 4개월 동안 열심히 살기로 마음을 먹었다. 어떻게 돈을 끌어모았을까? 당시 나는 학교를 다니면서도 할 수 있는 모든 일은 다 했다. 원래 식당 아르바이트를 하고 있었던 나는 원래는 정해진 시간만 일하면 되는 것이었지만 식당의 사장님께 말씀드려 대타가 필요한 상황이 있으면 나를 불러달라고 부탁했다. 그 결과 시험 기간에 공부 때문에 못 나오는, 주말 시간에 일하는 친구를 대신해 내가 일했다. 이 일은 더욱 힘들었던 것이, 첫째는 주말인 것이 당연하고, 둘째는 내가 하루에 일하는 시간보다 훨씬 많았다. 그도 그럴 것이 나는 주중에만 나오는 대신 저녁 시각인 6시 30분부터 마감 시각인 9시 30분까지 일하는 것이었다면, 주말에 나오는 친구는 가게 오픈 시각인 오전 11시부터 마감 시각인 9시 30분까지, 즉 하루 종일 일했다. 그런 일을 내가 잠깐 하는 것이었다. 당연히 하루 종일 일하고, 주말이다 보니 손님이 많이 들어와 평소에 일하는 것보다 진이 더 빠졌다. 게다가 나도 시험 기간이라서 그런지 체력도 많이 부족한 것은 사실이었고. 그럼에도 맨유 직관을 위해서 약해지지 말자고 굳게 마음을 먹고 일을 했던 것 같다.

게다가 식당 아르바이트만 했으면 다행이다. 시간이 조금 남을 때마다 나는 현장 일도 조금씩 했다. 추석을 이용해 인테리어 공사 아르바이트도 했었고, 11월에는 배수 공사 아르바이트 등등. 심지어 그 추석에 다른 친구가 편의점 대타를 구하길래 내가 마침 친구가 일하던 편의점 계열사의 타 지점에서 아르바이트를 한 경험이 있어 쉬는 날이었음에도 불구하고 일을 했다. 그렇게 돈을 있는 대로 끌어모았다. 결과는 어땠냐고? 맨유 경기 직관 성공이었다. 나는 당당하게 일주일을 영국에 가 맨유 경기는 물론 런던에 잠깐 가 첼시 경기 직관까지 성공했다. 게다가 그러면서도 이번 학기에는 지난 학기보다 성적이 올라, 성적까지 챙기는데 성공을 한 것이었다. 그렇게 자신감을 얻었다. 그도 그럴 것이 노력은 배신하지 않았던 것이니까.

- 2019, 2020년의 새옹지마(塞翁之馬)

하지만 잠깐의 성공이 나를 자만심으로 이끌었던가? 단순히 맨유 경기에 직관 가는 데 성공하고 더불어 1회이긴 하지만 우연히 공영 방송한 프로그램에 출연할 기회를 잡아 출연까지 했으니 내 자신감은 자만심의 범위에까지 갈 정도로 쭉쭉 올라갔다. 그래서인지 정신이 풀어져서 학기가 시작하고 신입생들이 들어오자 그 후배 친구들과 친해지고 선배님들, 그리고 동기들과도 술을 자주 마시면서 공부를 안 한 것은 물론 돈을 모으는 버릇도 약해졌다. 한마디로 한 학기 동안은 굉장히 게을렀던 것이다. 물론 대외활동(기자 활동), 다른 아르바이트를 병행했다고 핑계를 댈 수는 있지만, 내 생각 자체가 예년에 비해 게을렀던 것은 부정하지 못하겠다. 그도 그럴 것이 더욱 빡세게 지냈던 지난 학기보다 더욱 여유가 있었음에도 불구하고 성적이 눈에 띄게 하락했으니 말이다. 그때 나는 깨달았다. 나는 게으른 생각이 박히면 이도 저도 못하는 못난이이고, 3년 뒤에는 카타르 월드컵 직관도 똑같은 방식으로 실패할 것이라는 것을. 그래서 여행을 군대에 가기 전에 또 가고 싶은 핑계이기도 했지만, 그래도 이 목적 달성을 기점으로 다시 내 카타르 월드컵 직관 성공까지 가는 분위기를 올리기 위한 영국 여행을 위해 바로 미국에 다녀오자마자 휴학을 내고 일본 여행 일정이 끝난 후 조금 휴식을 취하다 일을 시작했다.

그런데 무슨 일을 시작했냐? 일단 식당이나 편의점 등 시간제 아르바이트는 단기간에 돈을 모으기 힘들 것이라 생각했다. 그래서 나는 단기간에 많이 벌 수 있는 일을 찾기 시작했다. 처음에는 공장 아르바이트였다. 마침 군 입대를 앞두고 있는 친구가 있어서 그 친구와 함께 아르바이트 공고를 보고 연락을 해 바로 다음날 공장으로 나오기로 했다. 그렇게 다음날 나는 픽업 버스를 타고, 친구는 자차를 끌고 공장에 도착했다. 일은 어땠냐고? 사실 너무 힘들었다. 과일 공장이었는데, 추석 직전이라 그런지 물량이 끝도 없이 몰려왔고 시간은 더럽게 안 갔다. 게다가 연장 근무까지 해야 했으니 몸의 피로도는 엄청났다. 그래도 영국 여행 Again의 자신감은 있었는데, 이마저도 공장에서는 못하게 되었다. 그도 그럴 것이 3일째를 마무리한 후 4일째부터는 일이 없다고 해 그대로 공장에 못 나오게 되었다. 나는 당장 영국 런던으로 가는 비행기를 있는 돈으로 끊은 상황이었기 때문에 공장에 못 나가면 타격이 컸다. 어떻게 할까 고민하다가 인력 사무소의 존재를 알았다. 나는 바로 인력사무소에 연락을 했고 아침에 나와 보라고 하셔서 추석이 지난 후 바로 새벽에 나갔다.

사실 새벽 4시에 일어나야 하는 구조였는데, 이 시간부터 일어나기란 너무 힘들었다. 그도 그럴 것이 출국을 위해 새벽 일찍 일어난 적은 있어도 단 한 번도 일을 위해 일찍 일어난 적은 없었기 때문이다. 참고로 앞에서 현장 일을 했다고는 했지만 이는 인력 사무소를 거친 것이 아닌, 지인을 통해 일한 현장 일이었기 때문에 일찍 일어나 봐야 대부분 6시였다. 그렇기 때문에 사실상 내 진짜의 현장 일은 이번이 처음이었던 것이다. 그렇게 인력 사무소에 출근을 하니, 영화에서나 볼 법한 장면이었다. 새벽 공기와 맞서 보이는 이 인력 사무소의 분위기는 산전수전을 다 겪은 베테랑들의 집합소, 그런 영화에서나 볼 법한 곳이었다. 좋아, 나도 해 보자. 내 한계를 다해 영국 여행도 완성시키자.

참고로 소장님께서 말씀하시길, 한 대기업 공장 교육을 받은 후 그 공장에 관련된 일을 할 것이라고 하셨다. 그래서 나는 첫날에는 교육을 받는 데에만 하루를 쓰고, 다음날부터 명단에 들 시 그 공장에 인력 사무소에서 모인 후 출근을 할 것이라고 하셨다. 그렇게 그 공장에 관련된 일을 했는데, 사실 일 자체는 할 만했다. 그도 그럴 것이 대기업이라 그런지 여러 시설도 깨끗하고 일 자체도 안전을 중시해서인지 엄청 힘들게 하지도 않았다. 하지만 처음에는 내가 눈치가 없어서인지 일을 제대로 못해 혼도 많이 났다. 그래도 현장 사람들은 대부분 좋고 일도 괜찮아 버틸 만했다. 그리고 그 공장의 일이 없는 경우는 다른 일도 했는데, 그중에서 가장 힘든 일은 고기 공장 인력 알바였다. 왜냐하면 20~30kg의 무거운 고기들도 마구 옮기는 등 빨리 지치는 일이었기 때문이었다. 그렇기 때문에 사실 인력 사무소에서도 다른 사람들은 가기 꺼려 하는 곳이었는데 나는 돈 하나만 보고 갔기 때문에 어떻게든 버텼고 이로 인해 다른 사람들에게까지 독하다는 소리를 들을 정도로 칭찬을 받았다. 그렇게 힘들게 일해 번 돈으로 영국 여행을 다시 한번 더 성공했다. 이번에는 더욱 좋았다. 왜냐하면 더 많은 구단의 경기를 직관했고(토트넘 핫스퍼, 아스날, 첼시, 리버풀, 에버튼) 내 인생 처음으로 UEFA 챔피언스리그 경기까지 보았기 때문이다. 비록 일정이 안 맞아 내가 좋아하는 맨유 경기는 가지 못했지만 그래도 너무 큰 성공이었다.

그렇게 다시 한번 더 내 노력으로 영국 여행 2번을 성공시킨 나는, 자신감이 상승할 수밖에 없었다. 더불어 나는 이제 크게 계획했다. 카타르 월드컵 프로젝트를 본격적으로 시작하기로. 물론 계획의 시작 자체는 러시아 월드컵 직관을 실패할 당시부터 했지만 본격적으로 금전적인 부문은 지금부터 시작이었다. 그래서 원래는 사실 영국 여행 후에 다음 해 6월에 군 입대도 앞두고 있어 그냥 군 입대를 할 때까지 같은 일을 하기로 생각했다. 그도 그럴 것이 나는 끝이 있고 이 일의 벌이나 적응도 괜찮았기 때문이다. 게다가 오히려 복학을 해 학기를 마치고 간다면 카타르 월드컵을 갈 시기에 휴학을 필시 해야 하기 때문에 당장은 좋을지 몰라도 후에 역학기로 졸업을 한다는 등 여러모로 꼬일 것 같다는 판단이 있었다. 그렇기 때문에 결국 돈이나 벌고 군 입대를 하기로 마음을 먹었다.

물론 군 입대를 하기 전까지 하나의 유혹이 있었다. 바로 일본 여행이었다. 나는 평소에도 일본 여행을 좋아했고 군 입대 전에 한 번 더 일본 여행을 하고 싶어서 바로 1월에 번 돈으로 비행기 티켓을 끊었다. 그래서 사실상 또 한 번 더 카타르에 가겠다고 했지만 잠깐 일본 여행에 돈을 쓸 계획을 세웠다. 그런데 이 당시에 어쩌면 내 인생에 큰 스노우볼을 준 사건이 하나 있었다. 바로 '코로나19 팬데믹'이었던 것이다. 구정 이후 중국에서 들어온 '코로나19'라는 신종 바이러스는 처음에는 '에볼라 바이러스', '메르스'와 같이 금방 지나가는 이슈 정도로 생각되었다. 하지만 그 생각은 큰 오산이었다. 우리나라 같은 경우는, 대구에서 한 감염자에 의해 전국적으로 퍼지기 시작했고, 전 세계에서는 코로나19가 너도 나도 할 것 없이 확산되었다. 게다가 국제 보건 기구(WHO)가 '비상사태'까지 선포하면서 전 세계는 문을 닫기 시작했다. 한 마디로 하늘길이 완전히 막힌 것이었다.

  나는 절망했다. 물론 단순히 군대에 입대하기 전까지 일본 여행을 못 하는 것으로 그친다면 상관없겠지만, 문제는 2년 후의 카타르 월드컵 직관을 할 수 없다는 생각까지 든 것이다. 그도 그럴 것이 전 세계는 코로나19 확산세가 그치기는커녕 점점 늘어나기 일쑤였다. 하지만 나는 그래도 포기하지 않고 돈을 모으고 생각하자고 다짐했다. 그렇게 군대에 입대하기 전까지 언제나 그랬던 것처럼 새벽 4시 반에 일어나서 인력 사무소에 출근해 돈을 벌었다. 그렇게 군 입대 전까지 최대한 벌 수 있는 돈을 벌고(쓰기는 썼지만) 입대를 했다. 그리고 하나의 계획을 더 세웠다. 바로 군 복무를 하면서 번 월급으로 카타르 월드컵에 가는 데 보태기로. 그렇게 원대한 계획을 가지고 군대에 입대했다.

- 2020년 6월부터 2021년 12월까지 군대

2020년 6월 23일, 드디어 국방의 의무를 지기 위해 머리카락을 깎고 입대했다. 당시에는 코로나19 때문인지 입영 장소에서 즉석으로 PCR 검사를 진행했는데, 당시 나는 처음 받는 검사라 그런지 코의 따끔거림이 적응되질 않았다. 근데 사실 이건 크게 문제가 되질 않았다. 그냥 내가 군에 입대했다는 사실 자체가 문제였다. 왜냐하면… 사실 이건 대한민국의 국방의 짊어졌던 대부분의 남자들은 이해가 갈 것이라 믿는다. 굳이 말을 안 해도. 어쨌든 군대 생활이 시작되었던 그날, 나에겐 어쩌면 지금 생각하면 하나의 위기가 하나 왔다. 바로 입대한 당일에 심리 검사 등을 했는데 저녁에 간부 소대장이 나에게 상담을 한 것이었다. 어떤 상담이었냐면, '네가 지금 심리적으로 힘들어하는 상황이니 조금 진정되고 군 입대를 하는 것이 어떻냐?' 것이었다. 나는 순간 솔깃했다. 왜냐하면 지금 당장이라도 군대 밖으로 나가고 싶었기 때문이다. 하지만 불현듯 카타르 월드컵 직관이라는 내 인생의 최대 목표가 생각났다. 그래서 조금의 고민 끝에 군 생활을 이어 보겠다고 말하고 소대장을 설득했다. 결국 소대장도 버티되, 나가고 싶으면 일주일 이내에 말하라고 했다. 그렇게 내 군 생활은 정식으로 시작했다.

처음에는 훈련소에서 동기들과는 재미있었다. 물론 여러 우여곡절이 있었지만, 그래도 너무 재미있었고 행군, 각개전투 등 여러 힘든 훈련을 거치고 나니 성취감은 엄청났다. 그래서인지 군 생활은 이 자신감과 함께라면 무난하게 해낼 수 있을 것 같았다. 게다가 자대에 배치받아 전입을 했는데, 가자마자 당시 한, 행정 계원 말년 병장의 전역 때문에 내가 그 자리를 맡아야 한다면서 기대를 한다고 이야기를 들었고 선임들도 좋으신 분들이 많은 것 같아 내 군 생활은 무난하게 끝낼 수 있을 것 같았다. 그렇게 전입을 한 후에 나는 선임에게 카타르 월드컵 직관을 위해 군대에서 돈을 모아 나가겠다고 포부까지 밝혔다. 그렇게 카타르 월드컵X군대 월급의 계획은 본격적으로 시작했다.

하지만 군 생활이 수탈하게 끝날 것이라는 예상, 이는 내 방심이었다. 일은 생각보다 많이 어려웠고(이론상으로는 쉬웠다), 행정 계원이라 그런지 압박이 너무 많았다. 그래서일까? 나는 어느 순간 군 생활이 너무 힘들었고 부대에는 내 편이 아예 없는 것 같았다. 게다가 진짜 편이 없다는 생각에 힘을 실어 준 상황이 있었는데, 바로 부대 자체에 내가 막내 시절을 하는 동안 아예 동기들이 없었다. 그도 그럴 것이 내가 소속된 중대에서는 동기들이 아예 없었고 그나마 타 중대에 동기들이 있었지만, 그 중대 전체가 장기간으로 타 지역에 파견을 가면서 사실상 자대 생활 초기에는 부대에 동기가 없는 것이나 마찬가지였다. 그래서인지 내 군 생활은 점점 힘에 부치기 시작했고(정신적으로) 많이 울었으며 급기야 자살까지 진지하게 생각하기까지 이르렀다. 하지만 그럴수록 카타르 월드컵에 대한 열망이 강해진 것 같았다. 나는 절대 자살하지 말고 열심히 군 생활을 끝내야 하겠다고 마음을 매번 다잡았다. 살아야지. 어떻게든 살아서 내가 이루고 싶은 꿈을 이뤄야지. 그리고 앞서 내 편이 없다고는 했지만, 그래도 중간중간에 나를 도와주고 지지해 주는 선임들, 후임들, 그리고 간부님들도 있었다. 게다가 나를 훈련소 시절부터 도와주었던 동기도 계속, 가끔 내 정신 상담도 해 줄 정도로 도움을 주었다. 지금 생각하면 너무 미안하고 고마웠지.

그리고 일 부분에서도 더 성과를 내려고 개인 정비 시간에도 활용해 일을 미리 끝내거나 효율적인 방법을 갈구했던 것 같다. 그러면서 선임들을 싫어하기보단 같이 화합을 하려고 노력했던 것 같다. 물론 그 선임분들은 어떻게 생각할지는 모르겠지만. 게다가 당시에는 코로나19 사태로 인해 만나지 못했지만 어쩌다 일본인 애인도 사귀게 되었다. 애인은 나와 마음이 너무 맞아서 그런지, 심지어 착하기도 하고, 그래서 내 군 생활의 힘이 되었다. 그리고 점점 악착같은 성격을 강화했던 것 같다. 그도 그럴 것이 이제는 약점을 잡히지 말고 선임들의 눈에 들어야 하거나 나 자신을 이겨야 한다는 생각이 강했으니까. 그래서인지 유격을 할 때에도 고소공포증이 있었던 나임에도 불구하고 올라가는 코스에서도 할 수 있을 때까지 끝까지 노력했던 것 같고(심지어 대부분 성공했다), 체조에서는 단 한 번도 열외를 한 적이 없었으며 어떤 코스는 3번이나 도전했다(물론 실패했지만). 그렇게 악착같이 군 생활을 이어오더니, 중간에 많이 혼났음에도 점점 여러 성과가 나오는 것 같았다.

일단 유격 당시에는 중대에서 2등을 차지해 포상을 받았고, 점점 일적인 부분에서도 나를 믿는 선임들이 늘어났으며 타 중대나 간부님들에게도 인정을 받은 것이었다. 게다가 체력적인 부분에서도 절대 뒤처

지지 않으려고 러닝 등 여러 운동을 하다 보니 체력 부분에서도 특급 또는 1급을 맞는 등 준수한 성과를 냈고 사격도 한 훈련 날에 가장 잘 쏜 병사로 선정되기도 했다. 게다가 스포츠 부문에서도 인정을 받았던 것이, 일병 때와 병장 때에 축구 우승을 차지했고, 부대에서 자체적으로 진행한 미니 체육대회에서는, 플랭크 부문에서 10분 57초를 버텨 우승을 차지한 것이었다. 한 마디로 군대에서 내 한계를 넘기를 반복하면서 자신감이 붙었다. 그러면서도 선·후임 가릴 것 없이 사이가 좋아 몇 번의 부침을 제외하고는 군 생활이 재밌었다. 하지만 그래도 이런 군 생활을 하면서 가끔 이 상황이 한탄스럽기도 했다. 왜냐하면 당시 군 복무 중 있었던 '유로 2020'이라는 대회를 보고 어떤 부분을 느꼈기 때문이다.

내가 상병 생활을 하는 중, 코로나19 때문에 미뤘던 유로 2020이 시작되었다. 그런데 결과만 보면 너무 재미가 있었다. 심지어 내가 좋아하는 국가대표팀인 이탈리아가 재미있는 경기를 보여 주고 결승전에서 잉글랜드를 만나 승부차기까지 간 끝에 우승을 차지했다. 나는 이 순간 기뻤지만 한편으로는 이러한 순간들을 군대에서 TV로만 봐야 한다는 사실이 너무 서글펐다. 그리고 이 대회로 나는 다짐했다.

'카타르 월드컵에서는 이 한까지 더해 무조건 성공의 직관이라는 '나의 오랜 꿈 달성'을 만들어 내자!'

이후 11월 군 전역(당시에는 코로나19 사태로 인해 미 복귀 휴가, 사실상 전역) 전 마지막 날에는 전역한다고 기분이 좋았지만 그와 동시에

섭섭함이 몰려오기도 했다. 그도 그럴 것이 이런 추억들이 과거로 묻힌 다고 생각하니 말이다. 그래도 결국 만기 전역을 했고 더불어 내가 원하는 액수만큼은 아니지만 군대에서 월급으로 어느 정도 돈을 모으는 데에는 성공했다. 그리고 나는 '카타르 월드컵 직관'이라는 대업이 있었기 때문에 추억에 젖어 있을 여유 따윈 없었다. 그렇게 11월 19일, 나는 미복귀 휴가를 떠났고 12월 22일 정식으로 전역했다. 그리고 이제 대망의 카타르 월드컵이 내년에 열릴 예정.

- 2022년, 대망의 카타르 월드컵

길고 긴 군 생활 끝에 전역을 했다. 참고로 당시 대한민국 축구 국가 대표팀의 상황을 잠깐 언급하겠다. 파울루 벤투 감독이 이끄는 대한민국 대표팀은 내가 군대에 가기 전에 2차 예선에서 북한, 레바논과 무승부를 거두며 2승 2무로 불안한 출발을 했다. 하지만 2021년에 코로나19 사태를 딛고 재개된 예선에서, 북한이 기권을 하는 바람에 북한과 치른 경기가 무효화되며 2승 1무로 시작해 전승을 거두어 조 1위로 가볍게 최종 예선에 진출했다. 하지만 첫 경기인 이라크와의 경기에서는 0-0 무승부를 거두며 불안한 출발을 했다. 그렇기 때문에 당시 언론은 벤투 감독에 대해 더욱 불신했다. 하지만 나는 그럼에도 벤투 감독을 지지하는 사람이었기 때문에 계속 지지의 응원을 보냈다.

그러자 첫 경기의 결과는 기우였다는 듯, 대한민국 대표팀은 순항했다. 레바논과 시리아를 각각 1-0, 2-1로 격파하더니 '원정팀의 무덤'이라 불리는 아자디 스타디움에서 최대 난적이었던 이란과 1-1 무승부를 거두는 대성과를 냈다. 이 기세를 몰아 2021년에 남은 예선 경기였던 아랍에미리트와의 첫 경기와 이라크와의 돌아온 경기에서는 각각 1-0, 3-0으로 승리하며 무려 4승 2무라는, 엄청 좋은 성적을 낸 것이었다. 게다가 이로 인해 매번 최근 월드컵 최종 예선 때마다 우리 대한민국 팬들을 괴롭혔던 '경우의 수'를 생각하지 않아도 되는 상황이 되어서인지 점점 벤투 감독에 대한 찬사가 나날이 이어졌다.

나도 힘내야겠다. 이 생각이 가득했다. 대한민국 대표팀도 카타르 월드컵에 거의 다가섰으니 나도 여기에 따라가야지. 그래서 처음엔 스키 알바를 지원했다. 왜냐하면 학교에 복학해야 했기 때문에 카타르 월드컵에 조금이라도 보태기 위해서 시간이 있을 때 우선 단기 알바로 돈을 많이 벌어 놔야겠다고 생각했기 때문이었다. 하지만 탈락했다. 그래서 나는 마음이 조급해지기 시작했다. 그런 와중에 아르바이트 이력서를 공고 낸 앱에서 연락이 하나 온 것이었다. 바로 '조공 아르바이트'였다. 나는 힘든 일은 별로 하고 싶지 않았지만 어쩌겠나. 바로 하겠다고 연락했다. 다행히 두 달만 해도 되냐고 물어보니 된다고 하셨다. 그렇게 바로 건강 검진을 받은 후 그다음 날부터 조공 아르바이트를 하기 시작했다.

처음에는 괜찮을 것이라고 생각했다. 왜냐하면 군대도 버티고, 심지어 내 한계를 극복하지 않았는가. 하지만 괜찮지는 않았다. 처음 하는 일인데다 은근히 복잡하고 현장 내에서 소리가 너무 커 제대로 들리지 않아 같이 일하는 분에게 잔소리를 먹기 일쑤였다. 게다가 퇴근할 때까지 안에 갇혀 있다 보니 폐소공포증이 없음에도 불구하고 답답했다. 그나마 몸이 힘든 것은 아니기 때문에 버텼지만 솔직히 안 힘들지는 않았다. 게다가 중간에 위기도 하나 있었다. 바로 설 연휴 직전에 코로나19 감염자가 나왔고 나와 같이 일했던 분 중 한 분도 코로나19에 감염되어 현장 전체가 계속 출근이 미뤄진 것이었다. 그나마 다행인 것은 나는 감염되지 않았지만, 나는 돈을 버는 것이 목적이었던 터라 출근을 하지 못함에 있어 어느 정도 금전적인 부분에서 타격이 있을 수밖에 없었다. 그래도 뭐 어쩔 수 있나. 다행히도 출근은 가능했고 2월 말까지, 학교에 복학하기 직전까지 돈을 벌 수 있었다. 그렇게 2개월의 짧지만 힘든 여정마저 완료했다.

    그렇게 2년 반 만에 학교에 복학했다. 그런데 문제는 역시 첫 번째로 돈이었다. 왜냐하면 학교를 다녀야 하니 돈을 단기간에 크게 버는 아르바이트(예: 현장일) 등 수익을 내는 일을 벌일 수가 없는데 밥과 책에 쓰는 돈이 주기적으로 생겼다. 게다가 두 번째로는, 동행인에 관한 문제였다. 그도 그럴 것이 어머니는 결국 내가 카타르 월드컵에 가는 것을 허락하셨는데, 조건이 바로 동행인을 구하는 것이었다. 이해는 되는 것이, 중동은 낯선 곳이고 언어도 내가 쓸 수 있는 언어와 완전히 다르니 동행인을 구하지 않으면 불안하실 것은 당연했다. 하지만 1년도 안 남은 시점에서 동행인을 구하기란 '하늘의 별 따기'였다. 그도 그럴 것이 내 주위에서는 카타르 월드컵에 갈 계획을 가진 사람이 없었고, 있다 하더라고 각자의 일행이 있었기 때문이다.

 어쨌든 아르바이트를 어떻게든 구해야 했는데, 사실 학교를 다니는 동안은 편하게 일하고 싶어서 편의점 아르바이트에만 지원했다. 하지만 하늘은 쉽게 가기를 허락하지 않았는지, 번번이 탈락했다. 더군다나 나는 편의점 경력이 있는데도 말이다. 그래서 다음으로 지원한 곳은, 치킨집이었다. 치킨집이야 평소에 주문해서 맛있게 먹을 줄만 알았지 아르바이트로서 일할 생각을 하진 않았는데, 뭐 어쩌겠어. 그래서 군대 가기 전에 서빙해 본 경험이 있어 지원을 했는데, 이게 웬걸? 알고 보니 주방 아르바이트를 구한다고 했었다. 그래서 나는 어차피 돈을 벌어야 하기 때문에 주방 아르바이트를 지원한다고 말했다. 그렇게 지원한다고 말한 후 시간에 맞춰 가게에 가서 일사천리로 다음 날부터 출근하는 것으로 확정이 되었다. 처음에는 주방 일이 처음이고 치킨을 튀기는 일은 더더욱 처음이라 서툴렀다. 게다가 치킨을 만드는 과정도 은근 규칙이 있음에도 복잡한 부분이 많았다. 그래도 기름이 튀는 위험까지 있음에도 불구하고, 일을 하는 날에 대한민국과 이란의 월드컵 예선 경기가 있었어도, 돈을 벌어야 한다는 신념 하나로 일을 했다. 하지만 그것도 이틀이었다. 나는 사실 이때 주말에는 시간을 비우고 싶어 주말에는 못한다고 했는데, 이틀째 하는 날 다음날 아침에 주말에 할 수 있다는 아르바이트생을 새로 뽑아 그만 나와도 된다고 문자를 받은 것이었다. 뭐, 사실 주방은 내 적성과도 안 맞는 것 같아 다행이지만 그래도 새로 일을 구해야 한다는 압박이 들어왔다.

그렇게 어떻게든 일을 찾아야 했기 때문에 아르바이트 공고 앱을 통해 찾던 도중, 집에서 가까운 식당을 하나 찾았다. 얼마나 가깝냐면, 무려 집에서 나서자마자 1분 거리라고 해도 무방했다. 나는 바로 지원을 했고 면접을 보았다. 그리고 합격을 했고 그다음 날부터 바로 교육도 받을 겸 출근하는 것이 되었다. 사실 겁이 났던 것은 사실이었다. 그도 그럴 것이 식당 아르바이트는 해 봤지만 고깃집 아르바이트는 내 인생에서 처음이었기 때문이었다. 다행히도 내가 고기를 굽지 않아도 되는 시스템이었고 시스템도 안정적이라 그래도 고깃집 치고는 굉장히 좋은 아르바이트였고, 사장님과 이모님들도 나에게 잘해 주셔서 좋았다. 물론 아르바이트이기 때문에 힘든 점은 있었지만. 그래도 솔직히 학교 일정이 겹쳐 그로 인해 피곤함이 쌓여서 그렇지 개인적으로는 좋은 아르바이트였다. 어쨌든 그렇게 아르바이트 자리를 구하는 데 성공했고 아쉽게도 미국 일정 및 독일 어학연수 기회가 생겨 8월까지 하고 그만두었지만 그때까지 카타르 월드컵을 위해 열심히 일했다.

게다가 무조건 가야 했다. 왜냐하면 결국 대한민국이 7승 2무 1패로 가볍게 카타르 월드컵 본선 진출을 한 것이었다. 게다가 지난 대회들과 다르게 경우의 수를 계산하지 않을 정도로 순차적인 과정을 보여 주었고, 심지어 숙적인 이란을 상대로 11년 만에 승리를 거둔 것이었다. 그렇게 대한민국 대표팀도 카타르 월드컵에 가는 데 성공했는데, 나도 더 힘을 내서 가야겠다고 생각을 했다.

그렇다고 학교생활도 소홀히 했던 것은 아니었다. 물론 수강했던 수업이 재미있었던 것도 맞았지만, 2019년처럼 방탕하고 놀고 방심해서 또 성적을 놓친다면 카타르 월드컵에 갈 때 심적으로 괴로울 것이 아닌가. 게다가 그것으로 끝나면 모를까 문제는 한 학기 더 휴학을 하고 가는 일정이기 때문에 성적을 놓치면 다시 복학했을 후(물론 이 당시에는 복학할지 자퇴하고 유학을 갈지 고민 중인 시점)에 내 인생에서 취업 등의 여러 애로사항이 생길 가능성이 높고 부모님도 더욱 안 좋게 볼 것이 뻔할 것이었다. 그래서 이 당시에는 심지어 축구 동아리 회장까지 선정되었기도 해서 학교 수업, 아르바이트, 동아리 활동 그 무엇도 최대한 놓치지 않으려고 애썼던 것 같다. 물론 세 가지를 모두 챙기느라 조금씩 부족한 부분은 있을 것 같았지만, 그래도 내 나름대로 노력은 했다고 말할 수는 있다. 그래서인지 학기 성적은 복학 전 학기보다 대폭 올랐고 아르바이트를 통해 돈도 벌었으며 동아리 활동 당시 체육대회도 겹쳐 준비도 최대한 노력해서 했던 것 같다. 그렇게 성과를 낸 후 대망의 7월 5일 화요일이 다가왔다.

사실 그전에 카타르 월드컵 경기 티켓 구매 추첨이 있었다. 나는 어느 정도 돈이 있었기 때문에 바로 신청을 했다. 하지만 결과는 '탈락'이라는 이름이었다. 나는 6경기를 신청했지만 단 한 경기도 구매 권한이 당첨되지 않은 것이었다. 게다가 급하게 카타르 월드컵에서 '호스피탈리지 패키지'라고 뷔페를 먹으며 호화스럽게 경기를 볼 수 있는 좌석을 판매하고 있었는데, 가격대가 1경기당 약 100만 원이라 구매하지 않고 있었지만 1경기라도 보자는 마음으로 다시 알아봤다. 하지만 애석하게도 대한민국 경기가 없었다. 그래서인지 여기서 사실 많이 포기할까 고민했다. 그도 그럴 것이 마지막 기회라고 할 수 있었던, 선착순 판매는 더 희박한 확률이었기 때문이다. 비유하자면 전 세계에서 수강 신청을 한다고 할 수 있다. 그래서 그냥 마음 편하게 이날 경기 티켓을 구하면 보러 가고, 아니면 겨울에 스페인 여행이나 가자는 마음을 먹었다. 그러던 와중에, 갑자기 알리송이라는, 호주에서 유학하고 있는 친한 동생이 카타르 월드컵 직관을 가고 싶다고 하는 것이었다. 그러자 나는 알리송에게 같이 가는 것이 어떻겠냐고 제안했다. 그도 그럴 것이 2명이 도전하면 티켓을 구매할 확률이 높아지고, 앞서 언급한, 부모님이 내세운 조건인 '동행인 구하기'라는 미션까지 부합하기 때문이었다. 그렇게 나와 알리송은 같이 가자고 합심을 했고 일적인 목적으로 이미 카타르 월드컵 예약을 마친, 영국에서 유학하는 뤼카와 함께 카카오톡 단톡방을 하며 준비를 했다. 그렇게 7월 5일 화요일, 카타르 월드컵 경기 티켓 선착순 구매를 성공할 준비를 마쳤다.

  우리는 일단 1순위는 대한민국 3경기를 잡기로 했다. 그러면서도 가격이 가장 싼 3등석을 구하되, 안 될 시 비싼 좌석도 구하기로 협의했다. 그렇게 7월 5일 화요일, 한국 시각으로 오후 6시부터 구매 창구가 열렸다. 나는 6시부터 아르바이트를 했기 때문에 노트북은 동원하지 못했고 대신 휴대폰으로 6시가 땡 하자마자 들어갔다. 하지만 역시 전 세계에서 온 수강 신청이라는 타이틀다운지, 대기 시간이 너무 길었다. 오죽하면 대기 시간을 나타내는 게이지가 10분 단위로 봐도 안 찬 것 같은 느낌이 들었다. 그래도 다행인 점은, 내가 일부러 휴대폰이 터치를 안 할 시 꺼져 대기 창에서 팅기는 것을 방지하기 위해 터치를 안 할 시 꺼지는 시간을 최대로 늘렸다. 그러면서도 아르바이트는 놓칠 수 없기 때문에 열심히 서빙을 하면서 중간중간에 얼마나 입장 게이지가 쌓였는지 확인했다. 하지만 아르바이트가 끝나는 시각인 10시가 되었어도 아예 들어가지를 못했다. 그래서 나는 휴대폰이 꺼지지 않도록 조심해서 집까지 들고 갔고 집에 들어가자마자 아르바이트 때문에 간간이 했던, 단톡방 대화를 많이 하기 시작했다. 문제는 알리송도 아직 들어가지 못한 상태였다. 그렇게 우리는 초조하게 대기를 하며 새벽 2시가 되었다. 그러자 드디어 구매 창구에 들어가는 데 성공했다. 나는 미리 구글에 설정해 둔, FIFA 로그인을 완료했고 나와 알리송은 그렇게 들어갔다. 하지만 마지막까지 시련이었던가? 구매 창구에 들어가서도 오류가 너무 떴고 나는 결국 팅겼다. 모든 것이 무너진 것 같았다. 하늘은 나를 카타르 월드컵에 가는 것을 어떻게든 막으려는 것인가? 그런데 한 줄기의 빛이 나에게 왔다. 알리송이 '우루과이 vs 대한민국'의 경기와 '대한민국 vs 가나'의 경기 각각 2명분의 티켓을 구매하는 데 성공한 것이었다. 나는 새벽임에도 불구하고 너무 감격스러웠는지 환호를 질렀고 곧바로 울음이 터질 것 같았다. 그렇게 나는 바로 알리송에게 티켓 비용을 보냈고 그렇게 극적으로 카타르 월드컵행을 새벽에 확정 지었다.

  드디어, 12년간 꿈을 꾸었고 4년간 대한민국 선수들과 함께 어떤 고

난이 있었어도, 마지막에는 포기하고 싶었어도 포기하지 않았고 결국 카타르 월드컵 직관을 확정 지었다. 다시 한번 더 말하지만, 이날 내 흥분의 게이지는 최고조였던 것 같다. 이 감정을 어떻게 표현해야 할지 모르겠다. 그 정도로 너무 좋았다. 내가 그러면서도 월드컵 경기를 직접 보러 간다는 사실이 안 믿겨 볼을 꼬집었다. 아팠다. 너무 좋았다. 울 것 같았다.

그렇게 카타르 월드컵 티켓을 구매하는데 성공한 우리는, 바로 비행기 티켓을 구매했다. 나는 '에티하드 항공사'를, 알리송은 '카타르 항공사'를 예약했다. 당시 코로나19 정책에 의하면, 카타르가 몇 국가를 위험 국가로 지정했다. 그래서 나는 인천 공항에서, 위험 국가가 아닌 아랍에미리트를 경유해서 도착하는 일정이었기 때문에 무리 없이 구매했지만, 알리송은 조금 달랐다. 그는 처음에 본 일정은, 호주에서 필리핀을 경유해서 카타르에 가는 일정이었다. 그런데 문제는 카타르는 당시에 필리핀을 코로나19 위험 국가로 지정해 내가 기억하기론 필리핀을 거쳐서 올 경우, 카타르 내에서 무조건 격리를 해야 하는 것으로 알고 있었다. 물론 카타르 월드컵이 될 당시에 코로나19 정책이 풀릴 가능성이 있었지만, 그래도 불안한 것은 마찬가지였기 때문에 어쩔 수 없이 다른 일정을 알아봤다. 그렇게 알아본 두 번째 일정은, 그냥 직항으로 카타르에 도착하는 것이었다. 직항이라고 해서 더 좋을 수는 있지만, 가격이 필리핀을 경유하는 일정보다 몇십만 원은 더 비쌌기 때문에 문제였던 것이었다. 그렇게 비행기 일정을 두고 도전이냐 안정이냐를 고민하다 결국 직항 일정을 샀다. 뭐 카타르에서 더 쓸 수 있는 돈을 더 낸 것이나 다름없었지만 알리송에겐 선택지가 적었기 때문에 어쩔 수 없었을 것이다. 어쨌든 그렇게 항공 일정까지 일사천리로 마무리했다. 그리고 새벽 5시에 잠을 청한 후 낮에 숙소까지 마무리했다. 참고로 뤼카가 미리 알려 준 정보가 있었는데, 바로 '알-자눕'이라는 곳에 아파트처럼 지어진, 임시 숙소와 같은 곳이 있었다. 당시에 카타르 월드컵을 준비할 당시에 영토가 워낙 좁고 이마저도 대부분이 사막이었기 때문에 숙소 논란이 컸고 호텔들도 '월드컵'이라는 극성수기라 그런지 가격이 천정부지로 비쌌다. 하지만 뤼카가 알려 준 숙소는, 비록 도심지에서 멀었지만 1박에 10만 원으로, 나와 알리송이 각각 5만 원씩만 부담하면 되는 가격이었다. 단순히 가격만 본다면 비싼 거 아니냐고 반응할 수도 있겠지만, 분명한 것은 대부분의 호텔은 1박에 100만 원은 훌쩍 넘고 뉴스에 나온 대로 우리가 예약한, 이보다 더 안 좋은 시설의 숙소는 1박에 20~30만 원이다. 한 마디로 이 정도면 극성수기치고는 너무 괜찮게 가는 것이라 생각하면 된다.

그런데 나에게는 하나 더 주어진 과제가 있었다. 바로 '대한민국 vs 포르투갈'의 경기를 예매해야 하는 것이었다. 왜냐하면 예매할 당시에 알리송은 우루과이, 가나와 하는, 앞선 2경기는 2장을 예매하는 데 성공했지만 포르투갈과의 경기는 크리스티아누 호날두의 효과인지 아쉽게 본인 티켓만 예매하는 데 성공했다. 그래서 나는 다시 티켓이 나오는지를 확인하기 위해 매번 티켓 구매 창구에 들어갔다. 다행인 것은, 리세일 플랫폼(Resale Platform)이라고 원래 구매했던 축구 팬들이 푸는 티켓을 구매하는, 티켓 재구매 플랫폼도 생겼다. 하지만 매번 포르투갈과의 경기는 거의 없었고, 있다 하더라도 바로 재고가 나가 버렸다. 그래서 일단 아쉬운 마음에, 알리송이 먼저 '호주 vs 덴마크' 경기를 예매했고 그 티켓 재고는 정가로도 풀려 있길래 나도 바로 구매하고 알리송과 옆자리에 앉는 것으로 신청했다(같이 관람하고 싶은 사람의 티켓 번호를 입력하면 추후에 동반으로 앉을 수 있도록 배정해 주는 시스템이 있었다). 그렇게 매번 홈페이지를 들어가기를 반복했던 나는, 미국 출국을 얼마 안 남은 시점에서 어느 날 일정이 있어 밖에 나갔다가 아르바이트에 출근하기 직전에 집에 복귀했다. 그렇게 복귀한 나는 그날도 희망을 품고 홈페이지에 들어갔다. 그리고 평소처럼 새로고침을 하면서 포르투갈과의 경기 티켓이 풀리기를 고대했다. 하지만 아르바이트에 가기 직전까지 재고가 안 떠서 포기의 마음이 드는 순간, 갑자기 티켓이 풀린 것이다. 그것도 2등석이었다. 나는 생각할 겨를도 없이 바로 클릭을 했고, 결제 창으로 넘어간 것이었다. 성공이다. 하지만 우선 티켓 결제를 확보했으니 심호흡부터 했다. 그리고 세세하게 여러 정보들을 다시 한번 더 훑은 다음 카드 번호를 입력했다. 그리고 카드 결제 창으로 넘어갔고 나는 다시 한번 더 심호흡을 한 후 비밀번호를 입력했다. 그리고 확인을 누르고 몇 초 뒤… 결제가 완료되었다. 나는 이 순간이 안 믿겼는지 5초 동안 정적을 유지했다. 그리고 다시 마지막 퍼즐이 현실로 되었다는 생각에 집안 곳곳을 뛰어다니며 환호성을 질렀다. 한 1분 동안은 그렇게 시끄럽게 환호성을 질렀던 것 같다. 다행히 우리 집에 가족은 아무도 없었다. 그렇게 나는 미국에 출국하기 며칠 전, '대한민국 vs 포르투갈' 티켓까지 확보하며 마지막 퍼즐을 맞추었다.

그렇게 나는 카타르 월드컵 일정을 대부분 확정 지은 채, 미국으로 출국을 했고 이후 미국 여정과 독일 어학연수 등의 일정을 소화하며 지구를 한 바퀴 돌아 10월에 다시 한국으로 돌아왔다. 즐거웠지만, 당연히 피곤했다. 그도 그럴 것이 2달 동안 거의 쉬지 않고 돌아다녔고, 독일에서는 공부까지 해서 왔다. 하지만 올해의 가장 짧지만, 내 인생에서 가장 중요한 일정이 하나 남았다. 바로 '카타르 월드컵'. 그래서 나는 약 1주 동안의 짧은 휴식을 취한 후 다시 일을 했다. 왜냐하면 카타르 월드컵을 보러 가서 쓸, 마지막 예산을 모은다는, 퍼즐을 맞추기 위해.

우선 처음에는 한 유명 '물류 센터'에 가서 일했다. 그도 그럴 것이 출근 신청하는 것도 괜찮고 생각보다 주위에서도 많이 하는 것 같으며 남녀노소가 가능하다는 장점으로 한 번 일하고 싶다는 생각이 들어서 출근을 신청했다. 시설을 가 보니 타 물류 센터에 비해 답답함도 적고 깨끗했으며 시스템이 근로자들을 혹사시키지 않는다는 노력이 많이 보여 좋았다. 하지만 문제는 역시 급여였다. 하는 일이 물류 센터라 그런지 힘들게 일을 시키지 않는다고 하더라도 어느 정도 힘들 수밖에 없는데, 급여는 하는 일에 비해 너무 적었다. 그래서 결국 이틀만 하고 다른 일을 알아보기로 했다. 그리고 보니 일을 알아보면서 군대 가기 전에 현장 일을 같이 하면서 친해진 형이 있어서 한 번 물어봤는데, 자기가 그 당시 다니는, 다른 인력 사무소에 가면 일도 힘들지 않고 일도 많아 할 만하다고 했다. 그래서 나는 그다음 주에 그 인력 사무소에 출근하기로 했다.

처음엔, 한 아파트 건설 현장의 천막 보양 작업을 하는 곳에 갔다. 나는 여기서 몇 년 동안 바뀐 것인지, 내가 몰랐던 것인지 처음 알았던 것이 있었는데, 현장에서 아침 식사도 제공을 해 주는 것이었다. 그것을 몰랐던 나는 출근하기 전에 아침 식사를 하고 왔지만 그래도 아깝기 때문에 여기서도 아침 식사를 먹었다. 사실 많이 먹을수록 일을 하는 데 힘이 나는 것은 사실이고, 좋은 일이니깐. 어쨌든 그렇게 먹고 안전 교육을 받은 후 일을 했다. 전체적으로 괜찮았다. 팀 자체가 반장 포함해서 대부분 내 또래였고 일도 어려운 것이 아니었기 때문이었다. 다만 오랜만에 해서 그런지 시간이 잘 안 간다는 느낌을 받았고, 더군다나 고층에서 했기 때문에 고소공포증이 있는 나로선 조금 심리적으로 힘들었다. 그래도 잘 해냈다. 하지만 다음날에는 다른 곳으로 갔고 그곳에서는 페인트칠을 했다.

그래도 페인트칠 자체는 내가 손기술이 부족해 힘들었지만 그래도 점심도 맛있었고 일도 빨리 끝나 집에 빨리 갔다. 이후 카타르 월드컵에 갈 때까지 한 아파트 공사 현장으로 갔다가 가기 전날엔, 같은 현장의 다른 업체를 통해 신호수를 보았다. 와, 오랜만이었다. 군대에 가기 전에 신호수를 봐서 그런지 감회가 좋았다. 그래도 카타르에 출국하기 전날에 몸은 편하게 일하고, 심지어 같이 일하는 분도, 나한테 인력사무소를 소개해 준, 앞서 언급한 형이었다. 그렇게 카타르 월드컵에 가기 위한 마지막 퍼즐인, 그곳에서 쓸 돈도 마련 완료했다.

게다가 마지막으로 '네덜란드 vs 에콰도르' 경기도 예매 완료했다. 내가 이 경기를 예매한 이유가 있었다. 바로 데 리흐트 선수와의 의리였다. 그는 내게 사인을 해 주고, 사진을 찍어 준 적이 있었고 나는 그 경험을 통해 그를 너무 좋아하게 되었다. '이렇게 팬이 된다'라는 정석적인 루트였다. 어쨌든 그 선수를 월드컵 무대에서 다시 보고 싶어 이렇게 한 경기를 더 예매했다. 다만 독일 어학연수의 의리로 독일의 경기도 예매하기를 원했지만, 아쉽게도 계속 타이밍이 안 맞았다(돈이 없을 때는 표가 남았고, 돈이 있었을 때에는 표가 없었다). 그래도 리세일 창구는 계속 열려 있으니까 카타르에 가서도 도전할 의향이다.

그렇게 내 인생 처음 월드컵 직관인, 카타르 월드컵 직관을 위한 모든 준비가 완료했다. 드디어 내일이다. 내 꿈이 이루어지는 순간이.

"자 그럼 이제부터 내가 들려주는 카타르 월드컵 여행기를 들어줄 수 있겠니?"

목차

(조금 긴) 프롤로그 ··· 4

2022년 11월 23일 ··· 36
2022년 11월 24일 ··· 67
2022년 11월 25일 ··· 102
2022년 11월 26일 ··· 125
2022년 11월 27일 ··· 147
2022년 11월 28일 ··· 174
2022년 11월 29일 ··· 195
2022년 11월 30일 ··· 209
2022년 12월 1일 ··· 225
2022년 12월 2일 ··· 257
2022년 12월 3일 ··· 281
2022년 12월 4일 ··· 294

에필로그··· 그 뒤··· ··· 305

2022년 11월 23일

출발하는 그 순간부터 말해 줄 거야. 알았지?
그날 아침 햇살이 유독 밝더라. 드디어 내 꿈이 이뤄질 날이 왔다는 신호였을지도 몰라. 드디어! 드디어!! 드디어!!!

"드디어 꿈의 무대 월드컵으로의 출발! 출발할 때의 기분은 어땠어요?"

말해 뭐해. 이 순간이 믿기지도 않았고, 이게 꿈인가 싶었어. 그도 그럴 것이 내가 월드컵 때문에 축구를 좋아했고, 월드컵을 그토록 보러 가고 싶어서 갈망했고, 4년 전에는 갈 뻔했지만 결국 한 끗 차이로, 자존심을 무너뜨리지 못해 못 갔으니 말이야. 이번에는 어떻게 되어도 좋았어. 돈도, 자존심도, 시간도. 진짜~~~ 너무 재밌겠다 생각이 들었던 것은 덤이고.

"그리고 보니 카타르에 입국할 때에는 반바지가 안 되는 등 복장 규정이 엄격하다던데 어땠어요?"

그거야 진작에 찾아봤지. 그래서 우선 절대 반바지 종류는 챙기지 않고, 입국할 때를 대비해 후드티에 긴 바지를 입고 갔지. 물론 한국의 날씨는 11월의, 어린아이도 알 만한 절대적인 겨울이라 그런 것도 있고 말이야. 그런데 이 부분은 이따가 이어지는 이야기에서 더 해 줄게.

이후에 이야기를 전개하자면, 뤼카가 먼저 카타르에 도착해서 우리 단톡방에 페이스톡을 걸었어. 어지간히 심심했었나 봐. 그러면서 카타르 하미드 국제공항을 둘러보는데, 한 공간에 아디다스 제품들이 있는 곳이 있었더라고. 그런데 확실히 독일과 일본 유니폼 너무 이쁘게 잘 나왔더라. 근데… 사실 난 독일 어학연수에서 사 왔지~~~
이후에 버스 터미널에 도착하고 버스에 잘 탑승해 자고 일어나니까 하늘은 우중충하지만 잘 도착했어. 인천 공항에 도착하자마자, 티켓 수속까지 시간이 남아 가장 먼저 한 일이 있었어. 바로 돼지고기와 맥주 섭취였지.

"엥, 왜요? 카타르가 이슬람 국가여서 그런가?"

정답! 진짜 그게 이유야. 당연히 나는 2주 가까이 돼지고기와 알코올 맥주를 섭취할 기회가 없거나 극히 제한적일 것이기 때문에, 갈망할 것이 예상되었지? 그래서 마침 비행기를 탈 때까지 시간도 많이 남았고 해서 바로 돼지고기와 맥주를 섭취하러 고고씽~했지. 그럼 무엇을 선택했느냐. 바로 돈까스와 맥주캔이었지. 출국하기 전에 돈까스와 맥주의 조합이라니. 신선하지 않아? 재미있지?

"음… 비행기 타기 직전이라 별로요…. 그래도 뭐 나름 합리적인 선택을 했네요. 저였어도 비행기 타기 전에 삼겹살 같은 음식을 먹고 타기에는 부담스러웠을 거니까요. 아, 인천공항에는 애초에 삼겹살을 파는 집이 없겠구나."

응, 그치. 이후에 시간이 되어서 티켓 및 짐 수속을 마무리하기 위해서 수속하는 곳에 갔어. 내가 탄 항공사는, 무려 맨체스터 시티 구단주로도 유명한 만수르 형님의 항공사인 에티하드 항공사였어. 카타르에 가기 때문에 카타르 항공사를 이용하지 않느냐는 답변이 올 수도 있어 미리 말하는데, 이 비행기를 타야 50만 원 가까이 절약할 수 있었어. 단순히 돈 때문이기는 했지. 그래도 만수르 형님의 비행기를 탄다고 생각하니 나름 설렌 것은 사실이야. 아, 조금 더 덧붙이자면, 내가 예약할 당시에 홀란드를 영입하는 데 성공했으니, 홀란드 영입 자금으로 쓰였다고 할 수 있지 인정? 반박 시 네 말이 맞음.

출국 수속을 밟고 난 후 에티하드 항공사의, 아랍에미리트 아부다비(경유)행 비행기를 타러 가는데, 너무 떨리더라. 이게 진짜인가? 비행기를 타기 직전까지도 안 믿겼어. 그리고 시간이 되자 드디어 탑승했어. 그리고 자리에 앉았지.

'아, 드디어 떠나는구나. 내 꿈을 향한, 내 꿈이라는 보물이 서려 있는 장소로, 내 꿈을 이룰 순간으로.'

"진짜 부럽네요. ㅜㅜ 그렇다면 에티하드 비행기는 어땠어요?"

음… 사실 처음에는 다른 의미로 떨리는 순간이 있었어. 앞서 언급한 그 느낌과 다른, 나쁜 순간으로 말이야. 왜냐하면 처음에 비행기 엔진에 결함이 발견되었다고 해서 1시간 가까이 뜨지를 못했거든. 나는 그때 사실 이렇게 생각했어.

'혹시… 내 꿈을 이루기 직전까지 와서 이러한 문제로 어이없게 취소되는 것은 아니겠지? 취소되면 어쩌지? 진짜 자살하고 싶을 것 같은데.'

이렇게 극단적인 생각까지 오갔는데, 다행히 엔진 결함 문제가 잘 마무리되었는지 드디어 상공으로 떴어. 역시 메이저 항공사는 다르구나 싶긴 했지. 그리고 진짜 만수르 형님 소유의 항공사라는 것을 알 수 있었던 것이, 비행기 내부에서 느낄 수 있었어. 기내식이 맛있는 것은 둘째 치고, 대부분 비행기 내부에서 볼 수 있는, 상상하기 힘든 점이 하나 있었어. 바로 '월드컵 경기'를 비행기에서 라이브로 볼 수 있었다는 점이야. 에티하드 항공사 비행기에서는 좌석마다 배치된 화면을 통해 라이브로 월드컵 경기를 시청할 수 있었어. 그래서 나도 틀었는데, '아르헨티나 vs 사우디아라비아' 경기가 하는 거야.

"오, 그 경기는…? 바로…?"

맞아. 바로 그 경기야. 나는 비행 내내 옆자리에 앉아 있었던 분과 친해지면서 이야기를 했는데, 이 경기도 같이 봤지. 그러면서 나는 사실 아르헨티나가 무조건 이길 것이라고 했거든. 그도 그럴 것이 사우디아라비아의 최근 월드컵 본선 성적만 봐도 처참했고, 아르헨티나는 리오넬 메시 선수는 건재하고 직전 해에 코파 아메리카를 우승했을 정도로 분위기가 좋았잖아? 그래서 당연히 아르헨의 승리라고 봤지.

그리고 초반은 내 예상대로 흘러갔어. 아르헨티나는 간단하게 메시 선수가 페널티킥으로 선제골을 완성시켰지. 그렇게 아르헨티나가 간단하게 승리할 것처럼 보였어. 하지만 경기가 이상하게 흘러가기 시작했어. 아르헨티나 선수들은 골을 많이 성공시켰지만 전부 반자동 오프사이드에 걸려 취소되었어. 그렇게 찝찝하게 전반전이 마무리되었지.

후반전이 시작되자마자 얼마 안 가 이상한 현상은 더 커졌어. 사우디아라비아가 선제골을 완성한 거야. 그리고 얼마 안 지나서, 사우디의 에이스 살렘 알 도사리가 드리블로 제친 이후 완벽한 감아차기 골로 역전까지 완성시켰지. 이후 아르헨티나는 사우디의 리드를 뒤집지 못했고 결국 1-2로 패하는, 사상 유례없는 이변이 일어난 거야. 진짜, 대박이더라. 나는 이 장면을 비행하면서 보았고, 어떻게 본다면 너무나 특별한 경험이었지? 이때부터 직감했지. 내 카타르 월드컵 여행은 특별한 여행이 될 것이라고.

첫 번째 경유지인, 아랍에미리트 아부다비 국제공항에 도착했어. 당시 현지 시각은 거의 밤 10시쯤이었어. 나는 카타르 도하에 갈 예정이고, 옆에 친해진 분은 아부다비에 있다가 카타르에 넘어갈 예정이었기 때문에 인스타 아이디만 서로 교환하고 헤어졌지. 서로 대한민국의 건승을 기원하며 말이야.

"오호, 그런데 아부다비 공항은 어땠어요?"

솔직히 중동이라 그런지 아라비안 느낌이 물씬 나더라. 아랍어도 잔뜩 있고 말이야. 그런데 내가 도착한 시각은 새벽 2시쯤이라 그런지 열고 있는 가게가 없어 할 것도 없어 굉장히 심심하더라. 다음 비행기가 출발할 때까지 8시간이 남았는데 말이야. 그래서 이곳저곳 돌아보다가 적당히 편해 보이는 곳을 찾아 누웠지.

"엥, 누웠다고요? ㅋㅋㅋ 진짜 여행자 마인드네요."

어쩔 수 없잖아. 와이파이도 제대로 안 되고 배터리도 아껴야 해서 어쩔 수 없었다고. —— 어쨌든 다행히도 눕기 좋은 곳을 발견해서 바로 쏙 누웠지. 진짜 잠이 잘 오더라. 그렇게 자고 일어났을까? 어느덧 아랍에미리트의 해는 밝기 시작했고 내 비행시간도 점차 다가왔어. 슬슬 비행시간이 임박하니까 내가 타야 하는 비행기 게이트 쪽에 사람들이 점점 모이기 시작하더라고. 그런데 다들 월드컵을 보러 가는 승객들이어서 그런지 여러 나라의 축구 유니폼들을 입고 있더라고. 그들을 보니까 내가 월드컵을 드디어 보러 간다는 것이 계속, 점진적으로 실감 나기 시작하더라.

"오 그거 재미있는 광경이긴 했네요."

그치, 그런데 눈에 띄는 점이 있었어. 반바지를 입고 있는 사람들이 있더라고. '엥?' 했지. 왜냐하면 카타르에 입국할 때 반바지를 입고 있으면 제재를 당할 수도 있다고 해서, 나는 그래서 아까도 말했듯이 반바지는 전부 안 챙겼잖아. 이때부터 뭔가 싸함이 느껴지더라고. 내가 잘못 알고 있다는 것이. 어쨌든 이야기를 더 진행하자면, 그렇게 비행시간이 다가오자 대기하고 있었던 승객들은 전부 셔틀버스에 올라탔지. 그리고 한가운데에 있는 비행장에 가 이번에도 에티하드 항공사의 비행기를 탔어. 아, 드디어 카타르로 떠나는구나.

나는 가운데 자리에 앉았어. 뭐, 사실 생각보다는 싸게 구입했으니 내 팔자려니 싶었지. 그런데 나에게 행운이 하나 따랐어. 내 옆에 미국인 아주머니께서 탑승하셨는데, 나에게 먼저 물어보시더라고.

"여기 옆자리인 창가 자리에 원래 내 지인이 탈 예정인데, 못 타게 되었어요. 괜찮으면 이 자리에 타셔도 돼요."

이게 웬 떡이냐? 난 원래 창가 쪽 자리 좋아하잖아. 그도 그럴 것이 풍경을 많이 볼 수 있으니까 말이야. 나는 너무 감사하다고 말하고, 또 말하고, 또 말하며 슬쩍 창가 쪽 자리로 옮겼어. 확실히 가운데보다는 너무 편하더라. 그러면서 다시 한번 더 그녀에게 감사함을 표했지.

"ㅋㅋㅋㅋㅋㅋ 아니 너무 부담스럽게 감사하다고 표현한 거 아니에요?"

어떡해. 너무 감사한걸. 그래서 감사하다고 연신 표현하면서 그녀와 대화해 보니, 그녀는 펜실베이니아주에서 왔다는 것을 알았어. 펜실베이니아? 바로 필라델피아 유니언이 있는 주잖아! 그래서 나도 필라델피아 유니온, 그리고 그 팀의 가스덱이나 블레이크 선수를 안다고 하니 필라델피아 유니언을 좋아하냐고 하시더라고. 음… 사실 이 시즌에는 필라델피아 유니언과 MLS 결승에서 만나 그들을 이기고 우승한 LA FC를 좀 더 좋아하긴 했는데…. 어떻게 사실대로 말하냐. 그래서 그냥 필라델피아 유니언을 좋아한다고 했지. 사실 관심이 있는 팀이기도 했고. 그러면서 그녀와, 그리고 그녀의 가족들과 필라델피아 유니언과 미국 국가대표팀에 대해 이야기꽃을 피우더니, 어느덧 카타르 지면이 보이더라.

"오!!! 드디어 도착???"

응, 그치. 진짜 내 꿈이 이루어질 무대에 도착하게 된 거야. 내 가슴이 콩닥콩닥 두근거리기 시작하더라. 흥분한 감정을 감추지 못했어. 그리고 비행기에서 내리는 순간에도, 카타르 도하 국제공항의 지면을 밟을 때까지도, 이 순간을 못 믿었었어. 나 자신이 카타르의 땅을 처음 밟아 본 것은 둘째치고, 월드컵을 보러 왔다는 그 순간 자체를 못 믿었거든.

"결국 월드컵이 개최되는 땅을 밟으셨군요. 축하드립니다. ㅜㅜ 아, 그리고 보니 계속 궁금했었는데, 그 쟁점이라고도 할 수 있는, 입국 심사는 어땠어요?"

아, 입국…. 사실 별거 없더라. 긴장할 필요가 진~짜로 없었어. 왜냐하면 그냥 여권과, 카타르 입국할 때 월드컵 한정으로 그 기간에 월드컵 경기 티켓을 예매하고 보러 온 여행객들에게만 발급해 주는, 신분증 대용의 하야 카드를 보여 주고 바로 통과되었거든. 이건 부연 설명이 더 필요한데 차차 설명해 줄게. 생각보다 너무 시시했던 것 있지? 내가 그 해 미국과 독일을 갔다 왔었는데 이 나라들에 비해서 가장 싱겁게 끝난 입국 심사였던 것 같아. 그리고 무사히 내 짐까지 찾아 주고, 드디어 출구에 나서면

"카타르 입국 성공!"

입국 심사대와 짐을 찾는 곳에서 나서서 공항 내부를 둘러보니 여기저기가 온통 월드컵이더라. 아직도 월드컵 개최국에 왔다는 기분이 실감이 나지를 않더라. 그래도 너무 좋았어. 나는 여기저기서 사진을 찍었고, 당일에 '독일 vs 일본' 경기 때문인지 많이 보였던 독일 축구 팬들에게 "독일이 월드컵 넘버원이 될 것이다."라고 말하며 다녔지. 그러다가 밖을 나섰는데, 확실히 아라비안이라 그런지 날씨가 많이 덥더라. 우리나라에서는 쌀쌀한 겨울 날씨인 점을 고려하면 너무 차이가 나더라. 진짜 빨리 숙소에 가서 후드티를 벗고 반팔로 갈아입고 싶었어.

그런데 문제는 숙소까지 가기 위해 어떤 번호의 버스를 타야 가는지 헷갈리기 시작했어. 그도 그럴 것이 중동이 처음이다 보니 너무 많이 헤맸던 것 같아. 그래서 한 직원에게 물어보니 일단 이 버스를 타라고 하더라고. 그래서 나는 부랴부랴 짐을 들고 버스에 탑승했지.

확실히 버스 안에 들어가니, 나와 같은 사람들이 많더라. 스페인이며, 독일이며, 일본이며, 코스타리카며, 확실히 전 세계의 축제다운 모습이었어.

나는 여기서 스페인 국가대표팀 유니폼을 입었던 사람에게 말을 걸었어. "Hola~"하고 말이야.

"오, 스페인어도 할 줄 알아요?"

그치. 나 이래 봬도 스페인어로 기본적인 소통은 가능해. 물론 진짜 기본적인 소통만. ㅋㅋㅋ 그래도 뭐 그렇게 스페인어로 이야기하니까 나에게 좋게 반응해 주시더라고. 그러면서 버스 타는 내내 가는 길 그와 대화하면서 재미있게 갔지. 다만 나는 한 번 지하철로 갈아타야 했기 때문에 그와 헤어지고 근처의 지하철역으로 갔지.

아, 이제 아까 말했다시피, 내가 하야 카드에 대해 설명해야 할 좋은 점! 당시 카타르에서는 월드컵 기간 동안 하야 카드 소지자에게는 지하철이나 버스를 공짜로 태워 줬거든? 한 마디로 월드컵 기간에는 교통수단이 모두 공. 짜.! 그래서 버스에서도, 지하철에서도 간단하게 하야 카드만 보여 주고 탑승했지. 그런데 카타르의 지하철 내부는 내가 지금까지 본 지하철 중에서 가장 깨끗했어.

"진짜요? 에이, 우리나라보다 더 깨끗한 지하철을 보유하고 있는 국가가 있어요?"

나도 처음에 카타르에 오기 전에는 그렇게 생각했는데, 틀린 생각이었더라. 내부는 금칠로 덕지덕지 되어 있었고 카타르 특유의 적갈색이 듬뿍 있기도 했었어. 게다가 역에서는 단 한 번도 노숙자들을 본 적이 없고. 키야, 확실히 석유 부자 국가는 다르다고 생각이 들더라. 물론 어디서 들은 이야기인데, 카타르 사람들은 대부분 부자라 자가용 차를 한 대씩 가지고 있어 지하철을 자주 이용하지 않아서 사실상 장식용이나 마찬가지라고 하더라. 그리고 이건 내가 들은 생각인데, 월드컵 개최국이기 때문에 지하철을 보수했거나 노숙자가 있더라도 어디에 몰아냈을 가정도 했어. 어쨌든 그래도 내가 여러 나라를 돌아다녀 봤지만 우리나라보다도 지하철 내부가 깨끗한 곳은 처음이었어.

그렇게 지하철을 타고 '알-와크라' 역에 도착했어. 여기서 한 번 더 버스를 타야 했지. 근데 역 밖에 나가니 사막 한복판에 버스 정류장이 있고 그곳에 셔틀버스들이 줄줄이 있더라. 나는 처음에는 혼란스러웠지만 이내 구글 지도를 켜고, 어느 번호의 버스를 타야 하는지 본 후 그 버스를 찾아 탑승해서 드디어 숙소에 가게 되었어.

숙소 가는 내내 휑한 사막이 펼쳐졌는데, 여기서 내가 진짜 카타르에 왔구나 실감이 너무 나더라고. 그 왜 있잖아. 마치 '아라비안나이트'에 나오는 그런 장면 말이야. 그런 장면들이 실제로 펼쳐져 있으니까 신비하기도 하고, 황홀하기도 하고, 암튼 뭐 그랬어. 게다가 버스 내부에서 흘러나오는 아라비아 노래는 그러한 감성을 더욱 젖게 만들었고. 이게 바로 아라비안 서사인가?

"숙소는 그래서 잘 도착했어요? 숙소는 어땠어요?"

잘 도착했지. 버스가 숙소가 내부까지 잘 와 주더라. 다만 내가 머물러야 하는 동까지는 먼 곳에 내려 주어서 나는 이 뜨거운 사막 날씨에 후드티를 입고 큰 짐을 끌면서 땀을 뻘뻘 흘리며 알리송이 말해 준 동을 찾아가고 있었어. 우리는 'J'가 쓰여 있는 동에 있어서 와야 하는데, 그런데 여기서 웃긴 썰이 있었다. 웃픈 썰이라고 해야 하나?

"엥, 뭔데요?"

그게 아라비안 문자 중에 'J'처럼 생긴 문자가 있어. 그런데 나는 그 문자를 알리송이 말한 'J'인 줄 알고 그쪽에 갔는데 그곳에는 알리송이 없더라고. 아무리 찾아봐도. 그래서 알리송에게 연락하니까, 자기는 계속 거기에 있다는 거야. 그래서 내가 여기에 왔는데 아무리 봐도 없다고 하더라고. 그랬는데 갑자기 알리송이 혹시 잘못 본 거 아니냐고 했는데, 다시 보니까 아라비안 문자를 'J'로 잘못 본 것이라고. ㅋㅋㅋ 나는 곧바로 간다고 하고 알리송에게 미안하다고 했지. 가면 그랜절 박아야 했을 듯. ㅋㅋㅋㅋㅋㅋㅋㅋ

"아이고, 행님… 거 카타르까지 가서 덜렁거리면 어쩝니까?"

그르게. ㅋㅋㅋㅋㅋㅋㅋ 진짜 카타르 첫날부터 허당 1스텍이었다. 그래도 다행히 잘 찾아가니 알리송이 있더라고. 진짜 반년 넘게 못 봤는데 심지어 한국도 아니고 타국에서 보니까 그렇게 반가울 수가 없더라. 그래서 서로 반갑게 인사한 후 나는 바로 체크인을 했어. 확실히 가기 직전에 알리송이 말한 대로 사전 체크인을 하니까 금방 끝나더라. 그래서 나는 내 키를 가지고 알리송과 함께 방으로 갔지. 하, 드디어 이 무거운 짐도 놓을 수 있겠다. 그리고 더우니까 후드티도 벗고 시원한 옷으로 갈아입어야지.

"오, 드디어 방에 들어가셨군요! 이제 후기 부탁드립니다!"

후기라…. 놀라지 마…. 솔직히 돈값 이상이더라. 처음에는 카타르 월드컵이라는 '성수기' 때문에 1박에 10만 원, 즉 인당 5만 원밖에 안 드는 숙소라면 단순히 침대하고 씻을 곳만 있을 줄 알았거든? 그런데 그 이상이더라. 우선 숙소 내부는 생각보다 넓고 깨끗하며, 안에는 생수 1L짜리 페트병, 다수의 커피, 옷걸이, 수건 등 우리가 숙박하면서 필요한 생필품 및 기호품들은 다 있더라고. 게다가 샤워장에는 샴푸하고 바디워시도 있었고. 그리고 가장 중요한 휴지도 있었고!!! 다만 조금 녹물이 나오는 점이 흠이었지만, 이 정도면 나는 솔직히 만족스러웠고 알리송도 같은 생각이었어.

"와, 성수기 치고 싸게 예약한 것도 이득이었는데, 심지어 있을 건 다 있네요. 진짜 운이 대박이네요. ㅋㅋㅋ"

그렇지. 뉴스에서 나왔듯이, 1박에 20만 원 이상의, 허름한 텐트 숙소에 비해서는 어느 면에서 보나 여기가 이득이었던 것이지. 호텔이 하루에 100만 원 이상인 점도 감안하면 카타르 월드컵을 보러 와서 잠을 제대로 잘 수 있었다는 것 이상의 서비스를 누릴 수 있다는 것이 좋았고 말이야. 아, 참고로 이 숙소에서는 직원들이 수건을 갈아 주기도 한다? 그래서 우리는 수건도 마음껏 쓸 수 있었지. 에어컨이 시원한 것은 덤이고 말이야.

우리는 짐을 정리한 후 조금 쉬다 카타르의 중심가로 가기로 했어. 사실 나는 오늘 입국해서 쉬고 싶다는 생각이 강력하긴 했지만 알리송이 나가길 원하는 것 같아서 어차피 오늘은 할 것도 없고, 그냥 나갔어. 그렇게 내가 버스에서 내렸던 버스 정류장 쪽으로 걸어갔어. 그리고 다시 버스를 타고 내가 아까 왔었던 알-와크라 역으로 갔어. 그런데 여기서 신기한 일이 있었다?

바로 여기서 FC 서울을 좋아하는 한 한국인 팬을 만난 거야. 어떻게 만났냐면, 셔틀버스를 타러 갔는데 유니폼을 입은 사람들이 많은 거야. 확실히 월드컵이라는 축제가 여러 나라의 축구 팬들을 불러들였다는 것에서 감탄하고 있었지. 그런데 여기서 익숙한 유니폼이 보였어. 바로 FC 서울의 이번 시즌, 즉 2022시즌 유니폼이었어. 그것도 나상호 선수로 마킹되어 있는 유니폼으로! 그래서 알리송이 얘기를 걸었고, 그렇게 우리는 알-와크라 역까지 가는 내내 떠들었지.

그분은 알고 보니 우리보다 먼저 와서 월드컵 경기를 봤다고 하더라고? '프랑스 vs 오스트레일리아' 경기였나? 부럽더라. ㅜㅜ 음바페 선수를 직접 본 거잖아? 그리고 그 경기가 무척 재미있었다고 하더라고. 그런 말을 들으니 나도 내일 보러 갈 월드컵 경기가 너무 기대되더라고. 과연 월드컵 무대는 어떤 무대일까?

어쨌든 여러 수다를 떨면서 시간을 보내니 어느덧 버스는 알-와크라 역에 잘 도착했어. 이후 그 서울 팬과는 인사를 하고 헤어진 후 지하철에 탔어. 일단 DECC라고 카타르의 중심지이자 FIFA 센터가 있는 곳에 갔어. 아직 점심도 못 먹어 배고픈 나와 알리송은 이를 해결하기 위함도 있었고. 그렇게 FIFA 센터 앞에 가 보니, 여러 사람들이 하야 카드를 한 랜야드에 예쁘게 매달고 다니더라고? 그래서 우리는 궁금해서 그렇게 달고 다니는 사람에게 물어보니, FIFA 센터 근처에서 돌아다니다 보면 이 랜야드를 받을 수 있다고 하더라고. 그래서 근처를 돌아다니다 FIFA 관계자처럼 보이는 한 사람에게 물어보니, 자기를 따라오라고 하더라고. 그러면서 그분은 파키스탄에서 왔다고 하면서 여러 이야기를 떠들다 보니 한 장소에 도착해 있었어. 우리는 그 친절하신 분에게 인사를 하고 랜야드를 받으러 왔다고 하니 하나 주더라고. 우와, 왜인지 우리도 카타르 월드컵 관계자 같은걸? 이게 바로 월드컵 뽕인가? ㅋㅋㅋㅋㅋㅋ ㅋㅋㅋㅋㅋㅋㅋㅋ

"그렇네요. ㅋㅋㅋㅋㅋㅋㅋㅋ 사실 월드컵에 온 것만으로도 뽕이 차올랐을 텐데 랜야드까지 받았으면 뽕이 절정으로 차올랐겠네요. 그러면 슬슬 중심가로 가셨을 것 같은데 그곳에서는 무슨 일이 있었어요?"

일단 몰에 들어가기 전부터 놀라운 일이 있었어. 이따가 만나기로 한 뤼카 일행을 여기서 우연히 만난 거야! 사실 뤼카가 아까 언급했듯이 카타르에 먼저 도착한 사실은 알고 있었지만 아직 타이밍이 안 맞아서 못 만나고 있었거든. 그런데 우리가 슬슬 FIFA 센터에서 DECC로 건너갈 수 있는 횡단보도 쪽으로 가니 익숙한 한국인 얼굴이 보이더라고. 바로 뤼카더라! 우리들은 서로 어안이 벙벙하면서도 반갑다는 듯이 인사를 했지. 그러면서 뤼카와, 그와 같이 일하는, 캐슬님이라는 분과 초면이라 서로 인사를 했지. 그런데 확실한 것은 어안이 벙벙할 수밖에 없었다는 것은 이해가 되지?

"당연하죠. ㅋㅋㅋ 한국에서도 지나가다가 지인을 보는 것도 확률이 낮은데 타국에서 지인을 길 가나 우연히 보는 것이 쉬운 확률일까?"

맞지. ㅋㅋㅋ 어쨌든 우리들은 나중에 만나기로 하고 인사를 한 후 슬슬 DECC의 시티 센터 몰에 들어갔어. 근데 사실 입구가 우리가 생각하는 입구가 아니었어. 왜냐하면 주차장 입구만 덩그러니 있었지 사람들이 들어갈 수 있는 입구가 없었거든. 그런데 사람들이 주차장 입구 쪽으로 들어가더라고. 그래서 '여기가 입구구나.'라고 생각이 들었고 따라서 들어가 보니 역시 입구가 있더라고. 역시 모르면 가끔은 사람 무리를 따라가는 것도 답인 것 같더라.

"하긴 ㅋㅋ 그건 국룰이죠."

그리고 우리는 일단 밥을 먹지 못했으니 밥부터 먹기로 했지. 처음에는 푸트코트와 같은 곳에 갔어. 우리는 무엇을 먹을까 고민하다가 뤼카가 추천해 준 곳이 생각나더라고. 바로 중국요리 음식점이었는데, 우리는 뤼카가 추천한 곳과 비슷한 곳을 돌아다닌 끝에 찾았어. 그런데 막상 가 보니 가격이 만만치 않더라고. 물론 돈을 쓰는 거야 상관없었지만, 그래도 가격이 생각보다 비싸더라고. 그래서 우리는 다른 곳을 찾은 끝에, '피자헛'을 발견했고 그곳에 들어갔어. 사실 다른 나라에 가서도 어디서 먹을지 마땅히 떠오르지 않으면 유명한 체인 음식점으로 가는 것도 좋은 선택이니까.

"그것도 그렇죠. 왜냐하면 그 유명 체인 음식점들은 그 나라 사람들 입맛에 조금씩 변형했어도 결국 기본은 익숙한 맛이니까요."

그래서 우리는 피자헛으로 들어가 어떤 피자를 시킬지 고르고 있었어. 처음에는 알리송이 어떻게 시킬지 고민이길래, 나는 이렇게 말했지.
"차라리 다른 느낌의 두 피자를 시키자. 왜냐하면 비슷한 느낌의 피자만 먹어서는 돈이 아까울지도 모르니까."
그것도 그럴 것이, "단짠단짠" 조합은 유명하잖아? 그래서 그냥 단 피자, 짠 피자 이렇게 시키면 너무 안성맞춤일 테니까. 그러더니 알리송도 이 논리에 찬성하더라고. 그래서 우리의 주문 최종은 '페퍼로니 피자, 하와이안 피자' 이거였어. 실패할 수가 없는, 가장 안전한 조합이지.

"잠깐… 형… 혹시 하와이안 피자를 좋아해요? 아니 그걸 어떻게 먹어요? 진짜 입맛 특이하네."

뭐—— 좋아할 수도 있지. 그리고 얼마나 맛있냐. 나중에 나 장례식 할 때 하와이안 피자 육개장 대신 내올 테니까 그거 인지해라. 그리고 어차피 알리송도 친(親) 하와이안 피자파였다. —— 진짜 피자와 파인애플 조합 환상적이다. 꼭 먹어 봐라.

그리고 피자와 콜라를 먹으면서 우리는 여러 축구에 관련된 이야기를 했어. 그중에서 가장 기억에 남는 이야기는 '일본 축구 국가대표팀'에 관련된 이야기였어.

"호오, 이건 조금 신선한데. 하긴 형은 일본 축구에 대해 굉장히 많이 알고 있으니 그럴 만도 하겠네요."

그치, 게다가 알리송도 일본 축구에 대해 어느 정도 알고 있었으니 해볼 만한 주제였지. 우선 이 이야기에서 모리야스 하지메의 선택이 옳지 않다고 얘기했지. 왜냐하면 셀틱에서 폼이 좋은 후루하시 쿄고 선수를 뽑지 않으면서 최근 폼이 좋지 않은 아사노 타구마를 왜 뽑냐고 격분하면서 얘기했어.

"ㅋㅋㅋ 격분이요? 형은 한국인이잖아요."

ㅋㅋㅋ 알리송도 일본 축구에 왜 격분하냐고 하면서 웃기다고 하더라. 하긴 나는 대한민국 사람이고 대한민국 축구만 신경 쓰면 되지 우리의 라이벌인 일본 축구에 크게 신경 쓸 필요가 없는 게 맞지. 다만 나는 더 좋은 선택지가 있음에도 불구하고 그런 선택을 하는 게 이해가 안 갔고, 그 이해가 안 가면 속으로라도 격분하는 성격이기도 해서. 게다가 같은 조에 독일, 스페인, 코스타리카 등 내로라하는 전통 강호들이나 다크호스가 즐비해 '죽음의 조'라고도 불렸잖아? 그래서 선택 하나하나가 중요한 시점에 그런 선택을 내린 것이 안타까웠던 것이지. 그렇게 축구 이야기를 하다가 어느덧 식사는 끝나고 밖을 나서기로 했어. 백화점을 둘러보면서 말이야.
처음에는 스포츠몰을 하나 찾아서 갔어. 왜냐고? 카타르에 왔으면 카타르 국대 유니폼을 하나 사야 하니까! 이거 하나 때문에 카타르 가기 직전에도 일 열심히 했다….

"오… 카타르 국대 유니폼… 솔직히 가서 하나는 장만할 만하긴 하네요…."

그래서 카타르 국가대표팀의 공식 키트 스폰서인 나이키 매장을 포함해서 백화점 내부의 여러 매장으로 갔는데, 어웨이는 많지만 아쉽게도 홈은 없더라고…. 그래도 중동 국가이다 보니까 사우디아라비아, 튀니지, 알제리 등 평소에 오프라인에서 보기 힘든 유니폼들은 많더라! 인터넷으로 많이 보긴 했지만 실제로 보니까 신기하더라. 게다가 카타르 최대 명문 구단이자 정우영(큰) 선수가 소속되었던 알-사드의 유니폼도 있더라고! 돈이 더 많았더라면 마구 질렀을 텐데. ㅜㅜ 그래서 우선 내 첫 번째 목표인 카타르 국대 홈 유니폼을 찾으려고 돌아다닌 결과, 한 매장이 내 레이더망에 걸렸어.

"오! 왜인지 느낌이 좋아 보이는데요! 어디였어요?"

'Foot Locker'란 곳이었어! 아마 이 매장은 한국에도 체인점이 있는 걸로 알고 있는데, 이 매장에는 왜인지 카타르 홈 유니폼의 냄새가 물씬 나더라고. 그래서 들어가 보니, 똬악~ 카타르 홈 유니폼이 있더라고! 게다가 내 사이즈가 잘 있는 것은 물론 다른 매장에 비해 30리얄(한화 약 12,000원) 정도 싸더라고! 그래서 '이게 웬 떡'이라고 속으로 쾌재를 부르면서 바로 카드로 질렀지! 참 역시 나는 대표적인 풋푸어(풋볼+푸어)였어. 나 부자 아니다. 그냥 축구에 관련해서는 무리하는 거다.

"형, 그래서 아이스크림 언제 사 와요?"

잠시만, 오이오이, 카타르잖니, 아직. 뭐 사실 사 줄 생각도 없고, 돈은 더더욱 없지만 말이야. ^^ 그리고 이후에 계속 돌아다녔는데, 확실히 백화점이라 그런지 여러 가지 물건들이나 쇼핑할 거리들이 많았고, 여기서도 유니폼 말고도 월드컵 관련 상품들을 팔더라. 약간 그런 느낌이려나? 우리나라에서 다시 월드컵을 열면 현백이나 롯데 아웃렛에서 월드컵 관련 상품들을 파는 거? 딱 그런 느낌이었어. 그리고 여기서 한 전시 공간이 있었는데, 바로 월드컵 마스코트들을 전시한 곳이었어. 우리는 '오~ 역시 월드컵 개최국' 하면서 보고 있었는데, '띠용?' 하는 장면이 있었어.

"뭔데요?"

바로 2002 월드컵을 'Japan/Korea'로 표기했더라? 아니, 우리가 월드컵 명명권을 한국부터 놓는 것으로 해 한·일 월드컵이라고 말하는 것이 맞는데 아직도 저렇게 표기하는 곳이, 그것도 이번 대회를 개최하는 곳에서 저렇게 표기했다는 것이 기가 차더라. 뭐, 사실 우리나라 국력이 약하고, 그래서 이러한 사실이 전 세계적으로 잘 알려지지 않았다는 것을 반증하는 것 같기도 해 슬프기도 했어.

그래도 이런 어이없는 장면을 본 것을 뒤로하고, 할 것이 없어서 백화점 밖에 나갔어. 나가니, 해가 완전히 저물고 밤이 되었더라. 알리송이 선수 현수막이 걸려 있는 빌딩들을 구경하자고 하더라고. 그도 그럴 것이 건물들에 월드컵에 출전하는 각 나라의 대표 선수들을 걸어 놨더라고. 나도 그래서 손흥민 선수가 어디 있는지 궁금해서 알겠다고 하고 같이 걸어 다녔지. 그리고 그렇게 걸어 다닌 지 얼마 안 가 손흥민 선수가 걸려 있는 현수막을 발견했어. 역시 우리나라의 대체불가 에이스, 너무 멋있더라.

"그뿐이에요? 뭔가 썰이 식상한데."

ㅋㅋㅋ 근데 사실 여기서는 그냥 인증샷 정도로만 찍고, 그 인증샷을 나중에 인스타그램에 올리고. 이 정도밖에 없지? 나중에 내 인스타그램 사진 확인해 봐. 아마 있을 거야.
그리고 여기서 또 특이한 거 발견했다? 뭔지 알려 줄까? 바로 카타르 월드컵의 공인구인 '알-리흘라' 자판기가 있더라고. ㅋㅋㅋㅋㅋㅋ 아니 진짜 세계 곳곳을 돌아다니면서 담배나 술 등 신기한 자판기 등은 많이 봤는데 공 자판기는 처음이더라. 문. 화. 충. 격.

"오, 또 뭔가 있어요? 카타르는 파도파도 신기한 것들이 자꾸 나오네요."

물론 월드컵이라 그럴 수는 있겠다만, 그래도 공 자판기는 신기하더라. ㅋㅋㅋ 그래도 아쉽게도 일단 여행 중에 어떤 일이 일어날지 모르기 때문에 돈을 아껴야 해서 공을 사는 것은 나중에….

"아니, 형도 참 신기하네요. 카타르 국대 유니폼은 훅훅 지르면서…."

그건 내가 미리 계획한 지출이잖아. —— 어쨌든 공 자판기 감상 이후 우리는 이번에 팬 페스티벌에 가기 위해 발걸음을 이동했어. 그런데 이동하는 도중 알리송이 '빅뉴스'를 나에게 알려주더라. 바로 일본이 독일을 상대로 이기고 있다는 소식이었어! 너도 알잖아. 독일이 일본에 1-2로 패배했던 사실을!

그도 그럴 것이 전력적으로 독일이 일본을 압도했던 것은 사실이었고, 더군다나 지난 월드컵에서는 조별리그 최하위로 탈락해 이번 대회에서는 동기부여가 남다를 것으로 예상되어 잘할 것으로 생각했거든. 그런데 일본에 패배라…. 그리고 이 소식을 월드컵 개최 현장에서 듣는다라…. 참 감회가 새롭더라. 더불어 우리나라도 내일 우루과이를 이길 수 있을 것이란 자신감도 생겼고. 왜냐하면 그렇잖아. 사우디아라비아는 아르헨티나를, 일본은 독일을 이겼으니 말이야! 더불어 우리도 2-1이란 스코어로 우루과이를 이길 수 있을 것만 같았어. 그리고 알리송은 독일에 대해 이렇게 말했지.

"독일이 월드컵 본선 2연패 중인데 그 상대가 한국과 일본이네?"

"ㅋㅋㅋ 아니 그것도 맞네요. 독일이 2018 대회 이전까지 아시안 국가를 상대로 월드컵 본선에서 단 한 번도 패배한 적이 없는데…. 지금은 본선 대회 경기 2연패 중인데 상대들이 아시아 국가들이라니…. 정확히는 동아시아…."

이래서 축구판을 오래 보다 보면 참 신기한 일들이 속출해. 그리고 그 신기한 일들은 우리나라가 이번에 맞이할 준비를 마쳤지.

그렇게 놀라운 소식을 듣고 팬 페스티벌이 열리는 '코르니셰'라는 역에 도착했어. 이 역의 특이한 점은, 나가는 것만 되고 들어오는 것은 안 되더라고? 내 생각엔 이 정책이 일시적인지 정기적인지는 모르겠지만, 일시적이라면 아마 팬 페스티벌을 즐기고 오는 사람들이 한꺼번에 몰리는 것을 방지하기 위함인 것 같긴 하더라. 그도 그럴 것이 팬 페스티벌을 즐기러 오는 사람들과 다 즐긴 사람들이 겹치면 인원이 굉장히 많아 위험할 수도 있을 것 같더라.

우리는 역 밖에 나가서 팬 페스티벌이 열리는 장소에 가는데, 카타르 도하의 야경이 눈에 들어오더라. 와, 진짜 아름답더라. 카타르가 잘 사는 나라라고 해도 사실 아랍국이기 때문에 도시도 아랍 느낌이 물씬 날 줄 알았는데 야경을 보니까 아름다운 것 이상으로 아랍풍은커녕 굉장히 현대적인 느낌이 나더라. 물론 이 느낌은 아까 손흥민 선수 현수막을 보면서도 느꼈지만 말이야. ㅋㅋㅋ

이후 우리는 팬 페스티벌 입구에 드디어 도착했어. 그런데 월드컵을 위한 팬 페스티벌이라 그런지 하야 카드에, 짐 검사도 철저히 이루어지더라. 뭐 우리야 걸릴 만한 물건을 안 가져와서 상관없었지만. 그렇게 짐 검사를 무사히 마치고 통과해 팬 페스티벌에 들어갔어. 팬 페스티벌에 들어갔는데, 와, 진짜 불빛이 번쩍거리고 가수의 공연까지 펼쳐지고 더불어 '스페인 vs 코스타리카' 경기까지 라이브로 볼 수 있더라. 이게 월드컵의 팬 페스티벌인가? 사실상 '월드컵의 클럽 아닐까?'라고 별의별 생각이 다 들면서 재밌더라.

"월드컵 경기를 현장은 아니지만 라이브로, 그것도 전 세계에서 온 축구 팬들과 함께 즐기는 것이라…. 진짜 너무 재미있어 보이네요. ㅜㅜㅜ 하 나도 가고 싶다."

그러다 우리는 대한민국 국기를 휘날리며 돌아다녔는데, 어쩌다 외국인들과 사진을 찍고 싶은 거야. 그래서 처음엔 전날에 아르헨티나를 잡은 사우디아라비아 팬이 있길래 요청해서 같이 사진을 찍었지. 그것도 '팀 아시아'라고 외치면서 말이야. 그런데 신기한 일이 벌어졌어. 여기저기서 태극기를 들고 같이 사진을 찍자는 요청이 무수히 들어오더라. 어디는 방글라데시에서 오고, 어디는 쿠웨이트에서 오고. 엄청 많은 나라에서 온 사람들과 그렇게 사진을 찍었어. 이후에도 모로코, 우루과이, 튀니지, 가나 팬들과도 사진을 찍었는데, 슬슬 차근차근 썰을 풀게.

"오오, 한류란 진짜 월드컵에서도 통하나 보네요."

그니까. ㅋㅋㅋ 다만 사실 모로코 팬들과는 큰 썰이 없기 때문에 바로 우루과이 팬들과의 썰로 넘어갈게. 내가 'Vamos, amigo(가자, 친구 → 물론 여기서는 vamos는 응원의 느낌으로 말한 것이 맞다.)'라고 말하면서 말을 걸었지. 그러면서 내일 좋은 경기를 하자고 말하면서 같이 사진을 찍었지. 아, 참고로 내 옆에 어깨동무하면서 찍은 팬분, 우루과이 중원의 에이스이자 레알 마드리드의 에이스인 페데리코 발베르데 진지하게 닮았더라. ㅋㅋㅋ

"오? 알고 보니 발베르데 아니에요? 진짜면 너무 부러운데."

에이. 내일 경기인데 아무리 술을 안 마신다고 하더라도 오겠어? 엇, 잠깐 설마 진짜이러나? 왜 그런 거 있었잖아 선수들이 일반 팬으로 분장해서 팬들과 함께 이야기를 나누는 선수들도 있었잖아. 에이, 그래도 이건 억측이긴 하네. 설마 진짜 그래도 발베르데가 경기 전날에 그런 행동을 할 리가….

그리고 튀니지 팬들과도 사진을 찍었는데, 재밌게도 튀니지 팬들이 나하고 알리송에게 튀니지의 전통 모자를 빌려 주더라. ㅋㅋㅋ 참, 이래서 재밌는 게 여기에 와서 튀니지 전통 모자를 써봤을 줄 누가 알았겠어? 정말 재밌는 추억이었어.

그리고 가나로 넘어가기 전에 잠깐의 중요한 썰을 하나 풀게. 우리는 사실 어떤 인터뷰를 했어. 바로 한 포르투갈 방송사가 인터뷰를 요청한 거야. 우리가 태극기를 들고 가나 팬들과 이야기를 하면서 사진을 찍자고 말하려는 타이밍에, 한 유명 포르투갈 언론사의 기자분들께서 오신 거야. 그도 그럴 것이, 사실 포르투갈이 대한민국, 가나와 한 조에 묶였으니 우리와 가나 팬분들이 포르투갈 기자분들에겐 관심사가 될 수 있으니 이해는 되었지. 그런데 인터뷰 상황이 참 재미있었어.

기자 : 호날두에 대해 어떻게 생각하시나요?
알리송 : 호날두요? 전혀 무섭지 않아요. 오히려 칸셀루가 더 무섭죠.
나 : 브루노 페르난데스, 레앙, 그 외 여러 명의 선수들.

대놓고 포르투갈 언론사에 호날두가 안 무섭다고 한, 알리송의 발언이 포르투갈 기자들의 놀라움을 만들었다. 근데 사실 나도 저 발언에 동감하기는 했어. ㅋㅋㅋ 그도 그럴 것이 호날두는 이 당시에 여러 이적 논란으로 시끄러웠고 그로 인해 프리 시즌에 제대로 참여하지 못해 소속팀이었던 맨체스터 유나이티드에서 폼이 떨어질 대로 떨어졌잖아. 게다가 팀 내 불화의 담당으로 소문이 돌기도 했고 말이야. 그렇지만 나는 그렇다 해도 포르투갈 언론사에 저렇게 말해 분명히 화젯거리가 될 수 있을 것이라 생각은 들더라. ㅋㅋㅋ 나중에 포르투갈에 알리송이 가면 유명 인사가 되어 있는 거 아니야? 한편으론 그래서 알리송이 '부럽다'란 생각도 들더라. 나도 저렇게 말할걸. ㅋㅋㅋ

"어유, 형… 제가 볼 땐 알리송 형이 난감했을 거 같은데…. 진짜 카타르 와서 하루에만 2허당 스택 찍었네요."

그래, 내가 잘못했어. —— 어쨌든 인터뷰가 끝나고 같이 사진을 찍은 다음 가나 팬분들과도 이야기를 나눴어. 근데 가나의 슈퍼스타가 누구야? 바로 아스날 소속의 토마스 파티 선수 아니야? 근데 우연의 일치인지, 알리송도 아스날의 팬이야. 그러다 보니 토마스 파티로 많은 이야기를 할 수 있더라고. ㅋㅋㅋ 어쨌든 그렇게 토마스 파티 선수의 이야기로 많이 오가다 정겹게 사진을 찍고 헤어졌지.

아, 참고로 중간에 빠진 것이 있었는데, 팬 페스티벌에 일본인 팬도 있더라고. 마침 그날 일본이 독일을 이긴 날이라 그런지 대화를 걸어 보고 싶어서 나와 알리송은 그에게 접근했지. 그러면서 독일을 이긴 것을 축하한다고 했는데, 오히려 그 팬분은 겸손하게 독일을 이긴 것은 행운이고 앞으로 더 잘해야 한다고 말했어. 확실히 겸손이 묻어 나오는 모습이 우리도 배워야 할 것 같더라. 추가로 황선재의 J리그 덕질 자랑으로 대화를 하다 우리는 가기 위해 중간에 나오면서 포르투갈 언론사와 인터뷰를 한 거야. 그렇게 중간에 빠진 내용도 추가 완료.

"진짜 너무 재미있는 썰이 많았나 보네요. ㅋㅋㅋ 이렇게 스토리텔링을 정리하기 힘든 것을 보면."

그니까. ㅜㅜ 진짜 내 인생에서 그렇게 재미있는 순간은 처음인 것 같았는데…. 물론 다음에도 팬 페스티벌은 계속 올 예정이지만. ^^

참고로 아까 코르니셰 역은 출구 역할만 가능하다고 했지? 그렇다면 지하철을 타기 위해 어느 역으로 가야겠어? 바로 다른 역으로 가야겠지? 그래서 우리는 코르니셰 역에서 조금 떨어진 역까지 걸어가기 시작했어. 참고로 다른 일본 팬분들이 계셔서 '팀 아시아'라고 외치면서 친해지고 사진까지 찍은 건 덤. 이때도 다른 나라 팬분들도 오셔서 같이 사진을 찍었어. ㅋㅋㅋ

"진짜 아시아 단합 미쳤네요? ㅋㅋㅋ"

그래서 '팀 아시아'인 듯. ㅋㅋㅋ 역시 아시아가 근… 아 이건 제국주의로 갈 수 있는 발언이기 때문에 조심하겠습니다. 그렇게 재밌는 축구 친목을 다지면서 우리가 지하철을 타야 하는 역까지 걸어가는데 확실히 멀긴 멀더라. 그래도 축구 팬들과 이렇게 걸어가니까 재밌긴 한데, 역에 도착하니까 바리케이드가 지그재그로 되어 있더라. 이게 불편해 보이긴 했는데, 사실 월드컵이다 보니까 사람들이 많이 몰릴 것을 대비해 이렇게 설치한 것 같더라. 확실히 카타르가 준비를 많이 하긴 했어? 참고로 여기 웃긴 것이, 길마다 직원들이 'Metro this way(메트로는 이쪽이야)'라고 확성기를 들면서 계속 말해 주고 말이야. 너무 준비를 잘

했더라. 아, 근데 약간 추임새 넣고, 리듬 넣으면서 말하는 건 웃기긴 하더라. ㅋㅋㅋ

그렇게 역 안에 들어가면서 나는 카타르 선수들의 단체 사진이 있길래 오늘 산 카타르 유니폼을 들고 같이 사진을 찍으면서 오늘 일정은 공식 종료.

"오늘 카타르에 입국하시지 마자 많은 일들이 있었네요. ㄷㄷ 고생하셨습니다!"

에이 뭘 고생이야. 어차피 더욱 재미있고 바쁜 일정들이 기다리고 있을 텐데 ㅎㅎ 그렇다면 드디어 황선재의 카타르 월드컵 첫 경기 직관 썰, 개봉박두!

2022년 11월 24일

"형, 빨리 말해 주세요! 하, 월드컵 경기 직관 썰 목 빠지게 기다렸단 말이에요!"

너무 성급하네, 이 친구. 어차피 어련히 해 줄 터인데. 큼큼.
오늘은 드디어 대한민국의 월드컵 경기를 직관하러 가는 날이었어. 다른 말로 하자면, 황선재의 월드컵 경기 첫 직관, 월드컵 경기 직관 데뷔전이라고 할 수 있지? 아주 역사적인 순간이야. 너무 기대되었지. 두근두근 콩닥콩닥. 설렘과 흥분을 감추지 못했어.

"지금 이 썰을 말하는 순간도 너무 흥분해 보여요. ㅋㅋㅋ"

당연하지. 나는 지금 이 이야기를 하는 도중에도 이 순간은 아직도 못 있는데. 내 인생에서 가장 행복했으니.
알리송이 잠에서 깨기 전에 숙소 안에 있는 믹스 커피를 타서 실외 계단으로 올라와 아침 커피의 여유를 즐겼지. 이게 바로 카타르 첫 아침을 맞이하는 자세랄까?

"벌써부터 카타르 현지인이 되신 거예요? 역시 트래블러…."

그래서 내 아라비안식 이름도 '모하메드 알-선재'잖아. ㅋㅋㅋㅋㅋ
그런데 커피를 마시는데 옆방 사람들이 인사를 하더라고. 그래서 나도 인사하면서 말하다 친해졌는데, 알고 보니 호주 사람이라 하더라고? 심지어 알리송이 호주에서 유학하는 지역인 브리즈번 출신인 것도 놀랍더라고. ㅋㅋㅋ 그래서 나랑 같이 온 친구(영어권이기 때문에 친구라고 말함)도 호주 브리즈번에서 왔다고 하니까 놀라더라고. 하긴 한국인이 브리즈번에서 여기까지 온 장면이 익숙하지는 않겠지.

"와, 카타르에서 알리송 형 제2의 고향 사람을 만난 거예요?"

그치. ㅋㅋㅋ 그것도 웃긴 것이 알리송 없는 알리송 고향 향 후회가 되어 버렸고. 마치 홍철 없는 홍철 팀이랄까? 그나저나 나도 여기서 청주 사람을 만날 수 있을까?

"형, 그건 불. 가."

만날 수도 있지. —— 하긴 확률적으로 낮은 건 인정. 어쨌든 여러 대화를 나누다 오늘 경기가 있다고 하니 응원해 주고 그렇게 나는 내 방으로 들어가서 알리송에게 이 사실을 알려 주었지. 그러더니 자기도 놀라더라고. ㅋㅋㅋ 그래서 나중에 기회가 되면 소개해 준다고 했어.

그렇다면 오늘의 직관 룩! 바로 소개 들어갑니다! 두구 두구 두구 두구 상의는 2020-22시즌 대한민국 홈 유니폼. 거기에 펄럭일 태극기도 준비 완료. 그리고 마지막으로 목청 터져라 응원할 목소리 준비 완료.

"오오, 역시 비장한 월드컵 직관 룩!"

월드컵 경기를 보러 가는데 이 정도는 기본이지요? 그렇게 모두 챙긴 다음 숙소 밖을 나와 알리송은 결전의 장소를 향해 버스를 타기 위해 숙소 밖을 나섰지.

버스를 타러 가면서 보니까 우루과이 유니폼을 입은 사람들이 몇몇 보이더라고. 당연히 우루과이에서 온 사람들이겠지. 나는 'Vamos, Amigo'라고 말하면서 스포츠맨십을 보여 주었더니, 그들도 'Vamos'라 외치더라고. 나 이런 감성 너무 좋아. 진짜 정서가 중남미에 맞나 봐. 나중에 거기서 살까 진지하게 고민해 봐야겠다. 어쨌든 그렇게 여러 인사를 나눈 후 알-와크라에 가는 버스에 탑승했지. 창밖을 보니까 확실히 다큐멘터리에서나 보던, 아라비안나이트에서나 나올 법한 마을들이 눈에 들어오더라고. 어제도 느낀 것이긴 하지만, 신기하더라. ㅋㅋㅋ

알-와크라 역에 도착하자 알리송이 점심 식사로서 가길 원했던 파이브 가이스(Five Guys)에 가기 위해 지하철을 타고 파이브 가이스가 있는 알-사드에 내렸어. 알-사드라… 축구를 보는 사람들이라면 한 번쯤은 들어 봤겠지? 어제도 말했지만 정우영(큰) 선수가 뛰기도 하고 예전에 스페인의 전설적인 축구 선수인 사비 선수가 선수 생활 말년에 뛰고 감독까지 했던 카타르의 대표적인 명문팀. 물론 수원 삼성의 팬인 나로서는 도저히 좋지 못한 구단으로 기억되고 있지만…. 어쨌든 그래서인지 이 역이 굉장히 기억에 쏙쏙 들어오더라고? ㅋㅋㅋ 더불어 알-사드란 이름이 지역명인 것도 처음 알았고 말이야.

"오, 알-사드 사실 저도 지역명인 줄은 몰랐는데, 그냥 어떤 이름인 줄 알았는데 그게 지역명이었네요?"

그러니까. ㅋㅋㅋ 어쨌든 목적지인 파이브 가이스에 가기 위해 역을 나섰지. 확실히 역 밖에 나오니까 우리가 상상했던 아랍 느낌이 물씬 나는 거 있지? 그래서 일단 인증샷 한 번 찍어 주고! 그런 이후에 나와 알리송은 파이브 가이스를 향해 발걸음을 옮겼지. 그런데 구글 지도를 통해 검색했는데, 그쪽 주변에 도착했어도 무슨 빌라 같은 건물만 있고 파이브 가이스가 아예 안 보이더라고. 심지어 그 빌라 경비원에게도 파이브 가이스가 여기에 있냐고 물어봤는데 무슨 소리냐고 하더라.

"설마 구글 맵이… 아니 근데 대부분 구글 맵이 배신할 리는 없는데…. 근데 웃긴 건 카타르 빌라에 들어가 본 건데 웃긴 썰이긴 하네요. ㅋㅋㅋ"

그러니까. ㅜㅜ 그런데 문제는 날씨는 덥고 햇살은 뜨겁고… 점점 지치기 시작하더라. 그러다 카타르 파이브 가이스에 관한 리뷰를 다시 검색해서 건물 주위에 무엇이 있는지를 보고 그를 통해 힌트를 얻기로 했지! 그래서 사진을 보니까 여러 가지가 있더라고. 그래서 그를 통해서 다시 찾아보니까 바로 영어로 'Five Guys', 그리고 아랍어로 저 식당의 이름이 적힌 식당이 하나 보이더라고. 드디어 찾았다. ㅜㅜㅜ 우린 기쁨의 환호성을 속으로 지르고 식당 안으로 들어갔지.

"우와아아아아아아! 결국 찾으셨네요! 카타르의 파이브 가이스는 어땠어요?"

그러고 보니 카타르에서 패스트푸드라…. 이것도 굉장히 신선한 경험일 거 같긴 했어. 왜냐하면 돼지고기가 없는 메뉴밖에 없을 테니까? 알다시피 이슬람 국가니까 종교 윤리에 맞게 돼지고기 음식이 없을 테니까. 그리고 진짜 없긴 하더라. 뭐 사실 흥미로웠다 정도였어. 왜냐하면 사실 돼지고기를 안 먹는다고 죽는 것도 아니고, 돼지고기는 인천 공항에서 미리 섭취하고 왔으니까.

어쨌든 무엇을 시킬까 고민했는데, 나만의 식당 식사 규칙 중 하나인, 그 식당에 처음 들어서면 첫 음식을 먹는다는 나만의 원칙 하에서, 일반 햄버거 하나를 시켰지. 물론 더우니까 사이다는 덤으로.

"오, 역시 음식 여행가 황 푸드 트래블러!"

인스타그램 아이디 푸드 트래블러 황(hwang_foodtraveler)의 카타르 파이브 가이스 햄버거 후기 시작! 과연 카타르의 파이브 가이스 햄버거는 어떨지 두근두근하더라. 개봉! 근데 그 뭐라 해야 하지? 햄버거 소스가 엄청 들어가서 그런지 포일을 벗기니 소스가 잔뜩 묻어 있더라고. 하지만 맛 진짜 맛있었어! 왜 카타르에 온 사람들이 온라인이든 오프라인이든 추천하는지 알겠더라.

아, 근데 재밌는 일화가 하나 더 생겼어. 우리가 식사를 하고 있는데, 한 동남아시아 계열의 여성분이 우리에게 다가온 거야. 그러더니 한국에서 왔냐고 하더라고? 하긴 우리가 한국 유니폼을 입고 있었으니 당연하지만 말이야. 그래도 외국에 와서 오랜만에 중국인 또는 일본인이냐고 물어보지 않았던 게 은근 기쁘더라. 어쨌든 한국인이라고 하니까 자기도 한국 좋아한다고 하더라고. 이게 바로 K-POP의 위엄인가. ㅋㅋㅋ 그러면서 자기는 파이브 가이스에 관련된 직원인데, 사실 여기서는 아주 중요한 이야기가 있어.

그분이 한국에 체인점을 내기 위해서 조사를 하고 있다고 했어. 한 마디로 파이브 가이스 한국 입주를 위해 조사를 했던 것이지. 그래서 우리는 아주 좋다고 하면서 성실히 한국에 대한 입주에 대해 질문에 응했지.

"엇, 그러고 보니 그다음 해에 파이브 가이스가 한국에 입주하지 않았어요? 설마… 파이브 가이스 한국 입주에까지 영향을 미치는 형과 알리송 형, 리스펙…."

그치, 사실 우리 때문에 파이브 가이스가 한국에 입주했다고 할 수도 있지. (장난) 이번에도 황선재 타이틀 하나 더 생겼다. 감히 '파이브 가이스 한국 입주'에 톡톡히 공헌한 남자.

"홀란드 이적료를 지원해 준 것도 모자라 이번엔 파이브 가이스 한국 입주에 톡톡히 공헌한 남자. ㄷㄷ 역시 월드 클래스 황!"

칭찬 쑥스럽네. ㅎㅎ 그리고 마지막 TMI로 이 식당에 대한민국 유니폼을 입은 남성 두 명이 더 와서 먹긴 하더라고. 많이 소문났나 봐?

"카타르에 와서도 한국인이라…. 약간 그런 느낌 아니에요? 오사카 도톤보리에 일본인보다 한국인이 더 많은 거?"

그렇다고 할 수 있지. ㅋㅎ

그리고 우리는 드디어 대한민국 응원을 위해 발걸음을 옮겼지. 우리는 역에서 지하철을 타고 대한민국 경기가 열리는 '에듀케이션 시티(Education City) 경기장'이 있는 '에듀케이션 시티 역'에 갔지.

"오오오! 드디어 경기를 보러 가셨군요! 역 현장은 어땠어요?"

도착하니까, 우와… 여기저기서 빨간색 유니폼을 입은 한국 사람들이 많이 모여 있더라. 다 한 마음 한뜻으로 대한민국을 응원하러 왔다고 생각하니 가슴이 웅장해지더라.

"하, 진짜 대한민국 사람들의 단합심이라. ㅜㅜ 진짜 이건 이거대로 국뽕이 차오르네요."

우리는 일단 대한민국 응원단인 '붉은 악마'가 있는 광장 쪽으로 향했어. 그도 그럴 것이 미리 SNS를 통해 소식을 접했거든. 근데 중간에 공연장같이 생긴 곳이 있었는데, 여기서 익숙한 음이 들리더라고? 그래서 자세히 들어 봤더니, '미스터 미스터~'가 들리더라고. ㅋㅋㅋ 그 왜 소녀시대의 노래 중 하나인 'Mr. Mr.' 말이야! 그… 내가 초등학생 때 그렇게 좋아했던 걸그룹인 소녀시대의… 그래서 타국에서 그 시절 내가 좋아했던 그 걸그룹의 노래를 들으니까 K-POP의 위엄을 느끼면서도 감회가 새롭더라고?

"오, 그 노래… 진짜 근본 킹 노래 아닙니까?"

정. 답.! 근본 of 근본의 노래지. 하, 이 노래를 카타르에서까지 와서 듣다니. 감격스러운 감성이 들더라. 아, 그리고 확실히 우리나라에서 응원단이 많이 왔다고 생각이 든 것이, 카타르임에도 불구하고 광장에서 한국어가 굉장히 많이 들리고 우리 국대 유니폼 포함 붉은 옷을 입은 분들이 많더라고. 광장이 붉게 물들었다고 표현하는 것이 더 올바르려나?

"마치 월드컵 경기가 있을 때마다 광화문 광장에 모여서 보는 것과 같다고 할 수 있겠네요?"

그런데 다른 점은, 여기는 월드컵 경기가 열리는 현지라는 점이었지. 그래서 그들이 더욱 존경스러웠어. 왜냐하면 대한민국을 응원하겠다는 한 마음 한뜻으로 저 멀리, 그리고 낯설 수도 있는 이 카타르에 온 것이 잖아? 그러니까 나를 존경해라. 더불어 알리송도 존경하고.

"…예? 뭔 말도 안 되는…?"

ㅋㅋㅋ 장난이야. 어쨌든 그렇게 대단하다고 느꼈다구. 아, 참고로 대

한민국의 유명한 방송사들의 리포터들도 많이 왔긴 하더라. 하긴, 2022년 한국 축구, 아니 전 세계 축구 최대의 행사니까 당연한 것일 수도 있지만 말이야.

그리고 광장에서 커다란 응원이 시작되었어. 한 콜리더님의 필두로 말이야. 그리고 우리는 응원단의 응원에 맞춰 '대~한민국! 짝짝짝짝짝', '오오오 그대와 함께 하리라', '나를 버리고 가시는 님은~' 등등 열정적으로 목청 터져라 응원하기 시작했지. 하… 이야기에 영상을 담을 수 있다면 좋았을 텐데 아쉽게 영상으로 보여 주긴 힘들어 나중에 휴대폰으로 보여 줄게. 이렇게 말로만 표현할 수밖에 없네… ㅜㅜㅜ 그래도 재밌었던 게, 대한민국의 경기를 응원하기 위해 임금님의 행차까지 있는 것은 물론이거니와, 멕시코에서 온 친구도 같이 '대한민국! 짝짝짝짝짝'이라고 응원하더라고. ㅋㅋㅋ 그래서 임금님 무리와도 함께 사진을 찍고, 멕시코에서 온 친구에게도 'Vamos Mexico'라고 하면서 친해져 멕시코 전통 모자를 빌려 같이 사진을 찍었지(아, 참고로 그 멕시코 친구가 빌려 준 거야!).

그다음에 우리나라 응원에서 빼놓을 수 없는 '오~ 필승 코리아!'까지 불러줬지! 하… 진짜 가슴이 너무 웅장하고도 웅장해지더라… ㅜㅜ 내가 이 맛에 카타르까지 와서 경기를 보러 왔지. 그렇게 광장에서의 응원이 끝나고 이번엔 경기장으로 가면서 응원전을 하더라고? 우리도 당연히 빠질 수 없지! 바로 거리 응원전에 참여했지. 그것도 먼 나라 카타르까지 와서 말이야. 이번에도 우리는 대한민국을 대표하는 응원가를 목청 터져라 부르면서 경기장에 갔지. 아, 그러고 보니 여기 응원단에서 어제 나상호 선수 유니폼을 입었던 분을 봤지. ㅋㅋㅋ 진짜 지구 좁다….

"에, 그래도 어제 뤼카형 일행을 본 것보다는 덜 충격적이네요. ㅋㅋㅋ"

아, 하긴 그런가? 어쨌든 그렇게 목청 터져라 부르다 보니 어느새 경기장에 도착했더라. 하… 근데 생각보다 역에서 멀긴 하더라? 다른 경기장들도 다 이러려나? 아니면 사실 날씨가 더워서 우리가 멀다고 느껴진 것일 수도. ㅜㅜ 어쨌든 그래도 내 월드컵 첫 직관 경기가 열리는 경기장의 모습이라 생각하니 감회가 새롭고, 그 뭐랄까 가슴이 또 뜨거워지더라고. ㅋㅋㅋ

"형이 무슨 귀멸의 칼날의 렌고쿠 쿄주로냐 맨날 가슴이 뜨거워지게?(장난)"

너 T야? 그래도 어떡해…. 진짜 가슴이 뜨거워지는 걸…. 아, 근데 우리 들어가는 길에 유명인 봤다? 우리 슬슬 들어가려고 하니까 갑자기 알리송이 한쪽을 가리키더라고. 그러면서 유명한 유튜브의 출연인인 A라고 하더라고? 우리는 바로 가서 인사를 드렸더니 반갑게 인사하시더라고. ㄷㄷㄷ 그러면서 서로 여러 대화를 하고 바로 헤어졌지.

그리고 이후에 경기장 입구에 도착했는데, 알리송이 근처 광장에 가는 게 좋을 것 같다고 하더라고. 왜냐하면 경기장에 바로 들어가 봤자 시간만 보내야 하고 할 것이 없을 것 같다고 하면서 말이야. 나도 찬성했지. 사실 경기장 주변을 둘러보고 싶기도 해서. 그렇게 해서 우리는 경기장에 들어가기 전에 경기장 주변이나 둘러보기로 했지. 우리는 둘러보면서 아까 행차를 하신 임금님이 계시길래 사진을 같이 요청했지. 그래서 사진을 같이 찍었는데, 다른 외국인 무리들도 같이 와서 찍더라고. ㅋㅋㅋ 역시 갓한민국! 그렇게 사진을 찍고 나는

"성은이 망극하옵니다, 전하." 하고 절 한 번을 올렸지. 두 번은 절대 안 했으니까 걱정하진 말구.

"ㅋㅋㅋ 형 진짜 재미있게 산다."

근데 사실 경기장에 들어가기 전에는 뭐가 크게 없더라고? 다만 광장 쪽에 가 보니, 대한민국의 응원전이 펼쳐지더라고? 그래서 우리도 당연히 참가해야겠지? 바로 가서 크게 목청 터져라 대한민국의 응원가를 부르며 응원했지. 아, 참고로 우리 응원하면서 유명한 유튜버 B의 라이브에 찍혔는데, 나중에 확인해 보니까 나오더라고. ㅋㅋㅋ 나중에 이건 어디선가 보여 줄게. 그리고 내가 사실 알리송에게 잘못 아닌 잘못을 했는데, 거기에 박주영 선수를 닮은 사람이 있더라고. 그래서 FC 서울 팬인 알리송에게 박주영 선수 아니냐고 했는데 알리송도 긴가민가해서 가 보니 박주영 선수를 닮은 외국인이더라고. ㅋㅋㅋ 다 물어봤는데. 그래

서 알리송도 화냈지. ㅋㅋㅋ 진짜 미안…. 그래도 여기서 진짜 대한민국의 유명한 축구 유튜브 채널의 출연자들이나 특별 리포터분들도 다수 만났지. "아마 이분들 이름을 들으면 진짜 깜짝 놀랄걸?"이라고 말할 수 있을 정도로 유명한 축구인들이야. 내 인스타그램 스토리 하이라이트를 보면 알 수 있겠지만 대강 짐작을 한 사람들은 있을 거야. ^^

그렇게 우리는 슬슬 시간이 돼서 가려니까 아까 뵀던 A 님이 라이브 촬영을 하고 계시더라고? 그래서 우리는 바로 그분께 인사를 드리러 가니까 알아보시더라고! 그래서 그렇게 인사를 하다, 어쩌다 그분의 라이브 방송에 출연했지. ㅋㅋㅋ 일단 알리송부터 간단하게 자기는 호주에서 유학하고 있는 학생이라고 소개하고 나도 최근에 독일 어학연수를 갔다 온 사람이라고 소개했지. 그러면서 나는 독일어와 스페인어로 인사했는데, 어쩌다 댓글을 봤는데, 스페인계 팬들도 보고 있어서 그런지 스페인어로 댓글이 올라오더라고? 신기했지. ㅋㅋㅋ 그러면서도 나는 청주에 와서 청주에 갈 만한 곳을 소개하고 내가 청주 명예 홍보대사라고 장난으로 소개했지.

"청주 진짜 사랑하시네요. ㅋㅋㅋ 황선재는 청주의 로컬 보이?"

맞지 맞지. 청주의 로컬 보이이자 유명 스타 황선재.
그렇게 즐거운 라이브 참여를 한 후에 신나는 인사를 하고 우리는 갈 길을 갔지. 아, 근데 가면서 이번엔 유튜버 B 님이 라이브 방송을 하고 계시더라고? ㅋㅋㅋ 그래서 이번에도 인사드리면서 B 님이 어디가 이길 것 같냐고 물어보셔서, 나는 대한민국이 4-0으로 이긴다고 말했지. 그것도 손흥민 선수가 해트트릭하고 김민재 선수가 헤더로 골을 넣으면서 말이야. 그러더니 알리송이 "축구에 미치면 이렇게 돼요."라고 재치 있게 대화를 마무리했지. ㅋㅋㅋ

"맞아요, 축구에 미치면 형처럼 되는 것 같아요. 그러니까 조심해야겠다."

무슨 의미냐? —— 어쨌든 이 방송 참여가 끝나고 우리는 경기장 앞에 도착했어.

우선 들어가기 전에 짐 검사를 했는데, 내가 의외의 물건에서 걸린 거야. 바로 선수들에게 사인을 받을 때 쓰는 유성 사인펜인데, 이 펜은 언제 어디서든지 선수들에게 사인을 받을 수 있도록 가지고 다녔거든? 근데 그게 걸린 거야. 그래서 어차피 얼마 안 하는 물건이라 그냥 직원에게 버리라고 했지. 사실 아깝긴 했지만. 근데 문제는 알리송에게 더 일어났어. 왜냐하면 그는 오면서 미니 선풍기를 가져왔는데, 그 물건도 반입을 할 수 없다는 거야??? 근데 문제는 미니 선풍기는 어디서 구할 곳도 없고 버릴 수 없는 물건이잖아? 그래서 할 수 없이 알리송은 다시 밖에 나가서 짐 보관소에 맡기고 온다고 하면서, 어차피 자리가 떨어져 있기 때문에 나보고 먼저 들어가라고 했지. 그렇게 일정 처음으로 둘이 분리되었어.

"아니, 펜도 그렇고 미니 선풍기는 왜요? 펜으로 뭐 훌리건 같은 행동을 할 리도 없고 미니 선풍기는 카타르 특성상 필요한 물건이잖아요. 더워 죽겠는데 그럼 들고 다니지도 말라는 것인가?"

내 말이. 누가 펜으로 뭐 날카로운 물건을 넣을 수도 있다고 하는데 그럼 그냥 뚜껑을 열어서 확인하면 되잖아. 그리고 미니 선풍기가 흉기로서 사용되는 것으로 반입 금지 시키는 거면 축구 유니폼은 목을 조를 수 있는 흉기로 사용될 수 있는 거 아냐? 논리적으로 굳이 따지자면. 하, 근데 이렇게 말해서 뭐 하나. 그리고 사실 세계 최대 축제이자 국제 대회이기 때문에 보안이 삼엄한 것은 어쩔 수 없는 것 같기는 해. 받아들여야지 뭐. 축구 경기를 포기할 수는 없잖아?

"사실 그건 맞죠. 그래도 고생하셨어요. ㅜㅜ"

고맙당. 아, 그리고 우리가 분리되었다고 했잖아. 나는 카타르에 입국할 때를 제외하고 처음으로 혼자여서 그런지 살짝 적응이 안 되었지만 이내 바로 진정이 되었어. 하긴 매번 혼자 여행을 떠나는 사람이 여기서 혼자가 되었다고 당황하겠어? 오히려 들어가서 풋살장 같은 곳이 있길래 앉아서 혼자 생각했지. 이게 바로 혼자 여행의 묘미기도 하니까.

"하긴 혼자 여행한 짬이 얼만데, 그게 무섭겠어요?"

맞지. 그렇게 앉으면서 시간을 보내다 슬슬 경기 시각까지 1시간이 남아서 경기장 쪽으로 걸어갔지. 확실히 경기장에 도착하니까 점점 두근거림이 상승하는 거 있지? 경기장도 가까이 보니까 그 느낌이 더욱 나오고 말이야.

"진짜 뽕 차오르겠어요. ㅜㅜ"

그랬지. 그리고 나는 우선 가져온 태극기를 들고 다른 사람에게 부탁해서 찍었지. 왜냐고? 당연하잖아. 대한민국의 경기를, 그것도 월드컵 경기를 응원하러 한국에서 카타르까지 왔으면 나중에 손주에게 자랑하기 위해서라도 인증샷은 남겨야 하잖아? 그래서 따~악 찍어 주었지. 그렇게 인증샷을 찍고 경기장 앞에 도착했어.

"홀홀홀…. 이 할애비가 그 월드컵에 갔어…. 그 카타르 월드컵…."

와… 근데 여기도 열기가 장난 아니더라. 그도 그럴 것이 한 부분은 한국의 응원이, 다른 한 곳은 상대팀인 우루과이의 응원이 시끄럽게 펼쳐지고 있더라고. 게다가 응원 스타일도 달랐던 것이, 한국은 '오 필승 코리아' 등등으로 합에 맞추어 목청을 터뜨린다면, 우루과이는 마치 정

카타르 월드컵 그날의 추억

열의 태양처럼 부부젤라와 같은 피리 소리를 내며 응원하더라고. 이야, 이렇게 두 응원법을 보니까 이게 바로 '위 아 더 월드'라는 느낌을 팍팍 주더라. 게다가 그래도 서로 자기 팀을 위한 진심만은 똑같다는 생각도 들고 말이야.

"하긴 월드컵 경기를 보러 카타르까지 왔다는 것은, 축구에 미친 사람이라는 것이니까요. 마치 형처럼."

반박 못하겠다…. 인정…. 나 축구에 미친 사람 맞아. 비꼬는 게 아니라 진짜 맞아. 축구는 내 인생의 절반, 아니 그 자체이니까.
나는 티켓 바코드를 찍은 후 3층에 있는 좌석이기 때문에 계단을 타고 올라갔어. 3층이라 귀찮은 점도 있었지만, 사실 드디어 내 4년의 한을 푼다는 생각이 드니 두근거려 너무 기대되었어. 그렇게 계단을 다 올라가고 경기장 내 매점을 지나친 후 드디어 경기장 내부에 입성!

"오, 경기장 드디어 입성!!! 분위기는 어땠어요?"

와… 너무 웅장했어. 내가 지금까지 여러 경기장에, 여러 경기들을 보았지만, 이 정도로 웅장한 느낌을 받은 것은 처음이었어. 여기가 바로 오늘 우루과이 vs 대한민국 경기가 열릴 경기장 내부인가? 내가 드디어 월드컵 경기를 보러 온 것인가? 아직도 안 믿겼어. 그리고 위의, 국가대항전이 있을 때마다 걸리는 국기 게양 자리에 대한민국 국기인 태극기가 우루과이 국기와 함께 걸려 있었네. 내가 드디어 축구를 좋아한 이래로 처음 월드컵 경기를 보러 온 것이구나. 이게 꿈인지 판별하기 위해 한 번 내 볼을 꼬집어 봤어. 아프네? 진짜 내가 월드컵 경기를 보러 온 것이 맞구나. 단순한 A매치, 친선 경기가 아니구나.

저기 근데 알리송이 보였어. 얼마 안 떨어진 곳에 자리를 잡았구나. 알리송에게 인사를 했어. 그러면서 나는 이따 경기 끝나고 알리송과 함께 바로 내려가면 되겠거니 생각했지. ㅋㅋ 그리고 재미있는 사실은, 이 경기에 참여하는 나라의 아나운서들이 각자 선수들을 소개하더라고? 우리나라는 우리나라 아나운서가, 우루과이는 우루과이 아나운서가. 그래서인지 해외에서 경기를 봄에도 불구하고 선수들을 소개하는 소리가 너무 익숙했어. ㅋㅋㅋ 하긴 월드컵이니까 이런 배려도 가능한 것이라고 생각이 들긴 하는데.

"오, 진짜요? 이건 처음 알았네요."

나도 여기 와서 처음 알았어. ㅋㅋㅋ 신기하긴 하더라. 암튼 선수들이 몸을 풀기 위해 나왔어. 우리나라 선수들이야 사실 난 너무 많이 봐서 이 부분은 생략할게. 우루과이 선수들을 봤는데, 에딘손 카바니, 루이스 수아레즈, 다윈 누녜스, 페데리코 발베르데, 디에고 고딘, 호세 히메네스… 진짜 이런 선수들이 내가 해외를 많이 다녔는데도 불구하고 볼 기회가 살짝 비껴갔는데 이제야 본다는 게 신기하긴 하더라. 아, 근데 로드리고 벤탄쿠르 선수는 올해 토트넘 핫스퍼가 방한했을 때 봐서 그런지 친숙하긴 하더라.

"오호, 축구를 조금만 보면 알 수 있는 선수들이긴 하네요. 역시 이게 월드컵인가? 누구라도 알 만한 선수들이 나온다는 그 무대."

트레이닝이 끝난 이후 드디어 선수들이 입장할 시간이 되었어. 그런데 월드컵 경기라 그런지 굉장히 웅장하게, 대한민국 국기와 우루과이 국기가 월드컵 대결 진으로 펼쳐지고 가운데에는 문양이 하나 펼쳐졌더라고. 그리고 등장 음악과 함께 선수들이 입장하기 시작했어. 하, 진짜 두근거림이 점점 심해지더라. 그리고 우루과이 국가가 끝난 이후에 (우루과이가 홈 팀으로서 경기에 참여했기 때문에 먼저 국가를 부름) 대한민국의 국가인 애국가 음이 에듀케이션 시티 스타디움에 울려 퍼지기 시작했어.

동해물과 백두산이 마르고 닳도록
하느님이 보우하사 우리나라 만세
무궁화 삼천리 화려강산
대한사람 대한으로 길이 보전하세

나도, 주위에 있는 한국 팬들도, 그리고 저 멀리 보이는 선수들도 오른손을 왼쪽 가슴에 얹고 부르기 시작했지. 사람들의 목소리로 에듀케이션 시티 스타디움이 꽉 찼어. 그리고 애국가가 끝나자 나를 포함 모두가 결의에 찬 목소리로 환호를 질렀지. 와아아아아. 그리고 가운데에 있던 국기와 문양 카펫이 나가고 대한민국 선수들은 경기 전에 모여서 결의를 다졌지. 물론 우리도 마음속으로나마 저 현장에서 결의를 선수들과 함께 다졌고 말이야. 텔레파시는 통했겠지?

'오늘 이기자'!

전반전 킥오프 출발은 우리나라였어. 우리가 먼저 기선제압을 할 수 있는 기회를 맞이한 것이지. 그렇게 킥오프의 카운트가 방송으로 나왔어.

10… 9… 8… 7… 6… 5… 4… 3… 2… 1…

삐이익~

킥오프 휘슬이 불리고 공을 뒤로 패스했지. 드디어 내 첫 월드컵 직관 경기가 시작한 거야. 두근두근두근.

"오! 드디어 경기 시작!"

일단 경기에 대해서 이야기하기 전에 내 예상을 알려줄까? 나는 사실 우루과이를 상대로 해 볼 만하다고 생각했어. 그도 그럴 것이 그들은 남아메리카 예선에서도 고전 끝에 기존 감독인 오스카 타바레스 감독도 경질하고 간신히 진출했거든. 그래서 그들이 보이는 전력에 비해 완전히 우리를 앞선다고 느끼지를 못했어. 물론 보이는 전력으로만 본다면 우리나라가 밀리지만, 최근 맞대결(2018년 A매치)에선 우리나라가 우루과이를 상대로 2-1로 승리한 점을 보아 이번에도 해 볼 만하다고 느낀 거지. 물론 해 볼 만하다고 했지 1승 제물로 생각한 건 절대 아니고! 오히려 방심하면 우리가 우루과이의 1승 제물이 될 수도 있고 말이야.

"오… 역시 축구 전문가…. 축구 전문가로서 경기를 보는 시각은 역시 남다르시네요."

그런데 놀랍기도 하고, 웃긴 것이 뭐였는지 알아? 경기는 진짜 우리나라의 흐름이었어! 우리나라가 좀 더 흐름을 잡고 있는 느낌이었고 우루과이는 공격을 전개하지 못한다는 느낌이었어. 특히 선발로 나온 나상호 선수가 측면에서 빠르게 돌파한 장면은 우리나라도 할 수 있다는 인상을 강하게 주었어! 물론 중간에 발베르데 선수의 위협적인 침투 후 슈팅과 누네스 선수의 헤더 패스(수아레스 슈팅 미스)는 간담을 서늘하게 했지만…. 그래도 우리나라의 흐름이었지!

하지만 이 흐름 중에 굉장히 어이없는 상황이 나왔지…. 바로 정우영(큰)-김문환으로 인해 이어진 오픈 찬스를 황의조 선수가 슈팅을 찼는데 골대 위로 뜬 거야…. 당시 황의조 선수가 올림피아코스로 이적한 이후 골을 아예 못 넣을 정도로 폼이 안 좋은 상태였는데 이를 완전히 대변하는 장면이었지…. 다른 사람들은 몰라도 나는 개인적으로 이 선수를 좋아했기 때문에 속상했지….

"아… 그 슛… 저도 알죠…. 진짜 그 슛 보고 얼탱이 없었긴 했는데…. 하긴 형은 당시 황의조 선수를 개인적으로 좋아했기 때문에 속상했겠네요."

그치. ㅜㅜ 그런데 이 허공을 가른 슛이 문제였을까? 이상하게 우루과이에게 기회가 가기 시작했고 또다시 간담을 서늘하게 만드는 장면이 나왔어. 우루과이가 코너킥을 얻었는데, 그 상황에서 올려진 킥을 고딘 선수가 공중볼 경합에 성공해 헤더 슈팅을 하는데 그 슈팅이 골대를 맞은 거야. ㄷㄷㄷ 와 진짜 아무리 말년을 보낸다고 해도 확실히 우루과이의 전설적인 수비수임을 상기하는 장면이었지.

"와… 그 장면… 진짜 보면서 띵 하는 느낌이 들 정도로 간담이 서늘했는데. 현장에 계신 분들은 얼마나 간담이 서늘했을까요?"

난 진짜 순간 실점이라고 생각했다니까? 그래도 다행히 그 이후 양 팀 간의 득점 없이 전반전이 종료되었어.
이후에 알리송에게 연락한 후 함께 만나서 술이나 사러 갔어. 뭐 사실 술이라고 해 봤자 카타르는 이슬람 국가이기 때문에 술을 마시는 것이 제한되어서 무알콜 맥주나 사는 것이지만 말이야. 그래도 경기장에서 맥주를 마시는 기분은 내야 하지 않겠어? 그래서 맥주나 하나 사러 갔지. 간 김에 먹을 것도 괜찮으면 구매할지도 보고 말이야.

와, 근데 다 같은 생각인지 줄이 길더라. 하긴 전반전이 끝나고 하프타임에 오는 것이었으니 예상은 했던 일이지. 근데 줄이 나누어져 있어서 처음엔 같이 섰다가 후에 나와 알리송은 분리해서 줄을 섰지. 그런데 이상하게 내 줄은 그렇게 빨리 안 끝나는데 알리송의 줄은 빨리 끝나더라고? 그래서 알리송은 먼저 구매하고 줄에서 나가서 기다린다 하더라고. 하… 근데 앞에서 진짜 빨리 안 빠지더라. —— 그래도 어찌저찌하다 드디어 내 차례가 되었어. 막상 오니까 먹을 것은 안 땡겨서 맥주나 하나 사려고 했는데 맥주 하나에 30리얄(한화 약 12,000원)이나 하더라고? 하긴 뭐 경기장에서 파는 맥주니 그러려니 싶긴 했는데 그래도 무알콜 맥주인데 만 원 넘게 받는 게 조금 그렇긴 하더라고? 그래도 맥주 하나 마시고 싶어서 그냥 카드로 결제했지. 그리고 결국 마시는데 성공- in 에듀케이션 스타디움!

"오 ㅋㅋ 월드컵 무대에서 무알콜 맥주 ㅋㅋ 기분이 어땠어요?"

뭐, 사실 취기가 안 오르니까 그닥이긴 하더라. 사실 경기장에서 맥주를 마시며 약간의 취기를 올린 후 경기를 보는 게 그렇게 극락일 수가 없는데 말이야. 그냥 월드컵 무대에서 맥주향 음료수를 먹은… 아니 마신 거에 의미를 부여해야지. 나 뭐래, 말 꼬이네. 술도 안 마셨는데. 이게 바로 분위기에 취한다 라는 것일까?

　근데 맥주를 들고 오니까 경기가 시작했더라고. ㅋㅋㅋ 그래도 뭐 후반전엔 우루과이 킥오프니 별 상관없긴 했어. 그렇게 들고 온 맥주를 들고 인증샷 찰칵~ 아, 근데 여기서 실수 하나 했어. 내 자리가 맨 위인데다가 한 번 애매하게 내려가야 하는 곳이라 우선 가서 내 자리에 가기 위해 껑충 뛰었지. 근데 뛸 때 내가 맥주를 들고 있다는 생각을 안 한 거야. ㅋㅋㅋ 그럼 어떤 참사가 일어났겠어? 당연히 반동으로 인해 맥주가 조금 튀어서 주위에 흘린 거야. ㅜㅜ 나는 곧바로 주위에 있던 사람들에게 사과를 했지.

"진짜 형…. 카타르에 가서도 민폐 킹…."

　사람이 으이! 실수할 수도 있지! 미안…. 그래도 다행히 생각보다 주위 사람들에게 묻지 않아서 큰 참사는 피했어. 앞으로는 이러한 점도 주의해야겠다.
　근데 사실 후반전은 대부분 지루했어. 그도 그럴 것이 서로 긴장해서 그런지 제대로 전진을 하지 못하더라고. 그래도 응원전은 우리가 압도했어. 그도 그럴 것이 우리는 대한민국이 공을 잡든 안 잡든 목청 터져라 응원했는데, 우루과이 측 응원단은 우루과이가 좋은 공격 찬스 당시만 소리를 지르더라고? 심지어 그것도 나중엔 거의 안 했고 말이야. 어쨌든 경기가 지루하게 가고 있었는데 몇 가지 간담을 서늘하게 만든 장면이 있었어.

하나는 후방에서 전방의 누녜스 선수에게 바로 연결한 공이 있었는데, 같이 경합했던 김민재 선수가 넘어지면서 누녜스 선수에게 완전히 오픈 찬스가 된 거야. 게다가 누녜스 선수가 앞서 있었던 김영권 선수까지 돌파하는 데 성공했는데 이후 패스성 플레이가 김승규 선수에게 잡혔어. 천만다행이었지. 그리고 두 번째는 발베르데 선수가 공을 몰고 오더니 그의 주특기인 강력한 중거리 슈팅을 찼는데 그 슈팅이 골대를 세게 강타했어. ㅋㅋㅋ 와 진짜 김승규 선수가 코스에 맞게 몸을 날렸다지만 골대를 강타하는 장면을 보고 간담이 서늘했어. 진짜 이게 지난 시즌 레알 마드리드를 우승으로 이끈 미드필더의 강력한 중거리 슈팅이더라.

"와… 그 장면… 진짜 보고 우리나라는 끝이라고 생각이 들었는데…."

그래도 우리도 그냥 끝낸 것은 아닌 게, 손흥민 선수의 주특기인 중거리 슈팅도 하나 차 주었지. 하지만 그 슈팅은 아쉽게 빗나갔어. 그렇게 이 장면들을 제외한 지루한 공방전을 벌이다 결국 0-0 무승부로 끝났어. 어떻게 보면 아쉬웠지만, 그래도 전력이 앞서는 우루과이를 상대로 무승부를 거둬서 어떻게 본다면 다행이라는 생각도 들더라. 다만 역시 황의조 선수의 슈팅은 두고두고 아쉬웠긴 했어. 그래도 경기를 잘 마무리했고, 나는 첫 월드컵 직관 마무리로 태극기를 들고 경기장을 배경으

로 인증샷을 하나 찍으며 마무리~

그렇게 나는 알리송을 만난 후 경기장을 빠져나왔는데, 여기서 사실 아까 경기를 보러 오기 전에 친해진 대한민국 팬분이 한 분 계셨어. 그분의 이름은 헤이스로 지칭할게. 나, 알리송, 그리고 헤이스 님과 함께 수많은 인파가 있는 경기장을 빠져나가면서 경기장을 봤는데, 확실히 신식 경기장이라서 그런지 야경이 너무 이쁘더라. 얼마나 이뻤냐면, 올해 본 축구 경기장 중에 알리안츠 아레나 다음으로 이뻤을 정도였어. 역시 신식 경기장 클라스!

그렇게 수많은 인파를 뚫고 드디어 역 근방에 도착했는데, 아까 소녀시대의 노래가 나온 곳에서 여러 K-POP 노래가 나오면서 FIFA 직원분들이 쇼를 하고 있더라고? 근데 그 중에서 가장 기억이 남는 곡이, 한 전주가 흘러나오는 거야. 근데 목소리는 뭔가 소녀시대 같은데 분명히 기억이 날락 말락하는 노래인 거야. 그러다 한 구절을 듣고 바로 알아차렸지. "Mr. Taxi Taxi Taxi 지금 즉시 즉시 즉시" 와, 소녀시대의 'Mr. Taxi'였던 거야. 대박… 진짜 오늘 내가 좋아했던 소녀시대의 노래들을 카타르에서 계속 들으니까 너무 좋더라. 이게 바로 K-POP의 위엄인가?

"크으~ 진짜 어딜 가나 빠지지 않는 K-POP의 위엄!"

와 ㅋㅋㅋ 그리고 진짜 인연인지 여기서 또 A 님을 뵀어. ㅋㅋㅋ 오늘만 한 3번째 만남인가? 이 정도면 인연 중의 인연 아니야? 그래서 또 인사했지. ㅋㅋㅋ 그리고 확실한 것은, A 님도 신기한 것 같긴 하더라. 그도 그럴 것이 같은 무리를 하루에 3번이나 마주쳤잖아? 그래서 또 즐거운 대화를 했지. 그리고 여기서 또 재밌는 볼거리가 있었어. 바로 곤룡포를 입으신 분이 춤을 추는데, 와 입이 떡 벌어질 정도로 잘 추시더라고? 역시 흥이 많은 민족 클라스답더라.

"형… 진짜 인연일 수도요?"

그리고 여기서 또 다른 재밌는 경험을 했어. 오늘 알리송이 나상호 선수 마킹 유니폼을 입고 경기를 보러 갔거든? 근데 저 멀리서 FC 도쿄 유니폼을 입은 일본 분들이 우리에게 다가오는 거야. 그러면서 알리송에게 나상호 선수 마킹 유니폼이냐고 물어보니 맞다고 하니까 반가워하더라고. 그도 그럴 것이 사실 나상호 선수가 2019년에 잠깐 FC 도쿄 소속이었던 적이 있었거든. 하지만 크게 임팩트도 없었고 1년 만에 K리그의 성남 FC에 이적하며 FC 도쿄 팬들에게는 크게 인지도가 없는 줄 알았어. 그런데 오히려 그 팬분들은 굉장히 잘 알고 계시더라고? 오히려 그래서인지 우리나라 핵심 선수를 단 1년만 있었는데도 불구하고 기억하고 계시는 것이 반갑고 우리가 감사하더라고. ㅋㅋㅋ 그래서 나도 J리그를 좋아하고 FC 도쿄 경기를 보러 갔다(2019년에 나는 일본 도쿄에서 FC 도쿄의 경기를 직관한 적이 있다)는 등 여러 이야기를 나누며 인스타그램 교환, 함께 사진 찍기 등 우정을 다졌지. 그러면서 나중에 내가 도쿄에 가면 연락한다고 말하면서 그렇게 헤어졌어.

"오… 그래도 너무 고맙네요…. 나상호 선수를 기억해 주시다니…. 왜인지 마음이 뭉클하네요."

그니까. ㅜㅜ 그렇게 우리는 즐거운 경험을 하고 저녁 식사를 하기 위해 지하철을 타려고 가는데, 이게 웬걸? 우리가 아까 왔던 길은 사람들이 많다는 이유로 막혔고 돌아서 가야 한다고 시큐리티가 말하는 거야. 그래서 그 길을 봤더니 긴 것은 둘째 치고 길이 전진하는 정도가 진전이 없는 거야. 우리는 직감했지. 왠지 여기서 기다리면 저녁 식사 엄청 늦게 먹겠다. 그래서 우리는 바로 루트를 틀어서 다른 역 입구에 가거나, 거기도 막혀 있으면 택시를 타자고 정했지. 그래서 바로 이 줄을 빠져나와서 다른 역 입구가 보이는 곳으로 건넜는데, 여기도 글쎄 사람이 많이 올 것을 대비했는지 막았더라고? 그래서 우리는 할 수 없이 저녁을 먹기 위해 근처의 택시 정류장에 가서 택시를 탔지.

"오오! 카타르에서 택시! 택시는 어땠어요?"

음… 우리나라와 같은 택시 시스템과 다른 것은 대강 예상했지만, 그래도 뭐랄까 확실히 달라도 너무 다르더라고? 일단 형식상으론 택시이지만 우리나라 택시처럼 '택시 형광등'이 없었어. 한 마디로 내가 볼 땐 아무나 할 수 있는 것 같더라고. 게다가 우리나라처럼 거리나 시간에 따라 가격이 비례하는 것이 아니라 미리 목적지를 말한 다음 흥정을 해야 하더라. 처음엔 택시 기사가 100리얄(한화 약 36,000원) 정도 부르더라고. 근데 우리는 사실 더 깎을 수 있으면 좋잖아? 그래서 결국 80리얄(한화 약 28,000원)까지 깎는 데 성공했지. 그렇게 우리는 80리얄에 우리가 저녁을 먹을 식당이 있는 곳으로 갈 수 있었어.

"흠… 이 부분은 왜인지 후진국스러운 부분이네요. 우리나라처럼 택시 시스템이 확립된 건 아닌가 보네요."

그리고 사실 대부분 자가용이 있으니까 택시 시스템을 발전시킬 이유는 없기도 하고. 그리고 택시를 타고 가면서 느낀 건데, 확실히 카타르도 교통 체계가 좋진 않더라. 그도 그럴 것이 차가 엄청 밀리고, 대놓고 창문으로 싸우고 그러다 차를 서로 긁기도 하고 말이야. 그래도 뭐 생각했던 것보단 심각하지는 않았어. 이 부분에 대해서는 너무 기대를 안 해서 그렇게 느껴진 걸까?

그래도 확실히 야경이 예쁘고 중간중간에 사막이 있어서 그런지 오히려 이런 장면들이 너무 아름답게 느껴지더라고. 언젠가 중동에 또 올 수도 있지만 언제 이런 아랍의 느낌이 드리운 경치를 또 볼 수 있겠어? 그러면서 창문 밖을 감상했지.

그러면서 여러 가지 이야기를 했는데, 헤이스 님은 알고 보니 원래 아랍 문화에 익숙하신 분이시더라고. 그도 그럴 것이 그분은 원래 어렸을 때 카타르의 옆에 있는 사우디아라비아에 거주해서 아랍 문화에 대해 많이 알고 계시더라고. 그러면서 사람들이 아랍 문화도 굉장히 재미있고 좋은 요소가 많은데 여러 테러 때문인지 이미지가 안 좋게 보여서 안타깝다고 하시더라고. 하긴 내가 봐도 아랍 문화권이 이슬람 종교나 여러 테러 사건 때문에 안 좋은 이미지를 쌓아서 그렇지 이렇게 와 보니까 좋은 요소가 굉장히 많은 것 같은데 우리나라에서는 단순히 빡세고 테러가 있을 수 있는 나라나 지역이라고 알려진 것이 안타깝기는 하더라.

"오호, 그렇게 말씀하시니까 저도 나중에 여행으로 아랍 국가에 가 보고 싶네요!"

꼭 와 봐! 진짜 사막의 아름다움이 뭔지 알 수 있을 거야. 그렇게 경치 감상+수다를 하다 보니 어느새 우리가 저녁을 먹을 지역에 도착했어.
그런데 문제가 생겼어. 알고 보니 카드로는 아예 결제가 안 되더라고? 근데 문제는 우리 아무도 80리얄에 맞는 현금을 가지고 있지 않았어. 그도 그럴 것이 나는 우리나라에서 카타르 리얄로 환전하지 못해 달러를 가져와 아직 환전하지 않은 상태이고 알리송은 아예 카드로만 쓰려고 리얄 현금이 없는 거야. 그나마 헤이스 님이 어느 정도 가지고 있었지만 그것만으로는 턱없이 부족한 상태였지. 그래서 어떻게 얘기를 했는데, 다행히 다른 화폐도 받는다고 하더라고. 근데 나는 100달러짜리 한 장을 가지고 있어서 사실상 불가능했고 그나마 알리송이 호주에서 가져온 호주 달러가 있어서 아슬아슬하게 그 돈으로 택시비를 맞춰 지불했지. 다행이더라. 역시 그래서 카드를 쓸 수 있다고 하더라도 언제나 현금을 가지고 다니는 게 중요하다는 것을 오늘 한 번 더 깨달았지. 체크!

"진짜 어느 나라를 가든 아무리 해외 지불 신용카드 시스템이 잘 되어 있다고 하더라도 현금은 필수인 것 같아요. 언제 어느 상황에서 현금이 필요한지 모르니까! 그리고 진짜 현금밖에 안 받는다는 점도 택시 시스템이 제대로 자리 잡지 못했다는 것이 입증된 점이기도 하네요. ㅋㅋㅋ"

그치…. 그니까 어쨌든 어느 나라에 여행 가면 최소 현금 무조건 가지고 다니기!

오늘 우리가 저녁 식사를 할 곳은, 헤이스 님이 추천하시는 곳이었어. 왜냐하면 앞서 언급했듯이, 헤이스 님이 아랍 문화를 경험했기도 하고 이곳에서 맛있는 식당을 알고 있다고 하셨거든. 그래서 이곳에 왔는데, 우선 이곳이 어디인지부터 소개할게. 여기는 '수크 와키프(Souq Waqif)'라고, 카타르의 대표적인 전통 시장이야. 그래서인지 아랍의 전통적인 느낌이 물씬 나더라고. 하긴 당연한가? ㅋㅋㅋ 어쨌든 난 이런 감성 좋아~

"오오! 아라비안 전통 시장!"

그렇게 수크 와키프에 도착한 우리는 헤이스 님을 따라 시장 안쪽으로 들어갔지. 그렇게 조금 들어간 결과, 헤이스 님이 어느 식당으로 안내하시더라고. 이 식당의 이름은 '아부 아유브(Abu Ayoub)'라는 식당이었는데 이 식당이 괜찮다고 하시더라고. 그래서 우리는 여기로 들어갔는데, 식당 종업원이 어디에서 왔냐고 물어보길래 한국에서 왔다고 하니까 웃으면서 한국 좋다고 하시더라고. 여기도 K-POP의 위엄이 온 걸까? 그렇게 웃으면서 우리도 고맙다고 했고 그렇게 밖에는 자리가 없길래 우리는 안쪽으로 들어가서 앉았어. 그렇게 앉은 후 기다리는데 종업원분께서 서비스로 인원수에 맞게 페트병으로 된 물을 주었어. 원래는 따로 요금을 더 내야 하는 것으로 알고 있었는데. 오늘 한 번 더 한국인이어서 자랑스러움을 느꼈어.

"진짜 오늘 갓한민국의 위대함을 여러 번이나 느꼈네요. 역시 킹한민국!"

인정! 갓한민국! 킹한민국! 그러고 보니 주문을 해야 했는데, 이 식당은 따로 QR 코드에 찍어서 그걸 인터넷에서 봐야 하더라고? 근데 나는 로밍을 한 상태라 로밍을 켜야 하는데 문제는 조금 느린 거야. 그래서 어쩔 수 없이 알리송이 먼저 QR 코드를 통해 휴대폰으로 킨 메뉴를 봤지.

근데 사실 내 인생에서 아랍은 처음인데 음식 이름이 쓰여 있어 봤자 뭔지 알고 먹겠어? ㅋㅋㅋ 그래서 고민하다 헤이스 님에게 여쭈어 봐서 어떤 메뉴가 좋을지 추천을 받았지. 그도 그럴 것이 헤이스 님은 아랍 문화권에 대해 잘 알고 계시니까. 그러더니 헤이스 님이 양 갈비와 후무스(Hummus)를 추천하더라고? 참고로 후무스는 중동에서 먹는 디핑 소스라고 생각하면 돼! 그래서 보니까 가격도 괜찮을 것 같아 양 갈비와 후무스를 시켰지. 아, 참고로 이렇게 시키면 빵도 같이 나온다고 하셔서 기대가 만땅이었지.

"오오오! 저도 기대되네요! 후기 부탁드립니다!"

후기라…. 앞에서 기대를 했다고 했지만 그와 동시에 걱정도 반이었지. 그도 그럴 것이 미국이나 독일에서 먹을 때는 내 입맛이었지만 당시에는 미국이나 독일 입맛에 맞췄을 가능성도 있어 본토에서는 그 자체이기 때문에 내 입맛에 안 맞을 수도 있을 수 있잖아? 그래도 평소처럼 도전자 정신을 발휘해서 서비스로 나온 빵을 후무스에 찍어서 먹었지.

근데 어머나, 세상에. 이게 뭐람? 너무 맛있잖아??? 아니 왜 이렇게 맛있지? 진짜 너무 내 스타일인 거 있지? 게다가 양 갈비는 원래 익숙해서 같이 먹으니까 너무 맛있더라고. 눈물이 나올 것 같은 맛이더라. 왜 너무 맛있으면 눈물을 흘리는 그거 있잖아. 물론 눈물은 안 흘렸지. ㅋㅋ

ㅋ 게다가 알리송도 맛있다고 하더라고? 진짜 여긴 다음에도 오고 싶은 그런 맛이더라. 아, 근데 사실 내 입맛의 천직이라고 하면 중동이 아니었을까?

"와, 형한테 중동 음식까지 맞을 줄은 몰랐는데 ㅋㅋㅋ 알고 보니 형이 만능 입맛을 가지고 있는 거 아녜요?"

나도 못 먹는 음식은 진짜 못 먹어. —— 설령 한국인의 입맛에 맞춘 퓨전 음식이라 하더라도. —— 그래도 남들보다는 잘 적응하고 먹는 것 같기는 해.

그렇게 즐거운 식사를 마무리하고 우리는 계산을 한 후 식당 밖을 나섰어. 그랬는데, 와 진짜 '알라딘'과 같은 영화에서 나올 것 같은 분위기의 시장이더라고. 아마 이 글을 보는 분들이 나중에 기회가 돼서 여기에 온다면 내 말이 무엇인지 이해가 될 거야. 어쨌든 너무 아름답더라. 난 오늘만큼은 이 자체에 푹 빠지고 싶었어.

"오오오! 진짜, 가장 진짜의 아라비안 배경을 보았네요! 부럽다!"

그 광경은 나도 잊기 힘들더라. 이거 때문에 카타르에 다시 가 보고 싶다는 생각이 들었어.
그런데 역으로 다시 돌아가는 중에 불쾌한 경험을 했어. 한 아랍인이 우리에게 다가오더니 어디에서 왔냐고 물었지. 우리는 한국에서 왔다고 하니까 갑자기 입을 가리면서 "코로나"라고 하더라고??? 나는 사실 너무 어이가 없어서 벙쪘고 알리송은 바로 이거 인종차별이라고 화냈지. 그러더니 그 사람이 당황했는지 어버버거리더라고. ㅋㅋㅋ 와 그래도 이따금씩 미국이나 유럽에서 인종차별을 작게 당한 적이 있었지만 중동에 와서까지 당할 주는 상상도 못 했지? 그것도 같은 아시아에서 말이야. ㅋㅋㅋ 이 경험만큼은 참 어이없고 불쾌하더라.

"ㅋㅋㅋ 진짜 어딜 가나 동양인에 대한 인종차별…. 형 진짜 힘내서요…."

괜찮아. ㅋㅋㅋ 사실 동아시아 제외하고 어딜 가나 겪었던 일인데! 그래도 오늘은 마무리가 조금 안 좋았지만 전체적으로 굉장히 좋은 하루였어. 내 인생의 역사적인 월드컵 경기 첫 직관부터 진짜 우리가 다큐멘터리에서나 본 중동 음식을 직접 먹어 본 것까지. 그렇게 우리는 헤이스 님과 작별 인사를 한 후에 그렇게 숙소로 복귀했지. 이렇게 오늘은 어제보다 더 귀중한 경험을 하고 마무리!

2022년 11월 25일

"형 3일 차에는 한국 경기도 없는데 뭐 했어요?"

말해~ 뭐해~. 축구 경기 보러 갔지. 월드컵 개최지에 온 만큼, 그리고 내가 축구 최대 팬이라면 축구 경기는 꼭 대한민국 경기가 아니더라도 봐야 하는 거 아냐? 게다가 카타르를 비하하는 것은 저~얼대 아니지만, 땅덩이가 워낙 작아서 그런지 어느 경기장이든 쉽게 갈 수 있잖아. 진짜 이건 너무 이득이더라. ㅋㅋㅋ

"하긴, 카타르가 땅이 워낙 작아서 이 많은 월드컵 관람객들을 어떻게 수용하냐고 말이 많았었는데 오히려 이게 더 이득이겠군요. ㅋㅋㅋ"

그렇다니까? 지난 대회인 러시아나, 그 지난 대회인 브라질이었어 봐. 웬만하면 한 도시 또는 지역에서만 머물면서 경기를 봐야 했을 거라 니까? 대한민국 경기가 있을 때만 장거리로 이동하고. 또 그 장거리를 이동하면 얼마나 힘들어. 안 그래?

"그렇다면 형은 어떤 경기를 봤어요? 좀 재미있는 경기를 봤나?"

카타르 입성 3일 차에, 내 인생 2번째 월드컵 직관 경기는 두구두구두구두구, 바로 '네덜란드 vs 에콰도르' 경기였어! 이유를 궁금해할까 봐 네가 질문하기 전에 선수 쳐서 말해 준다. 일단 티켓이 남아서 예매한 것은 둘째 치고, 네덜란드 선수 중 한 명이 나랑 인연이 있어서 예매했어.

"오… 월클 황…. 누구예요 근데…?"

바로 그 이름은, 마타이스 더 리흐트! 이게 어떻게 된 거냐면, 내가 독일에서 어학연수를 하고 있었을 때 나에게 사인을 해 주고 사진을 찍어 준 적이 있었어. 그러다 보니 당연히 나는 그의 팬 서비스에 반할 수밖에 없었고, 그를 보러 가야겠다는 의리를 지키겠다는 신념하에 이렇게 경기 티켓을 예매하게 된 것이지! 참고로 네덜란드 경기를 보기 위해서 그들의 월드컵 유니폼을, 독일 어학연수 일정이 끝나고 한국에 복귀하자마자 지른 것은 안 비밀. 와, 진짜 근데 뭐랄까 이번 시즌은 특히 주황색이 너무 짙어서 그런지 오히려 그들의 색깔을 잘 살린 것 같고 지난 시즌 유니폼보다 더 예쁜 것 같더라고. 그래서 사실 당시 구매 썰을 이야기하자면, 이 유니폼 한 벌을 구매할까 아니면 반값 세일을 하고 있는 지난 시즌 유니폼 두 벌을 구매할까 알리송에게 물어봤는데, 알리송은 확실히 이번 시즌 유니폼이 더 이쁘니 이번 시즌 유니폼을 구매하라고 했지. 근데 실물을 보니까, 어마무시하게 이쁘긴 하더라. 색감도 잘 빠지고. 그때 진짜 알리송의 조언을 듣길 잘한 것 같더라고.

"헉… 역시 에이스 알리송 센세…."

그렇게 주황색으로 짙은 유니폼을 입고, 오늘은 대한민국과 관련이 없는 팀의 경기를 보기 위해 숙소를 나섰지. 아, 근데 마침 웃긴 것이 숙소가에 완전히 노란색으로 물들여진 배경이 있더라고? 그래서 나와 알리송은 그곳에 바로 가서 사진을 찍었지. 아, 근데 알리송은 반전 색깔의 패션이어서 그런지 잘 나왔지만, 나는 의외로 색감이 너무 겹쳐서 잘 안 나오더라고. ㅜㅜㅜ 그래서 이 사진은 나중에 인스타그램에 올릴지 말지 좀 더 고민은 해 봐야겠어.

우선 우리는 오늘 밥을 먹기 위해 이번엔 알-카이마 레스토랑이란 곳에 왔어. 여기가 알리송이 여러 후기들을 보고 판단한, 유명한 맛집이라고 하더라고? 그래서 우리는 바로 여기를 점심 식사 장소로 정했지. 난 나름대로 기대를 했지. 왜냐하면 맛집인 것도 맛집이지만 과연 어제와 다른 식당은 어떤 맛의 음식을 내올지가 생각났기 때문이야. 하지만 매번 말하지만, 너무 뜨거운 날씨야. 그래서인지 밖에 사람들이 거의 안

다니더라고. 그래도 우린 식당까지 잘 찾아서 왔지.

"맞아요. ㅜㅜ 그래서 오히려 중동에서는 대부분 저녁 즈음에 활발한 이유가, 낮에는 너무 뜨거운 날씨 때문이라면서요. ㅜㅜ"

오, 맞아! 진짜 그 날씨에 어떻게 낮에 활발히 다닐 수 있겠어? 어쨌든 그렇게 식당에 들어섰는데, 확실히 맛집이라 그런지 처음엔 좋은 자리들이 크게 없더라고?

"역시 맛집은 맛집인가 보네요. 이게 바로 중동식 맛집 바이럴인가?"

ㅋㅋㅋㅋㅋㅋ 그래서 우리는 어떻게 하면 되냐고 직원에게 물어봤는데, 바로 한 자리에 안내해 줬어. 그런데 창문 가까이어서 그런지 햇빛이 뜨거운 자리더라. 안 그래도 뜨거운 날씨에 햇빛이 뜨거운 자리로 안내해 주면 어떻겠어? 엄청 뜨겁겠지? 그래서 다행히도 우리는 바로 옆에, 햇빛이 그나마 안 드는 자리로 옮겼지.

그런데 더 문제는, 직원이 사실상 영어를 못하는 수준이었어. 자리를 안내받았을 때에는, 바디랭귀지로 어떻게 해결했지만, 문제는 주문 포함해서 세세한 부분이었지. 게다가 또 다른 문제는, 일단 우리가 한참을 기다렸는데도 불구하고 주문을 받으러 오지 않아 결국 우리가 직접 불러야 했는데, 문제는 영어를 아예 몰라서 의사소통이 불가하자 결국 영어가 가능한 직원을 불러오겠다고 했는데, 그렇게 해 놓고 영어가 가능한 직원이 한참을 오질 않았어.

"헐… 이거 뭔가요…. 약간 그런 부분에서 문화가 다른 점이 있나?"

나도 그땐 그렇게 생각하긴 했는데, 아무리 그래도 처음부터 누가 봐도 외국인이 왔을 때 영어가 가능한 직원을 호출했으면 바로는 아니더라도 한참 걸리는 건 아니지…. 게다가 자신들이 실수했으면 더더욱 빨리 와야 하는 것이 더 당연하다고 생각이 들고. 아, 이건 내가 너무 진상 같은 발언이었나? 아냐, 그래도 너어어어어어무 늦게 오긴 했어. 그래도 다행히 기다리자 주문을 받으러 왔고 그렇게 우리는 주문을 했어.

여기가 장점이, 그래도 어제 갔던 가게보다 반값이라고 생각이 들 정도로 저렴하더라고? 그래서 이런 부분에서 메리트가 있어서 최대한 참고 나는 오늘도 후무스와 양 갈비를 주문했고, 알리송도 같은 메뉴로 주문했어. 하지만 이번에도 한참을 안 오더라고. 확실히 그래서 알리송이 말하길, 원래 중동이 일을 여유롭게 하는 편이라 그런지 대부분의 일 처리가 느리다고 하더라고. 하긴 근데 이런 현상은 동남아시아나 서아시아 등 더운 지방 나라들의 사람들에게 나타나고, 그 이유가 역시 덥기 때문에 몸을 움직이기 힘드니 대부분의 일 처리에서 느리고 여유를 부리는 분위기일 수밖에 없을 것 같더라. 그래도 드디어 기대하던 음식이 나왔어.

"오오… 확실히 더운 지방 사람들은 대부분 그렇죠 ㅜㅜㅜ 그래도 음식이 잘 나와서 다행이네요 ㅜㅜㅜ 맛은 어땠나요?"

나는 확실히 후무스와 양 갈비를 먹어 보니, 내 입맛에 너무 딱 맞더라. 역시 내 입맛은 중동 음식에 특화되었다는 생각이 들 정도였어. 다만 이번에는 알리송에게는 안 맞는 것 같더라고? 하긴 그럴 수 있는 것이 내가 특이한 경우이지 이런 경우도 종종 있으니까. 그래도 나는 너무 맛있게 먹고 나왔어. 다만 그래도 맛은 있었지만 어제 먹었던 식당 요리보다는 '덜'이라는 표현을 쓸 수 있을 것 같았어. 뭐 맛있게 먹었고 더불어 와이파이 비밀번호도 친절하게 받아서 데이터도 아낄 수 있었지만. 그래도 맛있게 잘 먹었습니다!

"ㅋㅋㅋㅋㅋㅋ 형 그냥 아예 카타르에 이주하는 건 어때요? 이름도 '모하메드 알-선재'로 개명하고!"

ㅋㅋㅋㅋㅋㅋㅋㅋ 그럴까? 그리고 내가 하나 더 해결해야 할 과제가 하나 있었어. 바로 환전이었지. 확실히 카타르 리얄 현금이 없으니까 어제와 같은 상황에 대처하기도 힘들고, 내가 당장 쓸 수 있는 돈이 제한되는 등 여러모로 불편하더라. 그래서 식당 근처에 있는 은행으로 바로 갔지.

"오오오! 카타르에서 은행 들르기! 이것도 참 흔치 않은 경험인데. 카타르 은행은 어때요?"

뭐 근데 사실 언어가 아랍어로 되어 있어서 그렇지 크게 다를 것은 없었어. 그냥 우리가 생각하는 은행에 중동의 느낌이 들어간 정도? 근데 그래도 카타르에서 은행에 들어가는 것은 처음인지라 사실 너무 떨리더라. 하긴 사실 중동에서 하는 대부분의 경험들은 대부분 내 인생에서 처음일 수밖에 없지만…. 그래도 옆에는 전기 연결 코드도 있어 바로 겸사겸사 충전도 하다가 환전이 완료되었다고 해서 왔지. 당시 100달러 기준으로 수수료 제하기 전에는 366리얄이었는데, 수수료를 다 제하고도 364리얄을 받았지. 와, 확실히 너무 잘해 줬더라. 그러면서 한국어로 인사를 하는데, 이유가 역시 한국인이라 그런가 생각도 들었어. 이때에도 대한민국 국민인 것이 자랑스럽더라.

"와. 이게 또 한류가 해결사 역할을 톡톡히 해내네요! 두 유 노 싸이나 두 요 노 BTS 해 보시지."

ㅋㅋㅋ 어떻게 그래 ㅋㅋㅋ 아, 해 볼 걸 그랬나…? 어쨌든 환전을 완료한 후 우리는 발걸음을 옮겼어. 이번에 우리가 갈 곳은 '빌라지오 몰'이라는, 카타르 최대의 쇼핑몰 중 하나였지.

사실 여기로 여행 목적지로서 정해진 이유가 하나 더 있었어. 바로 오늘 보러 갈 경기인 '네덜란드 vs 에콰도르'가 바로 빌라지오 몰 근처인 '칼리파 인터내셔널(Khalifa International) 스타디움'에서 열릴 예정이기도 했기 때문이다.

"앗, 잠깐만… 칼리파 인터내셔널 스타디움이라면… 혹시…?"

맞아 그 경기장이야. 바로 며칠 전에 있었던 최대의 이변 경기 중 하나였던, 일본이 독일을 상대로 2-1로 거둔 승리가 있었던 역사적인 경기장이기도 해. 그래서인지 사실 이변의 기운이 여기 빌라지오 몰까지 스멀스멀 올라오는 것 같기도 하더라. 만약 우리나라도 이 경기장에서 독일을 상대했더라면 이겼을까? 아, 맞다. 그런데 이미 4년 전에 이겼지?

우리는 도착하자 일단 몰을 둘러보았어. 그런데 몰 안이 마치 베니스의 형태처럼 되어 있더라? 그도 그럴 것이 다리, 배, 그리고 강줄기가 있었으니까 말이야. 그래서 아직은 베니스에 가 본 적은 없지만, 그래도 여기서 베니스의 느낌을 받을 수 있었어. 게다가 안이라서 그런지 에어컨이 빵빵해서 시원하기도 했고 말이야. 하. 지. 만. 그러면서도 나는 언제나처럼 유니폼을 찾고 있었지.

"진짜 형은 유니폼을 사랑하는군요."

그건 그렇지. 하지만 이번에는 조금 특별한 목적이었던 것이, 바로 사우디아라비아 유니폼을 찾고 있었어. 왜냐하면 내가 비행기에서 보았던 그 경기, 사우디아라비아가 아르헨티나를 잡았던 그 경기. 그 경기로 카타르 월드컵 이변이 시작함을 알리는 등 인상적인 모습을 보았기 때문에, 당연히, 아 당연하지는 않지만 어쨌든 사우디아라비아의 유니폼을 구매하고 싶었지.

그래서 나와 알리송은 사우디아라비아의 유니폼을 찾을 겸 둘러보았지. 사실 알리송은 크게 유니폼을 구매할 의사는 없어서 조금 미안했지만 말이야. 어쨌든 그러면서 큰 매장도 하나 찾아서 사우디아라비아 홈 유니폼과 이란 홈 유니폼도 보았고 아디다스 매장도 가 알제리, 일본, 웨일스 유니폼들도 구경했어. 방금 앞서 언급했듯이 사우디아라비아 홈 유니폼은 있었지만 애석하게도 내가 찾는, 아르헨티나를 상대할 때 입었던 원정 유니폼이 없어서 바로 건너뛰었지.

"아… 그래도 홈이라도 구매하시지…."

그럴걸 지금 생각해 보면 땅을 치고 후회하고 있다…. 하지만 이미 지나간 일인 것을 어쩌겠냐….

그리고 몰을 둘러보는데 퓨마 매장도 있더라고? 그래서 그곳에서도 유니폼을 구경했는데, 이탈리아와 이집트 유니폼이 있더라고. 확실히 내가 이탈리아 국가대표팀을 좋아해서 그런지 눈에 띄더라. 그리고 확실히 프랑스 명문 팀인 파리 생제르맹이라는 구단의 소유주가 카타르 국왕이어서 그런지 이 몰에도 파리 생제르맹 멀티 스토어가 있더라고??? ㅋㅋㅋ 그래서 나는 매장의 킬리안 음바페 선수 사진 앞에서 음바페 선수 특유의 팔을 엑스 자로 꼬는 세리모니를 하면서 사진을 찍었지. 역시 이런 인증은 남겨 줘야지. 근데 이때만 해도 이강인 선수가 1년 뒤에 파리 생제르맹에 이적할 줄은 꿈에도 몰랐지만.

"오우, 만약 이강인 선수가 1년만 더 일찍 갔더라면 카타르에서 이강인 선수 사진이 대문짝만하게 나온 장면을 보았겠네요?"

그치? 그렇게 구경을 하다가 사실 크게 할 것이 없어서 이후 몰을 나와 경기장으로 갔어. 그런데 어떤 잡상인이 하나 있더라고? 그래서 뭐를 파나 봤는데, 오늘 경기를 하는 네덜란드와 에콰도르에 관련된 머플러 등을 팔고 있더라고.

"오오, 역시 월드컵…. 상상만 해도 분위기가 너무 좋은데요?"

그래서 나는 가격을 물어봤는데, 무려 10리얄(한화 약 3,600원)이라는, 굉장히 저렴한 가격에 판매하더라? 그래서 알리송도 이건 사야 한다고 부추겼는데, 사실 나도 10리얄 정도면 구매하는 데에도 부담이 크지 않았고, 더군다나 오늘 현금까지 가지게 되어 바로 샀지. ㅋㅋㅋ 오늘 느낌이 그래서 좋더라고? 네덜란드가 이길 것 같은 그런 느낌으로?

근데 경기장에 가깝다고는 했지만, 사실 은근히 길이 복잡하더라고? 그도 그럴 것이 처음엔 우리가 들어가야 하는 입구가 이쪽인가도 헷갈리고 일반 입장객이 들어갈 수 있는 입구가 보이질 않았어. 그래서 계속 사이드로 해서 걸어갔는데, 경기장이 있었지만 '이 길로 가면 입구가 보일까?'라고 의문을 가질 정도로 완전히 한적한 길이었어. 게다가 안내원도 없고 해서 살짝 무섭기도 하고. 그래도 다행히 그 길을 통과해서 주차장을 지나치니 바로 경기장이 보이더라. 게다가 사실 경기장 앞에 바로 지하철역이 있었기도 했어. 하긴 우리가 빌라지오 몰에서 걸어서 와서 그렇지 오히려 지하철역과의 접근성은 굉장히 좋은 곳이더라. ㅋㅋㅋ

"흠… 그래도 에듀케이션 시티 스타디움보다야 전체적인 접근성은 좋다고 할 수 있겠네요?"

그렇게 경기장 앞을 서성이다가 나는 페이스페인팅(Face Painting)을 하는 곳을 발견했어. 그래서 바로 페이스페인팅을 했지. 근데 페이스페인팅을 하는 사람이 나에게 어느 나라로 할 거냐고 물어봤지? 그래서 자꾸 네덜란드라 했는데, 이 사람이 내 발음을 못 알아듣는 거야. '네썰란즈'. 이거 아니야? 그래서 못 알아들으니까 옆에 있던 알리송도 답답했는지 오늘 경기를 하는 나라를 가리키니까 이해했는지 바로 그려 주더라고.

"아니… 형…. 그건 형의 발음이 안 좋은 것을 수도요….."

아니, 근데 내가 그렇게 발음을 못했나? 네덜란드를 그럼 어떻게 발음해야 하지? 홀란드(네덜란드의 옛 국호명)? 엘링 홀란드? 홀란 홀란.

어쨌든 그렇게 페이스페인팅을 마무리하고 알리송을 경기를 안 보기 때문에 이따 만나자고 하고 헤어졌어. 이후 나는 서성이면서 "네덜란드 가자~"하고 "바모스 에꽈도르~"하면서 다른 사람들과 놀다가 같이 사진도 찍고 있었어. 그러다 피파 관계자로 보이는 한 사람이 나에게 갑자기 티켓 입장 코드를 여는 방법을 알려 주겠다면서 바로 열어 주었지. 그래서 고맙다고 했고 어디서 왔냐고 하니까 알제리라고 하더라고. 그래서 알제리에서 사용하는 언어인 프랑스어 인사로 '메르시(Merci)'라고 인사했어(정확히는 진짜 발음에 가까운 멕시라고 발음했다). 그렇게 그분 덕분에 편하게 입장을 완료했지.

"오… 프랑스어까지…. 형은 몇 개 국어 가능하신가요?"

에이, 이건 그냥 옛날에 대학 교양 수업 때 배운 거 써먹은 거지. ㅋㅋㅋ 뭐 그것도 벌써 당시 기준으로 4년 전 이야기이지만. 어휴 그때는 군대도 안 간 신입생이었는데 지금은 예비군 1년 차 화석이니까.

입장을 하고 나니 돌아다니다가 피파 스토어가 있길래 바로 들어갔지. 왜냐하면 나도 카타르 월드컵 마스코트인 '라이브(La'eeb)' 모자를 사고 싶었거든. 참고로 이 당시에 카타르 월드컵 직관을 온 사람들에게, 이 모자는 유행 중이었고 그 때문인지 희귀 아이템으로 인식되더라고? 그래서 들어갔더니 웬걸? 바로 있는 거야. 게다가 110리얄(한화 약 40,000원)로 생각보다 가격도 괜찮고 말이야. 그래서 재고도 적게 남아 있겠다 나는 바로 라이브 모자를 집어서 계산대로 갔지. 그러면서 알리송도 사실 그 모자를 사고 싶었고 내가 경기를 보는 동안 그 모자를 찾는다고 해서 바로 연락했는데, 알리송은 그래도 내가 자신의 물건을 계속 드는 것이 미안하다고 고맙지만 알아서 찾는다고 하더라고. 그래도 그렇게 배려를 해 준 것이 고마웠지. 그래서 일단 나는 내 라이브 모자만 결제하고 가게를 빠져나왔어.

아, 근데 이후에 계속 재미있는 일이 계속 생겼어. 우선 여기서 내가 가장 좋아하는 축구팀인 감바 오사카 유니폼을 입고 온 일본 축구 팬이 있는 거야! 그래서 바로 일본어로 인사해 친해졌지. 그러면서 나도 감바 오사카를 엄청 좋아한다고 하니까 놀라고 일본인이냐고 하니까 나는 한국인이라고 했지. 그러더니 놀라면서 일본어 잘한다고 하더라고. 근데 하긴 생각해 보면 한국인이 일본 축구팀을 좋아하는 장면이 흔치 않았으니 신기하긴 했을 거야. 그렇게 수다를 떨다 SNS를 교환했지. 참고로 이 친구랑은 후에 가나가와 현에서 재미있는 스토리가 있으니 기대하라구~

이후에는 더 신기했어. 여기서 도쿄 베르디 팬인 한 중년 아저씨를 만났고, 그 이후에는 쇼난 벨마레, 시미즈 S-펄스, 감바 오사카 팬 무리들을 만나더니 이제는 또 도쿄 베르디 팬 친구를 만났어. 그래서 나는 바로 친해져서 일본어로 대화하고 사진을 같이 찍으면서 SNS 교환까지 했지. 진짜 안 그래도 J리그를 좋아하는 나로서는 너무 행복했지.

"진짜 야마모토 황…. 형은 대체 국적이 몇 개예요?"

아, 국적 얘기하니까 그 당시에 또 다른 재미있는 스토리가 있었다! 도쿄 베르디 팬 친구와 대화를 하고 있었는데 어떤 아랍 분께서 나를 흘끗 보더니 갑자기 내 손에 무언가를 쥐여 주고 갈 길을 가더라고? 근데 내 손을 보니까, 네덜란드 국기가 쥐어져 있더라고. ㅋㅋㅋ 아니, 나는 진짜 고맙다는 인사라도 하고 싶었는데, 주위를 둘러보니까 그분은 어디로 사라지고 없더라고? 다시 생각해 보니까 무슨 게임의 NPC도 아니고, 이런 일이 이 세상에 존재하기 쉬운 걸까? 심지어 그래서 잠깐 여기서 볼 일이 있어서 헤이스 님과 만났는데, 헤이스 님도 나에게 네덜란드 국기까지 가져오신 거냐고 여쭤 보시더라고. 그래서 나는 누가 줬다고 하니까 엄청 신기해하시더라고. ㅋㅋㅋ 하긴 다시 한번 더 생각해도 정상적인 상황은 아니고 그래서 더 기분이 좋긴 해.

"이젠 네덜란드 국적 취득까지…. 하긴 그래서 네덜란드를 응원하러 왔구나. 형 네덜란드식 이름은 뤼트 반 황선재에요?"

이젠 네덜란드 이름까지 생겼네. 심지어 이름은 축구 게임 적폐라 불리는 '뤼트 굴리트'의 이름 아니야? 그렇게 헤이스 님과의 만남 이후 인사를 하고 나는 내 좌석에 가기 위해 경기장에 입장했지. 그런데 내 자리를 다시 보니 좌석 번호 앞자리가 9더라고? 보통 앞자리가 9면 9층이라는 소리잖아? 근데 경기장에 9층이 어디 있겠어. 그래서 내가 속으로 '설마 9층이겠어?'라고 방심을 했지. 내가 방심이라고 표현한 이유는 이야기를 더 들어 보면 알 수 있을 거야. 나는 입장을 했는데 사람들이 처음엔 기둥으로 안내하고 대부분은 기둥에 있는 엘리베이터를 기다리더라고? 그래도 나는 경기 시각이 얼마 안 남은 것 같아서 엘리베이터를 기다릴 여유도 없고 까짓거 그냥 올라가면 된다고 생각해 그렇게 '등반'을 시작했어. 처음엔 '갈 만하네.', '경치 좋구나.'라고 혼잣말을 하면서 자만했지. 근데 점점 올라가면서 슬슬 땀이 나고 힘이 들기 시작하더라고? 근데 문제는 꼭대기에 도착할 기미가 전혀 안 보이는 거야. 오히려 높이는 점점 높아져서 그런지 카타르 전경이 잘 보여 경치가 너무 좋더라고? ㅋㅋㅋ 어쨌든 그렇게 숨을 헐떡이면서 경기장에서 등반을 했지. 하지만 '중. 꺾. 마.'라고, 그렇게 힘겹게 포기하지 않고 등반을 한 결과, 드디어 한 입구가 보이더라고. 근데 간판에 뭐라고 쓰여 있었는지 알아? 'LEVEL 09'. ㅋㅋㅋㅋㅋㅋㅋㅋㅋ 진짜 높이가 9층이라는 거잖아. 와, 그럼 내가 아예 1층부터 9층까지 직접 걸어서 올라왔다는 거잖아?

아, 아닌가. 원래 외국은 0층부터 시작하지 않나? 그러면 진짜 10층 높이를 걸어서 올라왔다는 거잖아? 어쩐지 너무 힘들더라. ㅋㅋㅋ 그래도 나 자신 너무 대견해. 그래도 다시는 이렇게 직관하고 싶진 않은데, 언젠가는 필요하면 또 해야겠지? 그래도 사실 이미 예전에 일할 때 처음부터 10층까지 계속 올라갔다 내려온 경험이 있어서 이미 익숙하긴 해. ㅋㅋㅋ

"진짜 경기장에서의 9층은 인생에서 처음 보는 것 같은데. ㅋㅋㅋ 한마디로 경기 하나 보려고 등산을 했네요."

그렇게 힘든 등반을 마치고 경기장 입성에 성공했어. 와, 근데 확실히 9층 높이라 그런지 필드를 보는 경치가 너무 장관이고, 절경이더라고? 다만 아쉬운 점은 역시 9층 높이라 그런지 선수들이 너무 작게 보이긴 하더라. 그래도 경기장 내관은 진짜 깔끔하고 아름답기는 하더라. 물론 트랙이 있어서 조금 안 좋게 보이긴 했지만 말이야. 하지만 다른 좋은 점은, 경기장의 열기가 엄청났어. 그도 그럴 것이 내 자리 방향이 에콰도르 응원단이 있는 관중이었단 말이야? ㅋㅋㅋㅋㅋㅋㅋㅋ 나는 네덜란드 유니폼을 입고, 심지어 국기까지 메고 왔는데. ㅋㅋㅋㅋㅋㅋㅋㅋ 진짜 큰일 났네.

어쨌든 드디어 경기 시작 시간이 거의 다 되었는데, 어제랑 다르게 더 웅장한 점이 있었어. 바로 월드컵 우승 트로피 모형이 큰 것으로 아예 들어오면서 있더니 경기장 불빛이 꺼지면서 웅장하게 진행하더라고? 게다가 불까지 뿜으면서 말이야. 게다가 불까지 꺼지면서 뭐랄까 그 느낌 알지? 더 웅장해지고 내 가슴이 뜨거워지는 거. 진짜 그런 느낌이 들더라고. 빨리 경기 시작했으면 좋겠다. 그렇게 입장 행사가 끝나고 선수들이 입장한 후에 국가까지 부른 후 킥오프가 불렸지. 삐익~

근데 시작한 지 5분 만에 골이 들어갔어. 주인공이 누구였냐고? 바로 코디 각포라고, 당시 네덜란드의 떠오르는 신성이었어! 다비 클라센 선수가 쇄도한 후 살짝 백힐로 침투하는 각포 선수에게 패스했고 각포 선수는 툭툭 치고 들어간 후 바로 슛을 찼고 이 슛은 골대 안으로 들어갔지. 한 마디로 클라센과 각포 선수의 합작이었어. 와, 역시 각포 선수⋯. 이 당시에 맨체스터 유나이티드와 링크가 뜨고 세계가 주목하는 유망주였던 이유가 있었더라. 그렇게 네덜란드의 손쉬운 승리 분위기로 이어졌어.

"형⋯ 하지만 리버풀로 이적하고 현재는⋯"

큼큼. 여기까지. 하지만 반전이 있었어.
네덜란드가 손쉽게 승리를 할 것이라는 예상은 선제골 이후에 오히려 반대가 되었어. 에콰도르는 오히려 선제골을 먹혀 분위기가 침체되었을 수 있음에도 불구하고 네덜란드의 골문을 두들겼어. 특히 31분

쯤에 있었던 에네르 발렌시아 선수의 슛은 날카롭게 들어갔지만 네덜란드의 선발 골키퍼였던 안드리스 노페르트 선수의 선방에 막혔어. 역시 네덜란드 골문의 과도기 상황에서 주전 골키퍼를 잡을 수 있었고 심지어 세간의 주목을 받는 이유가 있었더라. 하지만 에콰도르 선수들은 계속 네덜란드의 골문을 두들겼고 에콰도르 응원단의 분위기는 열기가 점점 오르고 있었어. 그렇게 추가시간에 코너킥이 주어졌고, 혼전 상황에서 이루어진 중거리 슛이 골문 안으로 빨려 들어갔어. 드디어 에콰도르의 동점골인가? 하지만 반자동 오프사이드에 걸렸고 결국 골은 취소된 채 전반전이 끝났어.

"휴… 그래도 네덜란드가 리드를 잡은 채 전반전이 마무리되었네요. 후반전은 과연 분위기를 반전시킬 수 있으려나."

글쎄다. 에콰도르의 아성이 만만치 않던데.
나는 이후 하프타임 때 바로 목이 너무 말라 시원한 콜라 하나를 사 들고 관중석에 복귀했지. 그리고 당연히 네덜란드 국기를 들고 인증샷도 하나 남겨 주고 말이야. ㅋㅋㅋ
그렇게 후반전의 킥오프가 휘슬이 불렸어. 그런데 분위기가 더 이상했어. 에콰도르 선수들은 전반전처럼 맹공을 펼쳤고 에콰도르 응원단 관중들은 더욱 열기를 띠어 응원하면서 에콰도르 선수에게 힘을 보탰어.

"헐, 그럼 어떻게 되었어요? 에콰도르도 일본처럼 기적을…?"

음… 그게… 결국 동점골이 터졌어. 좌측에 있던 페르비스 에스투피냔 선수가 패스를 받은 후 왼발로 슛을 찼는데, 그 슛은 노페르트 선수의 선방에 막혔지. 하지만 애석하게도, 그 공은 바로 앞에 있던 발렌시아 선수에게 갔고 그는 바로 슛을 툭 차 골대 안으로 넣었어. 그렇게 에콰도르의 동점골이 기어이 터져버린 거야.

그리고 이후에도 에콰도르의 분위기는 식을 줄 몰랐어. 에콰도르는 계속 네덜란드의 골문을 두들기고 관중들은 '에콰도르' 하면서 경기장을 울렸지. 마치 현장 분위기가, 에콰도르가 네덜란드를 이겨야만 하는 분위기였고, 세상이 마치 에콰도르 편 같았어. 게다가 곤살로 플라타의 슛이 골대를 강타하는 등의 위험한 장면까지 나오는 등 계속 에콰도르의 공격 분위기는 지속되었어.

"와, 그럼 에콰도르가 결국 일본이 독일을 잡은 것처럼 역전했으려나요?"

그랬으면 '카타르 월드컵에 또 다른 이변'이라는 타이틀의 기사가 빼곡히 이뤘을 것 같아. 다음 아침 신문에.
하지만 다행히도(?) 네덜란드는 추가 실점을 하지 않았고 그렇게 경기는 1-1 무승부로 끝났어. 아, 근데 사실 네덜란드 입장에서는 다행이 아니지 않나? 에이, 그래도 아르헨티나는 사우디아라비아에, 독일은 일본에 패하는 마당에 네덜란드는 오히려 그나마 이번에 덜 휩쓸린 편이라고 봐야겠지?

음… 경기 후기는… 확실히 남미 응원단이 왜 유명한지 알겠더라. 그도 그럴 것이 응원의 열기가 마치 하나의 화염룡 같이 뜨거웠고 그 열기는 경기장 전체에 바이러스처럼 멀리 퍼지더라. 게다가 사실 에콰도르는 다른 남미 국가인 아르헨티나나 브라질처럼 축구 강국도 아닐뿐더러 현재는 스타플레이어라 할 수 있는 선수마저 부재한 상황이거든? 그럼에도 불구하고 에콰도르 응원단의 축구에 대한 열정은, 나로서는 감탄하다 못해 축구에 열정이 있다고 자부할 수 있는 나조차도 저들에게는 밀릴 수 있겠다는 생각이 들었어. 더 분발해야겠다.

"하긴, 남미 축구 팬들의 열성은 다들 알아주는데, 그 정도인 줄은 몰랐네요? 형의 이야기를 들어 보니까, 저도 나중에 기회가 되면 그들의 응원을 보러 가고 싶어졌어요!"

아, 그리고 재밌는 점이 무엇이었냐면, 남미 응원가들의 음은 사실 너무 익숙했어. 그도 그럴 것이 음 대부분이 내가 수원 삼성을 응원하면서 부른 응원가들과 비슷했거든. 하긴, 수원 삼성도 원래 남미 음악에서 많이 채용했다 했으니 당연한 것일 수도?

"진짜 형 거기에 청백적 우산 들고 갔으면 좋았겠는데. ㅋㅋㅋ 아, 근데 비도 안 오는 사막 날씨의 카타르라 우산을 가져가 봤자 쓸모가 없구나. 아예 경기장 반입도 안 되려나?"

그렇…겠지…? 참고로 어머니가 카타르 간다니까 우산 챙기라는, 걱정은 이해한다만 너무 이상한 걱정을 했다는 안 비밀이 있지. 어머니, 이 썰 말해서 죄송합니다!

그리고 하나 더! 아니, 데 리흐트 선수를 보는 게 첫 번째 목적이었는데, 선발 라인업에서는 없었거든? 그래도 교체로라도 나오겠지 하면서 기대했는데 결국 안 나오더라. ㅜㅜ 뭐 그래도 이건 어쩔 수 없지….

"그건 진짜 아쉽긴 하겠네요. 하지만, 아쉬워할 틈도 없을 것 같은데…."

오, 예리하네. 맞아. 아쉬워할 틈도 없이 이 9층, 아니 10층 높이의 기둥을 타고 내려가야 하네? 사실 그래도 올라오는 것보다야 더 쉽겠지만. 그래도 진짜 내려가는 거라 오래 걸리는 것 빼고 별것 없기는 하더라. 아, 그래도 알리송에게 다시 라이브 모자 있는지 알아보냐고 하니까 자기도 곳곳에 다 돌아다녔는데 없다고 해서 혹시 있으면 미리 구매 부탁한다고 했어. 그래서 나는 내려가자마자 일단 피파 스토어에 들어갔지.

근데 아이고… 역시 인싸템이라 그런지 재고가 하나도 없더라. 그래서 일단 알리송에게 연락했더니 아쉽지만 어쩔 수 없다는 반응이었어.

그렇게 나와 알리송은 이 경기장에서 만나기로 해서 나는 바로 알리송을 만나기 위해 입구로 나갔고, 알리송에게 어디쯤에 있는지 알려 준 후, 그곳에서 죽치고 기다리고 있었어. 그런데 이번엔 가시마 앤틀러스 유니폼을 입은 한 일본 팬이 이 라이브 모자 어디서 샀냐고 물어보면서 또 친목 다짐이 시작되었지. ㅋㅋㅋ 그러면서 나도 가시마 앤틀러스라는 팀을 안다고 하면서 말했더니 일본인이냐고 했는데, 한국인이라고 하니까 일본어 잘한다고 또 칭찬을 들었어. 어깨가 으쓱였지. ㅋㅋㅋ 그렇게 또 대화를 하다가 그는 갈 길이 있어 SNS를 공유하고 헤어졌어.

"ㅋㅋㅋ 형은 국제 인싸 오브 인싸 그 자체네요. 나중에 유튜브 해야겠는걸요?"

그렇게 기다리다 드디어 알리송을 만났어. 근데 알리송이 말하길, "진짜 여기저기 다 돌아다녔는데, 어디에서도 라이브 모자를 안 팔았어요." 그래서 내가 그냥 사다 줄걸이라고 말했는데 알리송이 "그냥 형이 계속 가지고 다니는 것이 너무 미안해서 부탁을 안 했는데…."라고 하더라. 진짜 배려하는 마음은 너무 고마웠다만…. 그래서 더 해 줘도 상관없었을 텐데…. ㅜㅜ

그렇게 알리송을 만난 후 우리는 숙소로 가는 버스를 타기 위해 버스 정류장에 갔어. 근데 가도 가도 끝이 없대? 오히려 지하철역은 경기장에서 너무 가까웠는데 버스 정류장은 그 반대로 너무 멀더라. ㅜㅜ 아마 알리송이 이번엔 며칠 뒤에 있는 '크로아티아 vs 캐나다' 경기를 직관하기 위해 여기 또 와야 할 텐데 그때에도 버스를 이용하기 위해 이 길을 이용해야겠네. 그래도 사실 걸어가면서 알리송과 함께 축구 포함해서 여러 얘기를 하니까 재밌기는 했어. ㅋㅋㅋ 아, 그러면서도 내가 네덜란드 국기를 지나가는 사람이 공짜로 줬다고 하니까 놀라긴 하더라고? ㅋㅋㅋ 그래서 이번엔 네가 크로아티아의 경기를 보러 올 때 누가 크로아티아 국기를 주는 거 아니냐고 장난식으로 얘기했지. 설마 이거 진짜 플래그 아닐까?

  그렇게 수다를 떨며 한참을 걸어가 결국 버스 정류장에 도착했어. 그리고 숙소로 바로 가는 버스를 타고, 그렇게 조금을 가 숙소에 도착하는데 완료! 그렇게 오늘도 재밌는 일정을 마무리했어! 그리고 내일은 드디어 카타르에 와서 첫날을 제외하고 관광 목적으로 카타르를 도는 날이네! 그럼 개봉 박두!

2022월 11월 26일

오늘은 뭐 별거 없었는데, 별거 많았어.

"? 그게 뭔 말이에요?"

오늘은 카타르에 입국해서 첫날을 제외하고 처음으로 경기장에 직관을 보러 가지 않는 날이었어. 나는 그래서 아침에 일어나서 근처 마트에서 산 컵라면이나 먹었지.

"엥? 카타르에서 컵라면을 팔아요?"

아, 내가 안 말했었나? 웃긴 것이 카타르에서도 한국 브랜드의 컵라면들을 팔더라고??? 그래서 최근에 나와 알리송은 마트에 가서 장을 봤고 나는 아침에 먹을 빵들과 한국 컵라면들을 샀었지.

"이야, 이게 진짜 한류 클라스인가…. 어떻게 카타르에 한국 컵라면이 있지…?"

그러게 말이다. ㅋㅋㅋ 그래서 그렇게 산 컵라면 컵에 수프를 먼저 넣은 후, 끓인 물을 넣고 3분 후에 바로 먹었지. 그렇게 카타르에서 먹는 컵라면, 아니 정확히는 한국의 컵라면이라…. 이것도 꽤 신선하고 흥미로운 경험이더라고?

"오 ㅋㅋㅋ 진짜 흥미롭겠어요. 맛은 어땠어요?"

맛이라…. 근데 사실 맛은 의외로 한국에서 먹은 컵라면과 이질감이 딱히 없었어. 여기가 이슬람 국가이기 때문에 돼지고기 재료들은 모두 뺐는데도 말이야. 오히려 카타르인들의 입맛에 맞추기 위해서 매운 느낌을 좀 더 낮출 줄 알았는데 말이야.

그렇게 오늘 아침은 국내산… 아니 한국산 컵라면으로 마무리했고 이후에 빨래를 챙겨서 근처 숙소가의 빨래방으로 갔어. 왜냐하면 슬슬 빨래들을 로테이션을 돌릴 차례였거든.

"엇, 이번에는 빨래…? 카타르에서 이용하는 세탁방은 어땠어요?"

근데 확실히 한국이 일 처리 부분에서 빠르다고 느낀 것이, 빨래를 접수하는 시간이 매우 느리더라고. 솔직히 말하면 내가 웬만하면 이런 거 잘 참는데 이 부분은 답답하다고 느낄 정도였어. 나도 역시 한국인이란, 그런 것일까? 어쨌든 기다림 끝에 내 차례가 되었는데, 여기서도 내가 처음 겪은 경험이 하나 있었어. 바로 빨랫감이 무엇이냐에 따라, 그리고 얼마냐에 따라 값이 다르게 책정되는 것이었지. 게다가 수건은 빨래가 안 된다고 하더라고? 그래서 어쩔 수 없이 수건은 빼고 나머지만 빨래했어. 다행인 것은 어제 달러를 카타르 리얄로 환전한 것이었는데, 왜냐하면 여기는 현금만 받더라고? 하… 진짜 어제 현금을 찾아 놓지 않았으면 낭패를 볼 뻔했지 뭐야? 게다가 생각보다는 가격이 안 나왔고 여기에 한국 분도 봐서 재미있었어. 근데 또 문제는 예상으로 월요일이나 화요일에 빨래를 찾을 수 있다는 거야. 그나마 다행히 며칠 동안은 버틸 속옷 양이 되었지만 그래도 불안한 것은 마찬가지더라. 그래도 그렇게 빨래를 마무리하고 숙소에 다시 들어가서 알리송과 합류했어.

"진짜 확실히 서비스적인 속도는 한국이 짱인 것 같아요. 게다가 서비스적인 부분에서도."

오늘은 어제 산 라이브 모자를 머리에 쓰고, 아르헨티나 유니폼을 착용하고 숙소에서 나갔지. 그러면서 알리송이 라이브 모자를 찾는 데 겸사겸사 따라다니고 말이야. 그래서 오늘은. '알리송의 라이브 모자 탐방기'라고 이야기 타이틀을 작성할 수 있을 것 같아.

그리고 계속 돌아다닐 예정이기 때문에 목이 마를 것을 대비해서 페트병에 담긴 물 하나, 에너지 음료를 하나 샀지. 독일에 어학연수로서 있을 때는 자주 마셨는데 카타르에 와서는 처음인 것 같네. 그리고 그렇게 산 에너지 음료를 여기서 바로 원샷 했고 남은 캔은 근처의 쓰레기통에 버린 후 바로 알-와크라에 가는 버스에 탑승했지.

알-와크라에 도착한 후 우리는 이번엔 코르니셰에 가는 것이 목적이었어. 왜냐하면 팬 페스티벌에 가서 스크린으로 '튀니지 vs 호주' 경기를 보길 원했거든. 그래서인지 알리송은 호주 유니폼에 호주 국기까지 들고 온 것 있지? 진짜 호주 현지인 같았어. ㅋㅋㅋ

그렇게 역에 들어섰는데, 어디선가 나팔 소리, 함성 소리가 나오면서 시끄럽더라고? 그래서 어떤 일인가 봤더니, 글쎄 빨간색 유니폼이나 옷을 입은, 그리고 빨간색 국기를 몸에 두르고, 빨간색 분위기를 연출하는 튀니지 축구 팬들이 내는 소리였더라고? 진짜 심지어 여기가 경기장도 아니고, 경기장 근처 역도 아니고 그냥 하나의 역임에도 불구하고 말이야. ㅋㅋㅋ 튀니지도 진짜 축구에 대한 열정은 엄청나다고도 할 수 있겠더라. 하긴 여기는 월드컵이 열리는 국가이고 전 세계에서 나 포함해서 축구에 미친 사람들만 왔지?

"진짜 형하고 알리송 형 포함해서, 카타르까지 월드컵을 보러 온 사람들은 다 축구에 미쳤다고 할 수 있을 거 같긴 해요. 그도 그럴 것이 본인 인생에서 언제 가 볼 카타르에 월드컵 하나로 간 것이니까?"

    그건 맞지. 어쨌든 나와 알리송은 그렇게 우리나라와 같은 붉은 분위기를 뒤로하고 지하철을 타 코르니셰에 도착했어. 근데 낮에 도착해서 그런지 팬 페스티벌이 저번에 밤에 온 것과 다르게 굉장히 한산하더라고? 그래서 인파도 붐비지 않았고 우리는 곧장 들어가는 데 성공했어.
    근데 하나의 애로사항이 있었어. 바로 팬 페스티벌에 입장할 때 페트병 형태의 물병을 들고 가지 못하는 거야. 아니, 경기장에서야 필드 안에 페트병을 던질 수 있는 가능성이 있기 때문에 반입을 하지 못하는 것이 이해가 되지만 팬 페스티벌에서는 왜? 진짜 단순히 팬 페스티벌이기 때문에 딱히 상관없지 않나? 하지만 뭐 어쩌겠어. 시큐리티가 가져가지 말라 하면 가져가지 말아야지. 괜히 타국에서, 그것도 이슬람 국가인데다 최대의 월드컵 행사를 담당하는 사람과 싸워봤자 큰 이득도 없고. 그래서 더울 때를 대비해서 구매한 물이었지만 페스티벌 안에는 들어가야 했기 때문에 어쩔 수 없이 그 자리에서 바로 물을 원샷하고 근처의 쓰레기통에 버렸어. 참고로 내 행동에 시큐리티도 당황해하기는 하더라. 그래도 그렇게 팬 페스티벌에 또다시 입성하는 데 성공했어.

"팬 페스티벌에 물을 못 가져가게 하는 것도 이해가 안 되는데, 그런 이해 안 됨을 뛰어넘는 형의 행동도…. 형도 어지간히 나라를 넘는 괴짜

인 것 같아요."

인정. 아직까지 나 같은 사람을 본 적이 없긴 한 거 같아.

우선 우리는 피파 스토어 안에 들어갔어. 아까도 언급했지만, 그 이유는 알리송이 라이브 모자를 사는데 성공해야 하니깐. 하… 그런데 문제는 여기에도 라이브 모자가 없더라고? ㅜㅜ 그래서 알리송이 한 직원에게 라이브 모자가 있냐고 물어봤지. 근데 문제는 직원도 이 스토어에는 라이브 모자가 없고 언제 들어올지도 모른다고 하는 거야.

"헐… 확실한 점은 라이브 모자가 카타르 월드컵에서만큼은 그렇게나 인기 있는 것 이상으로 레어템이라고 할 수 있었던 거네요."

그치. 그걸 나는 어찌저찌 운 좋게 구한 것이고. 그래서 라이브 모자는 포기해야 하나 싶었지. 그런데 직원이 갑자기 알리송에게 전화번호를 물어보는 거야? 그래서 알리송은 로밍이었나 유심칩이었나 어쨌든 전화를 받을 수 있는 번호를 알려 주었는데, 나중에 재고가 들어오거나 재고가 들어온 스토어를 발견하면 연락을 주겠다고 하는 거야. 그래도 그나마 희망이 생겼던 것이지. 그렇게 해서 일단 직원의 연락을 기대하면서 나는 스토어에서 카타르 유니폼을 보는 등 아이쇼핑을 좀 하다가 알리송과 함께 밖에 나왔지.

"헐… 진짜 그 직원분 착하시네요…. 만약 구하면 알리송 형이 그 직원분에게 음료수라도 대접을…"

그건… 알리송이 그래야지. 너무 선 긋는 발언이었나? 근데 확실히 더운 대낮이라 그런지 사람들이 없고, 그래서 밤에 비해 엄청 한산하더라고? 게다가 1시에 경기가 있음에도 불구하고 말이야. 그리고 시간도 남아돌아서 나와 알리송은 돌아다니다가 근처에 공원같이 생긴 곳이 하나 있고, 주변에 음식점도 있는 거야.

그래서 점심도 해결해야겠다 싶어서 그곳에서 음식을 주문했어. 참고로 주문한 음식은, 샤와르마(Shawurma)라는, 아랍 전통의 음식이었고. 그래서 우리는 그 음식을 하나 사서 근처 공원 벤치에서 점심을 해결했어. 그러면서도 주변에 인증샷으로 찍기 좋은 곳이 하나 있어서, 아르헨티나 유니폼을 입은 기념으로 하나 찍었지. ㅋㅋㅋ 그렇게 쉬다가 돌아다니다가를 반복했다가, 너무 더워서 그런지 목이 너무 말라 결국 사이다를 하나 구매했지…. 하… 목이 마를 것을 대비해 물을 미리 구매한 건데 여기에 반입을 하지 못해서 무용지물이 되어 버렸네…. ㅜㅜ 그래… 이게 운명인 거고, 새옹지마(塞翁之馬)겠지…. 그렇겠지…?

"아, 대화를 듣다 보니 생각난 건데, 아까 물을 반입 금지시킨 직원이 페스티벌 내의 음료수를 더 판매하기 위해서 막은 것일 수도 있겠네요?"

아, 생각해 보니 그렇게 되겠네? 진짜로… 이건 수법이 너무 치사하다. 안 그래도 여기서 사 먹는 음료수는 비싼데…. 쩝…. 그런데 뭐 어쩌겠어. 다음엔 그냥 물을 커비가 빨아들이듯이 통째로 마시고 들어와야지. 그래야 돈을 이상하게 안 쓸 테니까.

그러다 드디어 경기 시각이 임박해서 대형 스크린 앞으로 갔어. 그런데 경기 시각이 임박했음에도 사람들이 많이 없더라고? 하긴 대낮이라 바닥도 뜨겁고, 누가 밖에서 대형 스크린 앞에서 경기를 보고 싶어 하겠어? 경기장에서라면 모를까. 그래서인지 우리는 편하게 서 있었지. 그러던 중에 갑자기 한 사람이 알리송에게 인터뷰를 요청하는 거야. 사실 그건 이유가 있었는데, 왜냐하면 알리송이 대형 스크린 앞에 경기를 보러 온 사람들 중에 유일하게 호주 유니폼을 입고 국기까지 드는 등 호주를 응원하는 모습으로 왔었거든. 그래서인지 인터뷰를 요청한 것 같았는데, 알고 보니 알리송에게 인터뷰를 요청한 사람이 무려 피파에서 나온 사람인 거야??? 그리고 더 놀라운 것은, 대형 스크린 앞에 콘서트 무대와 같은 무대가 설치되어 있었는데, 나중에 '튀니지 vs 호주' 경기를 할 때 올라올 수 있냐고 제안까지 받더라. ㄷㄷ 그래도 나는 개인적으로 이런 기회는 더 없을 것 같았는데, 알리송은 부끄러웠는지 거절하더라고. 하긴, 사실 많이 부담스럽기는 할 거야. 이해는 해. 그래도 스포트라이트를 받는 것은 정말 부럽더라. 인터뷰가 나중에 피파에 올라갈 수도 있다는 사실은 더욱 부럽고 말이야.

"와… 그래도 알리송 형 월드 스타가 될 수 있었는데. ㅋㅋㅋ 아니, 이미 어딘가 방송에 나간 거 아니에요? 하긴 며칠 전에 포르투갈 인터뷰도 했고. ㅋㅋㅋ"

진짜 알리송 어디선가 월드 스타가 되어 있지 않았을까…?
인터뷰가 끝난 후, 드디어 '튀니지 vs 호주'의 경기가 시작했어. 사실 대부분의 축구 팬들은 호주의 패배를 예측했을 거야. 그도 그럴 것이 호주는 최종예선에서 일본과 사우디아라비아에 밀려 플레이오프를 거친 후 간신히 본선에 합류한 팀이었어. 게다가 1차전에서는 프랑스를 만나 1-4로 대패하면서 그 패배 분위기가 기정사실화였을 거야.
하지만 나는 의외로 호주가 해볼 만하다고 생각했어. 왜냐하면 상대인 튀니지는 수비나 조직력이 좋을지는 몰라도 공격 능력은 굉장히 무딘 팀이었거든. 게다가 다른 아프리카 본선 진출 팀에 비교하면, 와하브 카즈리 선수를 제외하면 슈퍼스타라고 소개할 수 있는 선수마저 없었거든. 그래서 비록 프랑스에 4실점이나 했지만 수비적인 부문에서 좋은 움직임을 보인 호주였기 때문에 의외로 해볼 만하다고 생각이 들었어.

"오… 남들은 튀니지의 승리를 예상할 때 형은 단호하고 고독하게 호주의 승리를 예상한다…. 게다가 형은 은근 월드컵 전문가잖아요…. 설마 이번에도…?"

아잇, 너무 띄워 주지 마. 이러면 부끄럽단 말이야…ㅎ….

그리고 추가로 말하자면, 튀니지는 선발 명단에 그나마 골을 넣을 수 있는, 튀니지의 대표적인 공격수인 와하브 카즈리 선수를 제외함으로써 내 생각은 확고해지는 기분이었어. 그리고 그 확고함은 100%의 사실로 변했지. 왜냐하면 진짜 호주가 1-0으로 신승을 거두었거든!

전반전에 미첼 듀크 선수가 선제골을 넣었고 호주는 선제 득점을 완성한 후 중앙 수비수인 해리 수타 선수와 골키퍼인 매튜 라이언 선수를 중심으로 이루어진 호주식 짠물 수비는 무딘 튀니지의 창으로 뚫을 수 없었어. 결국 후반전에 카즈리 선수를 투입해 반전을 꾀했지만 시간이 부족했고 결국 호주의 1-0 승리로 끝났어.

"이야… 진짜 월드컵 문어 황선재…. 우승 팀은 누구라고 생각하시나요…?"

음… 이건 오늘의 스토리와 빗나가는 이야기인데, 나는 아르헨티나의 우승을 점쳤지. 이건 내가 월드컵을 대비해서 쓴 티스토리 칼럼에도 나오니, 나중에 알아서 찾아보면 될 거야. 참고로 이름은 '황선재의 카타르 월드컵' 이런 식으로 입력하면 나올 거야. 물론 최근에 사우디아라비아에 일격을 맞기는 했지만.

어쨌든 나와 알리송은 환호를 질렀지. "예에에에에에에에" 하고 말이야. 물론 사실 나는 왜 환호를 질렀는지는 모르지만 말이야. ㅋㅋㅋ 하긴 나도 조금 있음 호주를 응원하러 호주 유니폼을 입고 경기장에 갈 것인데 말이야. 이 정도면 나도 호주 명예시민으로 잠깐 인정해 줘야 하지 않을까?

"마침 형 영어 이름 '브렌든'도 있으니, 호주 명예시민 고고하시죠~."

발음 진짜 찰지네. ㅋㅋㅋ 그렇게 경기가 끝난 후, 우리는 다시 지하철을 타기 위해 팬 페스티벌장을 나와 걷기 시작했어. 문제는 코르니셰는 출구만 가능한 역이잖아. 그러면 당연히 다른 역으로 걸어가야 하는데, 문제는 지금 대낮이야. 그래서 너무 덥더라고…. 진짜 그 페트병에 들어 있는 물을 그렇게 버린 것이 아직도 스노우볼이라는 생각이 너무 들더라. ㅜㅜ 그래도 뭐 어쩌겠어. 이것도 운명인 것을…. 아니 근데 진짜 물 그렇게 다 버린 거 많이 빡치긴 하네.

그래도 어찌저찌 역에 잘 도착해서 이번에는 DECC에 갔어. 그런데 이번엔 특별한 목적이 있었어. 바로 DECC에 있는 티켓 센터에 가는 것이었지. 왜냐하면 우리는 경기 티켓 하나를 구하길 원했거든. 어떤 경기냐? 바로 '아르헨티나 vs 멕시코' 경기였어. 그도 그럴 것이 이번 월드컵이 어쩌면 세계 최고의 축구 선수인 리오넬 메시 선수의 '라스트 댄스', 즉 마지막 월드컵이 될 수도 있잖아? 그리고 사실 나는 아르헨티나가 비록 사우디아라비아에 조별예선 1차전 패배를 당했음에도 아르헨티나가 이번 대회를 우승할 것이라고 생각했고 말이야. 그래서 메시 선수 포함해서 아르헨티나 경기를 직관하고 싶었고, 그래서 어떻게든 티켓을 구하고 싶어서 티켓 센터까지 방문했지.

"오… 과연… 결과는…?"

확실히 어려웠던 것이, 우리와 같은 생각을 가진 사람들이 많았나 봐. 그 경기의 티켓은 어떻게 보면 당연하게도 없었지. 그래서 우리는 절망했는데, 그러다 극단적인 방법 하나를 생각했지.

"엇… 설마 암표는 아니겠죠…?"

맞아. 바로 맞추네. 바로 암표를 구하는 것이었어. 뭐 방법이 달리 없잖아…?

당연하게도 티켓 센터 근처에는 사람들에게 은밀히 암표를 제시하는, 암표상들이 있었고 우리는 그 티켓을 구하기 위해서 몇 번 말을 걸었지. 그런데 그 경기의 가격이 얼마였는지 알아? 600달러, 즉 한화 약 70~80만 원 정도의 가격을 제시하더라고? 그런데 그렇게 큰돈이 우리한테 어디 있어. ㅜㅜ 게다가 웃긴 것은 3등석이었는데 그렇게 가격이 뛰더라고. 역시 메시 선수의 효과는 엄청나더라. 그래도 나는 신용카드라도 사용해서 구매할까 고민도 했었는데, 암표상에게 티켓을 구매하는데 카드가 되겠어? 그래서 그냥 티켓을 못 구하고 다른 장소에 가기 위해 다시 지하철역에 가서 지하철이나 탔지 뭐….

"아이고… 진짜 형이 돈을 좀 더 가지고 있었다면 다행이었을 텐데…. 뭐 그래도 결국 암표를 샀다는 역사는 안 남게 되었네요."

아, 진짜 새옹지마였던 것이, 그래도 알리송에게 좋은 소식이 중간에 들려왔어! 바로 무엇이었냐면, 아까 번호를 주었던 직원에게, 라이브 모자의 재고가 남는 곳이 있다는 메시지가 온 거야! 그 장소가 어디인가를 보니, 어제 우리가 갔던 칼리파 인터내셔널 스타디움 안에 있는 카타르 스포츠 전문 박물관에 있는 거야. 그래서 우리는 이번에도 칼리파 인터내셔널 스타디움에 가기로 마음을 먹었지. 그래서 일단 칼리파 인터내셔널 스타디움에 도착했어.

"와… 진짜 형 그 직원분께 밥 한 번 사세요…. 아니다. 알리송 형이 그 직원분께 사야 하는구나."

그건 그래. 난 그냥 라이브 모자 잘만 구했는데. ㅋㅋㅋ 장난 장난. 그런데 라이브 모자를 구매하기 위해선 한 가지 관문이 있었어. 바로 카타르 스포츠 전문 박물관에 들어가야 하는데, 문제는 박물관 티켓이 있어야 들어갈 수 있는 거야. 우리의 목적은 그냥 라이브 모자 하나를 사는 것이기 때문에 박물관 티켓이 필요가 없어서, 알리송은 꼭 박물관 티켓을 사야 하냐고 물어봤어. 그런데 직원의 대답은 결국 "Yes."였어.

"쩝… 뭐 어쩔 수 없을 것 같긴 한데…. 그래서 어떻게 했어요?"

그래서 알리송은 구매하기 위해 박물관 티켓을 어쩔 수 없이 인터넷으로 구매했는데, 나는 그냥 밖에서 기다리겠다고 말했어. 왜냐하면 사실 박물관은 완전히 나중에 카타르를 여행만으로의 목적으로 왔을 때 다시 오고 싶은 마음이 첫 번째 이유이고, 결정적으로 티켓값이 약 4만 원이기 때문에 최대한 돈을 아껴야 한다는 마음이 두 번째 이유였어. 그래서 알리송만 들어가기로 결정했는데, 문제는 알리송이 첫 번째로 결제 완료한 티켓이 입장 불가인 거야. ㅜㅜㅜ 왜지??? 그런데 문제는 그 직원도 모른다고 하는 거야…. 하… 세상이 알리송을 억까했지…. 그래서 어쩔 수 없이 알리송은 다시 구매했고, 다행히 그 티켓은 입장이 가능하더라. 그래도 다행이었지. 진짜 이것도 막혔으면 그냥 신이 알리송의 라이브 모자 구매를 대놓고 막는 것이었을 테니. ㅜㅜㅜ 그렇게 알리송은 라이브 모자 구매, 그리고 겸사겸사 박물관 관람을 위해 안으로 입장했고 나는 그냥 밖에서 기다렸지.

"진짜 라이브 모자 하나 구하기 그렇게 힘드네요. ㅜㅜㅜ 아, 근데 형한테는 쉬운 일이었구나."

엉, 나한테는 그냥 간단한 일. 그렇게 어제에 이어 오늘도 한 번 혼자인 상태가 되었어. 쩝… 처음엔 지루할 것 같았지. 그런데 원래 혼자 여행하면서 혼자 많은 생각을 하고 혼자 스트레스를 풀었던 나에게, 그러한 상황이 오랜만에 찾아온 거지. 물론 알리송 때문에 스트레스받았다는 것은 아니고. 오해는 하지 말아. 그래서 근처에 앉을 만한 곳에서 앉아서 멍하니 딴 생각을 하는데, 내용은 이랬어. 다시 한국으로 돌아가면 어떤 생활을 해야 할까. 취직을 이제 무조건 생각해야 할까? 학교는 어떡하지? 원래는 지금 다니는 학교를 자퇴하고 독일로, 스포츠에 관련된 과로 진학해 유학하고 싶었는데. 아니면 그래도 여행은 계속 다니고 싶은데…. 이런 고민을 많이 했지.

그러면서도 월드컵 여행이 끝나고 한국에 돌아가면 다시 현실에 마주쳐야 한다는 불안감까지 엄습해 오기 시작했어. 그도 그럴 것이 카타르 월드컵 일정이 끝나면, 자퇴를 하지 않을 것이라면 다시 학교에 복학해야 하고, 더불어 26살이라는 나이까지 되며, 이제는 돈을 어떻게 안정적으로 벌어야 할지, 공부를 어떻게 해야 할지, 그리고 꿈을 선택할지. 그도 그럴 것이 지금까지는 '축구X여행'이라는 타이틀 기준으로 꿈만을 선택했지만, 카타르 월드컵이 끝나면 직업적인 부분으로 확실하게 하나를 선택해서 가야 할지. 아니면 계속 앞서 언급한 대로 해 오던 대로 축구 여행적인 꿈을 이어 나갈지. 그래도 혼자 있으니까 생각이 많이 정리는 되더라. 그러면서도 지금까지 잘해 왔고 그래서 꿈도 결국 이뤘으니 앞으로도 어떤 험난한 여정이 있더라고 힘내자는 생각만 가득해서 생각으로 파이팅을 외쳤어.

"진짜 고민 많았겠네요. 하긴 25살이면 슬슬 미래에 대해 좀 더 진지하게 고민할 시기였긴 했죠. 그래도 카타르 월드컵을 보러 와서 그런 고민을 하는 것도 조금 신기한 경험이긴 하겠네요. 파이팅!"

고맙다. 그렇게 혼자 생각에 잠기면서 시간을 보내니, 알리송이 라이브 모자를 구매하고 나오더라. 더불어 박물관 관람도 완료하고 말이야. 알리송에 의하면, 확실히 관광으로서 박물관 한 번은 가 볼 만하다는 평가를 했어. 그래도 나는 라이브 모자를 제값인 4만 원만 사용했는데, 자신은 라이브 모자를 하나 사기 위해 무려 12만 원이나 썼다는 것이 아깝다는 이야기도 덧붙이고. 하긴 나도 그 생각이 나긴 할 거야. ㅋㅋㅋ
그렇게 알리송의 미션(?)을 완료해 이제는 저녁 식사를 하러 가기로 했어. 그렇다면 우리는 저녁 식사를 어디서 먹어야 할까? 당연히 이번에도 빌라지오 몰에서 해야지. 왜냐하면 칼리파 인터내셔널 스타디움에서 가장 가까운 식당가는 빌라지오 몰이었기 때문이니까. 그래서 이번엔 어제 걸어온 루트의 역순으로 걸어갔어. 그런데 어제는 못 봤는데, 빌라지오 몰 방향으로 걸어서 가 보니, 故디에고 마라도나 선수의 벽화가 있더라고? 어젠 왜 못 봤는지 곰곰이 생각해 보았는데, 우리가 마라도나 선수의 벽화를 등지고 경기장에 갔기 때문에 우연찮게 '등잔 밑이 어둡다'라는 속담처럼 지나친 것 같더라고. 그래서 이번엔 발견한 김에 그냥 앞에서 인증샷을 찍기로 했어. 마침 내가 이상한 우연으로 아르헨티나 유니폼을 입어서였기도 했고 말이야. ㅋㅋㅋㅋㅋㅋㅋㅋㅋ 아… 알고 보니 이것은 신의 계시가 아니었을까? 어쩐지 오늘 이상하게 아르헨티나 유니폼을 입고 싶더라니.

"음… 설마 이게 복선일 수도…? 아르헨티나가 우승한다던가…."

에이, 설마. 이건 내가 조작할 수 있는 소설도 아니고 수필인데. 그렇게 나도, 알리송도 인증샷을 찍은 후 다시 빌라지오 몰을 향해 걸어갔지. 그런데 빌라지오 몰 옆에 어떤 큰 탑이 있었는데, 실내에 로비가 하나 있고 거기에 TV가 몇 대 있더라고? 그런데 TV에서 '사우디아라비아 vs 폴란드' 경기를 하고 있는데, 아르헨티나와의 경기에서 보여 준 모습이 무색하게 사우디아라비아가 0-1로 지고 있더라고. ㅜㅜ 그래도 내심 같은 아시아이기 때문에 폴란드도 잡고 16강 진출을 했으면 하는 바람이 있긴 했는데 말이야. 그래도 아직 경기는 끝난 것이 아니기 때문에 응원의 한 마디를 텔레파시로 선수들에게 보내고 거의 다 도착한 빌라지오 몰을 향해 발걸음을 옮겼지.

"와우, 온갖 세상이 축구네요. 이게 월드컵의 무대라는 것인가?"

드디어 도착했고 우리는 이번엔 '저녁 식사'라는 목표를 가지고 있었기 때문에, 무엇을 먹을지 둘러보고 있었지. 확실히 큰 몰이라서 그런지 여러 프랜차이즈 가게들이 즐비했고, 그중에는 한국에서도 많이 본 프랜차이즈 가게들도 있었지. 그런데 그중에 한 도넛 가게가 보이는 거야. 근데 글씨가 많이 난해해서 나는 이 가게의 이름이 정확히 뭔지 몰랐거든? 그래서 알리송에게 이 이야기를 했더니, '크리스피 크림 도넛(Krispy Kreme Dougnuts)'이라는 거야. 와… 저 글씨가 그 글씨였어? 맨날 집 근처 백화점에서 가끔 사 먹긴 했지만 저걸 어떻게 읽어야 할지 몰랐는데…. 그리고 크리스피는 Crispy고 크림은 Cream 아니야? 하긴 일부러 브랜드 이름을 알리려고 저렇게 쓴 거겠지. ㅋㅋㅋ 난 진짜 바보인가?

어쨌든 그 가게를 지나서 우리는 '졸리비(Jolibee)'라는 곳에 갔어. 알리송이 그곳으로 가자고 했거든. 근데 사실 나도 이 가게는 한번 가 보고 싶었어. 왜냐하면 필리핀에서 맥도날드나 버거킹보다도 유명한 프랜차이즈 패스트푸드점이고 다른 나라에 있을 때에도 이 가게를 보았지만 딱히 갈 기회가 없었거든. 그래서 이번 기회에 가 보기로 마음을 먹었지.

가게에 들어가서 메뉴판을 봤는데, 근데 웬걸? 대부분 가격대가 너무 괜찮더라? 그도 그럴 것이 대부분 가격들이 한화로 약 1만 원 안에서 해결할 수 있었으니까 말이야. 당연하게도 대부분은 이 글을 본다면 한국에서는 이만한 가격의 햄버거들을 많이 볼 수 있다고 반응할 수도 있는데, 여기는 한 끼에 기본 한화 만 원이 넘어가는, 미친 물가의 카타르인 것만 알아둬. 어쨌든 나는 저렴한 가격에 신난 마음을 가지고 치킨버거 세트를 시켜서 먹었지. 근데 사실 필리핀 본사에 둔 패스트푸드점이기 때문에, 오히려 카타르와 다른 느낌으로 맛의 이질감이 있으면 어떨지 걱정을 했어. 근데 한입에 배어 물자마자 그런 고민은 쓸데없었다는 듯이 맛있기까지 하더라. 그래서인지 다음에도 애용을 해야겠다는 생각은 했어. 아, 맞아. 내일은 알리송이 경기를 보러 칼리파 인터내셔널 스타디움에 와야 하기 때문에 무조건 올 수 있겠다. 내일 저녁 식사는 이거닷!

"진짜 이 정도면 그냥 형이 웬만한 음식을 거리낌 없이 먹을 수 있는 것일 수도…?"

와, 그 말 알리송이 나한테 했었는데.
그렇게 저녁 식사까지 해결하고 우리는 사실 딱히 할 건 없어서 그냥 숙소에 복귀했어. 이제 오늘은 이렇게 하루를 마무리…

라고 할 줄 알았지? 오늘 사실 아르헨티나와 멕시코의 경기가 있잖아? 그런데 우리는 아쉽게 티켓을 구하지 못해 가지를 못했지. 그런데 우리 숙소가 아예 라이브로 경기를 시청할 수 있도록 큰 스크린과 자리를 만들어 놓은 공간이 있었단 말이야? 그래서 숙소에 복귀하고도 시간이 남았겠다 우리는 바로 숙소에 복귀해서 마트에서 팔고 있던 무알콜 맥주도 사고 바로 샤워를 한 후 유니폼을 입고 스크린 광장으로 갔지. 그런데 확실히 빅게임이라 그런지 이미 사람들이 다 앉아 있더라고. ㅜㅜ 그래서 우리는 자리를 먼저 찾는 것이 급선무였지.

그러다가 간신히 자리를 찾아서 맥주를 마시면서 경기를 보았지.

"Vamos todos"

이 말 무슨 뜻인지 알아? 스페인어로, 모두 파이팅라는 뜻이야(직역하면). 왜냐하면, 사실 나는 아르헨티나만을, 멕시코만을 응원하기 힘들었거든. 그도 그럴 것이 나는 메시 선수를 좋아하기 때문에 아르헨티나가 우승하길 바라기도 했지만, 동시에 멕시코도 정이 있었거든. 왜냐하면 내가 해외에서, 특히 어학연수에 가서 사귄 친구들 중에 멕시코 친구들이 꽤 많이 있었고 그들은 너무 좋은 친구들이었기 때문에 내 기억에서도 즐거운 기억들만 가득 안겨 준 친구들이었거든. 그래서 나는 멕시코도 응원하고 싶었어. 그렇기 때문에 둘을 모두 응원한다는 의미로, "Vamos todos"라는 표현이 적합하겠지?

"하긴 형에게 멕시코는 가 본 적은 없지만 좋은 기억이 있는 나라이고, 아르헨티나는 메시 선수를 개인적으로 응원하는 것 이상으로 형이 우승까지 점쳤으니, 그 마음은 이해가 돼요."

그렇게 무알콜 맥주를 곁들여서 스크린 광장 직관이 시작되었어. 그런데 아르헨티나의 승리라고 예상은 되었지만, 경기는 의외로 지루한 양상이었어. 그도 그럴 것이 둘 다 공격의 갈피를 딱히 잡지 못하더라고? 한 마디로 전반전 내내 지루한 양상이었어. 그래서 사실 슬슬 자리를 떠서 숙소에서 쉬고 싶더라고? 그런데 다행인 점은, 알리송도 나와 같은 생각인 것 같더라. ㅋㅋㅋ 오히려 알리송이 나에게 먼저,

"형, 그냥 경기도 지루한데 숙소에 갈래요?"

라고 물어보더라. ㅋㅋㅋ 나도 같은 바램이었기 때문에 격한 끄덕임을 선사하고 바로 전반전이 끝나자마자 숙소에 복귀해서 쉬고 있었지. 그렇게 쉬면서 경기 결과를 봤는데, 이게 웬걸? 후반전에 아르헨티나가 두 골을 넣어서 결국 2-0으로 승리했더라고? 진짜 이 결과를 보니까 갑자기 이 재밌는 장면을 못 본 것에 대한 아쉬움이 몰려오더라고. ㅜㅜㅜ 아… 알고 보니 우리가 억제기가 아니었을까…? 어쨌든 그래도 그렇게 이날 마지막까지 즐겁게 놀고 하루를 마무리!

*그리고 더 웃긴 비하인드 스토리

나중에 뤼카랑 만나서 뤼카가 얘기해 줬는데, 뤼카도 그 당일인가 정확히 언제인지는 기억이 안 나는데 라이브 모자를 샀다는 거야. 그래서 어디서 샀냐고 물어보니까 그냥 촬영 때문에 길 가다가 보이길래 바로 샀대? 게다가 더 웃긴 점은, 이날 무알콜 맥주를 사러 마트에 갔을 때, 그때에도 라이브 모자가 보이더라. ㅋㅋㅋㅋㅋㅋㅋㅋㅋ 진짜 알리송… 카타르가 얘를 너무 싫어하나 보다…. 이 정도로 억까를 하다니…. 아

니, 진짜 알리송은 어제오늘 이 모자 하나를 사고 싶어서 그렇게 돌아다니고 결국 3배의 돈을 쓰고서라도 구입했는데, 이렇게 쉽게 구할 수 있는 사례가 속출하네…. 너도 참 힘들게 산다….

"ㅋㅋㅋㅋㅋㅋㅋㅋㅋㅋㅋ 이 정도면 카타르가 알리송 형을 억까한 수준인데요?"

2022년 11월 27일

올라, 부에노스 디아스. 께 탈?

(Hola, Buenos Dias. Que tal?)

"아니, 형 그게 무슨 말이에요. ㅡㅡ"

스페인어로, "안녕, 좋은 아침. 어때?" 이런 의미야. 아, 참고로 "어때?"는 "하우 알 유(How are you)"라는 느낌이고. 월드컵인 만큼 전 세계에서 와서 한 번 다른 언어로 아침 인사해 봤어.

오늘은… 아니 오늘도 나는 딱히 경기 직관 예정은 없었는데 알리송은 하나 직관 예정인 경기가 있었어. 어느 경기냐고? 바로 '크로아티아 vs 캐나다' 경기야.

"오오, 크로아티아?? 캐나다?? 설마 모들언니(루카 모드리치), 폰지(알폰소 데이비스)가 나오는??"

응, 맞아. 한 마디로 유명한 선수들이 모조리 나오는 경기를 보러 간다고 할 수 있었지.

어쨌든 나는 딱히 경기를 보러 가진 않았기에 그냥 첫날 구매한 카타르 홈 유니폼이나 입기로 했어. 그도 그럴 것이 그래도 카타르 월드컵에 왔는데 한 번쯤은 카타르 유니폼을 입고 돌아다녀 보고 싶었거든.

"하긴~ 현지에 왔으면 현지 유니폼을 입어 줘야죠~ 인정~"

그리고 알리송은 크로아티아 유니폼을 입기로 결정했어. 뭐, 이건 당연하지. 오늘 알리송은 크로아티아 경기를 보러 가니까.

근데 이거 알아? 이건 너한테만 알려 주는 건데, 알리송이 입을 크로아티아 유니폼 구매 과정이 은근 독특하다? 왜냐하면 그 유니폼을 구매할 때, 한국도 아니고 호주의 중고 거래 플랫폼을 통해 구매했거든. 왜, 그 번개장터나 당근 마켓 같은 그런 거래 플랫폼 말이야. 물론 당연히 해외에 아마존이나 메루카리가 있는 것처럼 호주에도 있을 수 있는 것이고, 알리송이 호주에서 공부하는 유학생이기 때문에 그것까진 그럴 수 있어.

그런데 더 놀라운 점은 뭔지 알아? 이 유니폼이, 무려, 1998 프랑스 월드컵에서 크로아티아가 3위를 달성했을 때 입은 유니폼인데, 마킹도 그 당시 주축 중 한 명인 '즈보니미르 보반' 선수의 마킹인 거야. ㄷㄷㄷ 게다가 더 쇼킹한 점은, 가격이었는데, 무려 한국 돈으로 5만 원밖에 안 한

거야. ㄷㄷㄷ 진짜 안 그래도 희귀한 유니폼이었을 텐데 가격도 겨우 5만 원? 부럽기는 하더라. ㅜㅜㅜ

"아니, 사실 호주에도 그런 중고 거래 플랫폼이 있는 것도, 그걸 한국인이 이용한 것도 신기한 느낌인데 심지어 구한 유니폼이 크로아티아에서도 레어 유니폼에 속하는 유니폼이라고요? 게다가 단돈 5만 원? 아니, 이 정도면 로또 당첨될 운을 거기에 쓴 거 아니에요?"

아니… 생각해 보니까 그게 그렇게 되나…? 그럼 알리송 어떡하지…? 오히려 손해잖아.

그리고 확실히 이 유니폼이 크로아티아 본토에서도 대단한 유니폼이라는 것을 알 수 있었던 것이, 크로아티아 축구 팬분들이 지나가면서 이 유니폼을 입은 알리송을 보고 "보반 굿"이라고 하면서 환호하더라고. 하긴, 크로아티아 축구 팬들에게 좋은 기억을 안긴 선수 중 한 명인데 당연하긴 하겠지. 비유하자면 우리가 길을 걸어가다가 2002 한·일 월드컵 황선홍이나 안정환 선수 마킹 유니폼을 입고 있는 한 외국 축구 팬이라고 할 수 있겠지?

"아. ㅋㅋㅋ 생각해 보니 그 비유가 맞겠네요."

어쨌든 우리는 우리의 OOTD를 선택 완료한 후, 버스를 타러 갔어.

그런데 숙소가 근처에 알고 보니 페이스 페인팅을 해 주는 곳이 있더라고? 그래서 우리도 오늘 제대로 해 보고 싶어서 갔지. 그도 그럴 것이 나는 사실 이틀 전에 네덜란드의 경기를 보러 갔을 때 파스텔 같은 것으로만 얼굴에 쓱쓱 발라서 조금 아쉬운 감은 없잖아 있었거든?

 그래서 어떻게 칠하는지 슬쩍 보니까, 전문적으로 물감으로 칠해 주더라고? 그래서 이참에 내 볼에 국기를 제대로 칠해 보고 싶었지. 게다가 알리송은 마침 오늘 경기도 보고 말이야. 이게 바로 꿩 먹고 알 먹고, 도랑 치고 가재 잡고 아니겠어? 이럴 때 쓰는 속담이 맞나? 맞겠지, 뭐.

 그래서 나는 카타르 유니폼을 입었으니 카타르 국기로, 알리송은 크로아티아 유니폼을 입었으니 크로아티아 국기로 칠하기로 했지. 순서는 알리송이 먼저 했는데, 칠해 주시는 분이 여성분이셨거든? 근데 웃음이 끊이지 않고 막 말을 걸며 심지어 잘생겼다고 하더라고. 하긴, 알리송 내가 봐도 좀 많이 잘생기긴 했어. 본인은 아니라고 하는데. 근데 맨날 주위에서 잘생겼다고 하잖아. ── 그리고 나한테는 관심도 없고 말도 그렇게 없더만. ㅋㅋㅋ 아니, 이렇게 써 보니까 갑자기 자존감이 내려가는 기분이네? 괜히 이 썰을 풀었다. ㅋㅋㅋ

"뭐 하긴 알리송 형이 매번 자신이 잘생긴 편이 아니라고 했지만 잘생기긴 했죠. 킹정. 그리고 형은⋯ 큼큼⋯ 죄송합니다⋯."

 굳이 그렇게 확인사살을 했어야 했냐아아아아. 나도 알아. 나도 안다고….

어쨌든 그렇게 페이스 페인팅을 마친 후 버스를 타러 갔지. 앞의 썰을 갑자기 빨리 끝내는 기분이냐고? 기분 탓일 거야. 암, 그렇고말고. 그렇다고 쳐. ― 어쨌든 그렇게 페이스 페인팅을 마친 후 우리는 버스에 탑승해서 이번에도 알-와크라 역에 도착했지.

"진짜 참 알-와크라 역은 무조건 거치네요?"

음… 당연하긴 해. 왜냐하면 바로 경기장에 가지 않는 한 웬만하면 그곳에서부터 지하철을 타는 게 시작점으로서 가장 좋으니까? 근데 알-와크라를 통해 오늘의 첫 번째 목적지에 가기 위해 어느 역을 경유했는데, 거기에도 굉장히 시끄럽더라? 알고 보니 오늘 '벨기에 vs 모로코' 경기가 있었는데, 모로코 유니폼을 입은 사람들이 눈에 많이 띄더라고? 마치 어제 튀니지 축구 팬들을 보는 것과 같은 기분이었어. 진짜 모로코도 축구에 진심이라는 생각이 들더라.

"진짜 월드컵 무대는 전 세계에서, 형이나 알리송 형처럼 축구에 미친 사람들이 왔다지만, 아프리카도 특히 진심인 것 같긴 해요."

그건 그래. 그들은 왜인지 우리 이상으로 축구에 미쳤다고 생각이 들더라. 어쨌든 우리는 오늘 첫 번째 목적지에 도착했어. 어디냐고? 바로

'므쉐립(Msheireb)'이란 곳이었어. 여기는 카타르의 유명한 다운타운이라고 하길래 한 번 들러 보기 위해 왔지. 그래서 지역명도 정확히는 '므쉐립 다운타운 도하(Msheireb Downtown Doha)'였고 말이야.

"므쉐립… 미쉐립… 으, 진짜 발음 어렵네요. 타자로 치기도 어렵고."

맞아. 나도 그래서 처음에 이 지역명을 한글로 표기할 때 어떻게 표기해야 할지, 그리고 우리가 발음을 어떻게 해야 할지 인터넷으로 자꾸 찾아봤잖아. ㅋㅋㅋ

우리는 어쨌든 므쉐립인가 미쉐립인가 여기에 도착했는데, 마침 'Qatar World Cup 2022'라는 동상 간판이 하나 있더라고? 여기서도 인증샷은 필수겠지? 왜냐하면 인스타그램 관종인 나로서, 카타르 월드컵에 와서 이 간판 앞에서 인스타그램에 올려야 하는 것은 필수 아닌 필수이고, 의무 아닌 의무니까. 그래서 나하고 알리송은 여기 앞에서 사진을 찍었는데, 나는 찍을 때 손으로 #를 하면서 찍었지. 왜냐하면 이 간판에 #이 있었거든. 이걸로 나도 MZ 세대의 흐름을 따라가는 건가? 아냐, 아직은 멀었어. 좀 더 노력해야지. (장난)

"어휴, 진짜 형은 인스타그램 그만하시라니까. —— 관종 그 자체네."

장난, 장난. 그냥 뭐 인스타그램은 나에게 역사 기록 용이니까. 비유하자면, 선재 실록 느낌이랄까?

  우리는 사진을 찍고 난 후 우선 므쉐립 다운타운이나 돌아다니기로 했지. 근데 진짜 카타르에서 대표적인 다운타운이라 그런지 외관이 굉장히 이쁘더라. 어떤 느낌이냐면, 중동 아랍식의 디자인과 현대 건축의 디자인이 합쳐진 느낌이었어.

"중동의 현대식 디자인 건물들이라…. 어떤 느낌인지 감이 안 잡히네요."

  아마 내 인스타그램에 들어가 보면 그게 어떤 의미인지 알 거야. 어쨌든, 그래서인지 내가 갔던 다른 나라들의 다운타운 외관들과는 다른 느낌으로 이뻤어. 예를 들면, 일본, 미국, 독일이라던가. 게다가 이날 이상하리만치 사막인데도 불구하고 날씨까지 선선해서 그런지 그리고 그늘까지 져서 그런지 시원하고 살랑살랑거리는 기분까지 들더라?
  오늘따라 마음이 평온해지고 그래서인지 뭐든지 할 수 있을 것 같다는 자신감까지 들었어. 아, 근데 웃긴 건 왜인지 모르겠는데 봄 내음까지 나더라? 그것도 사막 날씨의 카타르 다운타운에서? 왜지…? 진짜 여긴 도심이고 심지어 계절로 치면 여긴 겨울인데??? 여기서 이렇게 문학 감성이 터진다고??? 뭐, 그래도 되지. 사막의 나라에 놀러 와서 봄 내음 등의 예상치 않은 문학 감성 얼마나 좋아? ㅋㅋㅋ 나 알고 보니 문학 소년이 아니었을까? (미안)

"형, 11월이라고 사막 날씨인 카타르에서까지 가을 타는 거예요?"

근데 정확히 말하면 11월은 우리나라에서도 겨울입니다. 진지하게 답해서 미안. ^^

우리는 슬슬 점심시간이 되어서 밥이나 먹으려고 거리를 둘러보고 있었어. 그런데 맛있는 길거리 음식들이 너무 많아서 고민이 되더라. ㅜㅜ 그래서 무엇을 먹을까 하다가 알리송이 'SALT'라는 한 이동식 식당을 발견했더라고? 그래서 그곳에서 점심을 먹는 것이 어떠냐고 물어보았는데 나도 여기 괜찮은 것 같아서 바로 이 식당에서 점심을 먹기로 했지.

근데 특이한 점이, 며칠 전에 갔던 아부 아유브 레스토랑처럼 QR 코드로 메뉴를 볼 수 있더라. 그래서 나는 급하게 데이터를 킨 후 메뉴를 골랐어. 왜냐하면 나는 알리송이랑 다르게 로밍으로 했으니.

다 맛있어 보여서 무엇을 먹을까 고민하다가 간단하게 치킨 팝콘과 사이다나 먹기로 했지. 왜냐하면 이상하게 가을 기운을 오랜만에 맞이해서 그런지 식욕이 그렇게 들끓지는 않았거든. 아, 잠깐, 원래는 천고마비(天高馬肥)라고 식욕이 들끓어야 정상 아닌가???

"그건 맞긴 한데, 매번 더위 먹다가 오랜만에 선선한 기운을 먹어서 몸이 적응 못 한 거 아니에요? 그래서 식욕도 덜 도는 것이고."

그른가. 그렇게 주문을 했는데, 편한 것이 있었어. 바로 우리가 자리에 앉아 있으면 음식이 다 될 때 갖다준다고 하더라고? 길거리 음식이기 때문에 우리가 기다렸다가 포장을 하고 난 후 따로 가져가서 먹어야 하는 테이크아웃(take-out) 시스템인 줄 알았는데 말이야. 우리야 뭐 너무 이득이지.

그렇게 주문을 한 후 우리는 시원한 자리를 하나 찾아 앉아서 사진도 찍고 수다도 떨고 있는데, 한 남자가 종이 가방에 가져와서 주더라고? 그런데 웃긴 것이, 정확히는 기억이 안 나는데 이름을 이상하게 부르더라? 아, 진짜 이상하게 불렀는데 이게 생각이 안 나네. ㅜㅜ 뭐였지. 나는 세온제(내 이름의 영어 스펠링은 'Seonjae'다)였나?

나는 치킨 팝콘을 시켰다고 했잖아? 그런데 뭐랄까 양이 생각보다 너무 적더라? 역시 길거리 음식이라 그런가? 아니, 잠깐만, 근데 원래 길거리 음식의 양이 많은 것이 낭만 아니었나? 물론 그 식당에서도 그 메뉴들 중에서 비싼 음식을 시킨 것은 아니었지만 그래도 양이 너무한 거 같은데…? 아냐, 그래도 맛은 있더라. 게다가 곁들인 사이다도 괜찮고 말이야. 그늘이 져서 그런지 시원해서 밖에서 먹는 맛도 괜찮기는 하더라.

"근데 진짜 길거리 음식은 가격에 비해 양도 맛도 좋아야 낭만이고 멋인 건데. 참 이상하네요, 그쵸잉~?"

밥을 먹고 나서 우리는 다시 발걸음을 옮겼어. 확실히 다시 한번 더 상기하는 건데, 현대와 아랍풍이 섞인 동네라서 그런지 외관이 아름답더라고. 나중에도 카타르에 올 일이 있으면 여기는 무조건 오고 싶은 동네 1순위라고 생각이 들 정도로. 하지만 그래도 걸어 다니기만 하는 것은 조금 질리더라.

그래서 나와 알리송은 한 카페에 들어갔지. 아, 정확히 설명하자면, 여러 카페들이 한 공간에 모여 있는 구조의 장소더라고? 어떻게 설명해야 하냐면, 카페 브랜드 몇 개가 작게 커피를 판매하고 그곳에서 커피를 산 손님들이 마련된 테이블에서 커피를 마시는 구조야. 비유하자면 대형 마트에 가면 각 음식마다 시식 코너가 있잖아? 그런 것처럼 카페가 코너마다 따로 모여 있다고 생각하면 이해하기 쉬울 거야!

"아하, 약간 비유하자면 우리나라에서 마트마다 푸트 코트(Food Court)가 있는 것처럼, 카타르에는 카페 코트가 있는 것이나 다름없겠네요?"

오, 이게 개떡같이 설명했어도 찰떡같이 알아듣는다. 이럴 때 쓸 수 있는 표현인가? 어쨌든 그렇게 커피를 주문하려는데, 나는 'Côtés 2'라는 카페를 선택했어. 왜냐하면 가격으로나 맛으로나 여기가 가장 적당하게 좋을 것 같더라고. 무엇을 주문했냐고? 나는 당연히 아이스 아메리카노, 즉 '아아'를 주문했지. 왜냐하면 나는 '얼죽아(얼어 죽어도 아이스 아메리카노)'인데, 여긴 더운 나라잖아? 그러니 내가 200% 확률로 아이스 아메리카노를 시키는 것은 당연하지. 오늘은 뜨거운 도시의 차가운

남자랄까? 후훗

"근데 사막 날씨에서 뜨거운 커피 마시는 것도 이상해 보이기는 하는데."

그건 그래, 아 근데 여기서 국뽕 차오르는 일이 있었어. 무슨 일이냐면, 카페 직원이 한국에서 왔냐고 하면서 맞다고 하니까 반갑다고 하더라고. '아니, 왜지? 왜? 왜 반가운 거지?'라고 생각이 자꾸 들면서도 알아봐 주니까 왜인지 고맙더라. 오늘도 한류의 대단함을 몸소 느꼈네.

"진짜 한국은 보면 이미지가 진짜 좋은 것 같긴 해요. 그래도 카타르에서 그런 경우는 좀 흔치 않긴 하네요. ㄷㄷㄷ"

그치? 그러면서 국기에 맞는 스티커를 주겠다고 해서 봤는데 아쉽게 한국 스티커는 없더라고. ㅜㅜ 그래서 직원도 아쉬워했는데 마침 카타르 국기 스티커는 있더라고. 그래서 나는 어차피 카타르에 월드컵 여행을 온 것이니 기념으로 이 스티커를 가져가도 되냐고 하니까 되려 괜찮냐고 물어보더라고? 당연히 기념으로 카타르에 온 만큼 카타르 국기 스티커를 가져가는 것이라고 해서, 그렇게 그 스티커를 휴대폰 뒷면에 붙였어. ㅋㅋㅋ 그렇게 그 스티커는 당시 사용했던 휴대폰에 '나 카타르 갔다 왔어요.'의 표식으로서 지금까지 잘 생존해 있지!

이후 나는 카페에서 아이스 아메리카노를 가져왔고, 알리송은 다른 카페에서 주문한 아이스 커피와 빵을 가져와 식탁에서 함께 담소를 나누기 시작했지. 뭐, 담소라고 해 봤자 카카오톡으로 뤼카와 연락해서 장난치는 것이었지만. ㅋㅋㅋ 그래도 카타르에 와서 카페 감성을 느끼는 것도 참 좋더라. 에어컨도 빵빵해 시원하기도 했지만. 그래도 언제 중동에서 카페 감성을 느껴 보겠어? 분위기 굿.

"#카페 #카타르 #아라비아카페"

이후에 커피를 마시고 난 후 도시를 좀 더 둘러보기 위해 밖을 나섰어. 확실히 그늘진 곳에 있어서 그런지 반복해서 말하지만 너무 시원하더라. 마치 가을 다는 느낌도 나고 말이야. 아까는 봄 내음이 났다고 표현한 것 같은데. 어쨌든 넘어가고. 그렇게 둘러보는데, 진짜 건물들이 절경이라는 생각이 들더라. 아랍풍과 현대 디자인이 합쳐져서 그런 것이라서 말이지. 나중에 데이트를 하러 오기엔 좋겠더라. 아, 물론 1차적으로 내가 연애를 할 수 있어야 말이지. 하, 나는 언제 연애하냐? 야, 내가 먼저 인정했다? 그러니까 "여자친구 없잖아요."라고 말하지 마라.

"네, 알겠어요. 근데 형, 여자친구 없잖아요."

어휴, 어쨌든 그렇게 걸어 다니고, 알리송은 아이스크림을 사서 먹고,

그러면서 다니다가 한 부스가 보이더라. 뭐였냐면, FIFA에서 만든 부스 같더라고? 근데 대부분 남미에 관련된 부스 같더라. 그도 그럴 것이 대륙 국제 대항전 대회인 코파 아메리카나 클럽 국제 대항전 대회인 코파 리베르타도레스 등 남미 축구에 관련된 컵들에 관련된 소개나 내용이 많더라고? 게다가 안에는 브라질의 전설적인 선수였던 펠레 선수와 아르헨티나의 전설적인 선수였던 디에고 마라도나 선수의 동상도 있고 말이야. 그래서 나는 당연히 사진을 찍었는데, 이번에는 조금 특별하게 찍었어. 바로 마라도나 선수 동상 앞에서는 아르헨티나 대표팀 선수 중 한 명인 파울로 디발라 선수의 특유 세리모니를 했고, 펠레 선수 동상 앞에서는, 펠레 선수가 월드컵 트로피를 든 포즈를 그대로 해서 찍었지. 그렇게 인증샷 두 장 완료!

"이열… 펠레와 마라도나와 함께 사진 찍은 월드클래서 브랜든 황!"

헤헤, 뭘 이 정도야. (쑥스) 그리고 그곳에 랜덤으로 풋살을 찰 수 있는 곳이 있더라고? 그래서 나는 바로 알리송에게 내 짐을 맡기고, 알리송 미안. ^^ 차려고 기다리고 있었지. 여기서 내 실력을 보여 줘야 했거든. 물론 나는 주 포지션이 골키퍼였지만 말이야. ㅋㅋㅋ 쩝… 그런데 계속하는 사람들만 하거나 팀을 꾸려서 오더라고? 그래서 다른 사람한테 팀이 있냐고 하니까 있다고만 하는 답변이 오고 말이야…. 아닌가… 그냥 내가 축구를 못해 보여서 그런가? 아니, 그래도 나름 고등학교 때부터 무려 7번이나 우승한, 우승 골키퍼인데. 참 자존심 상하네. 어쨌든 그래서 그냥 구경만 하다 왔지…. 그래도 월드컵 개최지에서 축구를 차는 낭만을 이루고 싶었는데 이건 못했네.

"진짜 아직까지 형은 해외 진출하기에는 시기상조라는 뜻이었겠군요. 그러니까 형, 골키퍼 실력 더 갈고닦아 다음에는 프리미어리그 진출을 목표로 하세요!"

근데 진심으로 내가 맨유에 이적하면 백업, 아니 써드 골키퍼여도 행복할 듯. 바이에른 뮌헨에서도 마찬가지이고. 노이어 옆에만 있어도 행복할 듯.

이번엔 다음 일정을 위해서 움직였지. 마침 므쉐립에서 가까웠기도 했고 말이야. 무려 놀라운 게, 굳이 대중교통을 안 타고 '걸어서' 갈 수 있는 곳이었어! 어디였냐고? 우리는 '걸음을 옮겨서' 다음에 도착한 곳은, 바로 이틀 전에도 저녁을 먹으로 온 '수크 와키프'였어.

"오, 맛있는 요리를 먹었지만, 동시에 인종차별을 당한 그곳. 기억나죠!"

근데 이번에는 아예, 잠깐 들르는 수준이 아니라 찐 여행으로서 왔다고 봐야겠지? 그도 그럴 것이 이틀 전에 왔을 때에는 단순히 헤이스 님의 소개로 저녁을 먹으러 온 것이니까 말이야. 게다가 그곳은 단순히 식당가가 아닌, 카타르의 유명한 전통적인 시장이라 여행으로서의 가치가 더욱 빛나는 장소이기 때문에 본격적으로 여행으로서 왔지. 근데 확실히 므쉐립하고 가까이 있는데도 불구하고, 마치 경계선이 그어진 것처럼 분위기가 너무 다르더라. 그도 그럴 것이 므쉐립은 현대식 아랍이라고 표현할 수 있다면, 수크 와키프는 아랍 전통 그 차제라고 할 수 있었거든.

"음… 뭐랄까… 약간 게임으로 치면 배리어가 있는 느낌?"

엉, 맞아. 비유 잘했네. 확실히 그래서인지 므쉐립이랑 다르게 이곳은 마치 영화나 동화책 '아라비안나이트'에서 나올 것 같은 풍경이더라. 왜 그 그 있잖아. 알라딘이 영화에서 건물들을 넘거나 양탄자를 타고 날아다닐 것 같은 그런 풍경 있잖아. 진짜 그런 건물들이 늘어선 풍경이더라. 그래서인지 나도 양탄자 하나 사서 하늘을 날거나 건물을 넘고 싶더라. 아니면 지니를 부를 수 있는 램프를 얻거나.

"형, 그래도 우리한테는 빅스비가 있잖아요."

소원을 들어주지는 못하잖아. —— 아, 근데 여기서부터 아주 중요한 이야기야.

그런데… 시장을 둘러보다가 진짜 하나 익숙하지만 특이한 물건을 봤어. 무엇이냐고? 바로 진짜 '램프'였던 거야. 진짜 '알라딘'에서 지니가 나오는 램프 말이야. ㅋㅋㅋ 와… 근데 진짜 영롱하더라…. 하나 사고 싶어서 가격을 봤는데 100리얄? 한화로 거의 4만 원이니까 하나 장만하고 싶긴 하더라. 그래도 일단 돈을 아껴야 하기 때문에 다음 기회에 사는 걸로 하고 우선 램프를 문질러보는 것으로 끝냈지.

"와, 거기서 지니가 진짜 나왔으면 좋았을 텐데."

그러게. 그러면 내가 강남에 빌딩 하나, 아니 몇 개 사서 놀고먹었지.
그다음에 우리는 시장 안쪽으로 더 들어가 보기로 했지. 근데 확실히 아랍이라는 생각이 든 것이, 양탄자며 구트라며, 심지어 물담배까지 길거리에 있더라고? 진짜 영화에서 본 그 장면들이더라. 그래서인지 마치 내가 진짜 아라비안나이트의 주인공이 된 것 같은 기분도 들고 말이야. 아, 맞다. 근데 알라딘만큼 잘생긴 건 아니라서 그건 아니구나. 아, 알리송은 그 등급에 범접할 수 있는 외모이긴 하려나?
근데 물담배 향이 조금 진해서 그런지 사실 머리가 조금 아프기는 했어. 물론 이것마저 나중에 생각하면 좋은 추억이겠지만. 아, 근데 월드컵 기간이라 그런지 시장에서 여러 축구 유니폼들도 팔더라? 게다가 대부분도 아니고 모두가 브랜드가 없는, 소위 말하는 '짝퉁'이더라? 마치 우리가 중·고등학교 체육대회를 할 때 입는 그런 이미테이션 유니폼들

말이야. 확실히 전통시장+월드컵의 조합은 이러한 진귀한 현상을 만들어 내는 것 같아서 그런지 웃기기도 하더라. 물론 나는 정품 유니폼만 구매하기 때문에 여기서 유니폼을 구매할 일은 X.

"그래도 만약 어디 반티 맞출 사람 있으면 연락해서 구대해 볼 만했을 텐데."

하긴, 그건 그래. 여러 유니폼이 있었으니까.
아, 그리고 하나 더 특이한 일이 있었는데, 우리가 돌아다니는데, 갑자기 두 명의, 히잡을 쓴 여성분들이 사진기를 들고 나에게 갑자기 사진을 요청하는 거야. 그것도 잘생긴 알리송이 아닌 나를 말이야.

"뭐지? 형 조심해요. 장기 다 털려요."

진짜로 나도 그렇게 생각해서 'o?o'라는 표정으로 처음엔 보았는데 내가 카타르 유니폼을 입고 돌아다니고 있어서 한 장 찍겠다고 한 거야. 나는 그래서 뭐 나쁜 것도 아니니까 흔쾌히 허락해서 그렇게 내 모습을 그들의 사진기로 한 장 찍었지. 그래서 뭐 그분들이 나에게 감사하다고 하고 그렇게 인사를 한 후 제 갈 길을 갔지. 아니, 잠깐 생각해 보니까 신기하긴 하겠다. 왜냐하면 누가 봐도 동양인인 사람이 라이브 모자를 쓰고 카타르 유니폼을 입고 카타르 전통 시장을 걸어 다니고 있으니까 말이야. 비유하자면 한 서양인이 한국 유니폼을 갓을 쓴 채로 입고 북촌 한옥마을을 활개하고 다니는 것과 똑같은 거잖아.

"그러면 형 이제 카타르 커뮤니티에서 돌아다니는 거 아녜요?"

안 그래도 그녀들이 가고 나서 나랑 알리송이 그 이야기하긴 했어. ㅋㅋㅋ 이후에 좀 더 둘러보면서, 아라비안 풍경을 즐기면서, 그리고 인증샷도 남기면서 돌아다니다가 슬슬 경기장으로 발걸음을 옮기자고 했어. 마침 근처에 바로 경기장에 가는 정류장도 있고 말이야. 그런데 버스 정류장에 다다라 버스를 슬슬 타려고 생각해 보니까 버스 정류장에서 칼리파 인터네셔널 스타디움까지의 거리가 먼 것이 생각이 난 거야. 오히려 지하철로 기야 역에서 경기장까지의 거리가 더 가까운 것도 생각나고 말이야. 그래서 우리는 동선을 조금 틀어서 그냥 지하철로 가기로 했지. 마침 조금만 더 가면 지하철역 입구까지 도달할 수 있고 말이야. 그래서 그렇게 우리는 지하철을 타고 오늘'도' 칼리파 인터내셔널 스타디움에 가기로 했지. '도'… '또'… 또 칼리파 인터내셔널 스타디움이네…. 진짜 거짓말 안 하고 3일 연속 가서 그런지 사실 설렘이 없더라. ㅋㅋㅋ 이젠 지도 안 보고 갈 수 있을 정도로 길을 다 외웠을 지경이야…. 그래도 뭐 어쩌겠어…. 가야지…. 오늘도 경기를 보러….

"진짜 이 정도면 카타르 현지인보다도 더 많이 가신 것 같은데."

그러게. 어쨌든 그렇게 지도도 안 보고 칼리파 인터내셔널 스타디움에 잘 도착했어. 근데 진짜 확실히 역에서 경기장까지의 거리, 너무 가깝더라. 에듀케이션 시티 스타디움은 역에서 어느 정도 거리가 있던데. ㅜㅜ 근데 어차피 오늘 나는 경기를 안 볼 예정이고 알리송만 경기를 볼 예정이라, 알리송을 경기장에 데려다주고 이따 경기장에서 보자고 약속을 한 후 나는 다시 역을 통해 지하철을 탔지. 내 목적지는 다시 수크 와키프였어. 왜냐하면 근처 바닷가에 있는 우리나라 홍보관에서 대한민국 응원을 '붉은 악마단'이 주도한다고 소식이 들려왔거든! 그러고 보니 카타르에 우리나라 홍보관이라… 참 신기하긴 하네….

그렇게 수크 와키프에 도착한 나는 7시에 응원이 시작되기 때문에 조금 서둘러서 갔지. 근데 가니까 다행히 시간에 맞게는 도착했더라고? 근데 사실 여기서 긴장되는 점은 있었어. 왜냐하면 사실 내가 지금 카타르 유니폼을 입고 있었거든. 내가 이 소식을 숙소에서부터 알고 있었더라면 그냥 대한민국 유니폼을 입었겠지만 애석하게도 오늘 일정을 소화하는 중에 알리송을 통해서 응원 소식을 들었거든. 그래도 뭐 어쩌겠어. 응원하는 마음 하나만으로 그렇게 왔을 뿐이지. 그래도 다행히 주변에서는 뭐라 안 하고 오히려 누가 나보고 내가 쓰고 있는 라이브 모자 어디서 샀냐고 물어보기까지 하더라. 아, 참고로 여기서 덤으로 카타르 고양이, 줄여서 Q-냥이를 봤는데 귀엽긴 하더라. 역시 전 세계의 고양이들은 귀여운 것 같더라.

"역시 갓냥이들은 어느 나라든지 귀엽군요. 그래서 우리나라 문화관은 어땠어요?"

평가를 하자면, 확실히 한류의 인기는 엄청난 것 같더라. 그도 그럴 것이 문화, 인종 가릴 것 없이 여러 나라의 사람들을 봤거든. 심지어 몇몇 외국인들은 문화관에 설치되어 있는 리듬 게임도 하더라. ㅋㅋㅋ 역시 한류의 인기 어디 안 가더라. 그래서인지 내가 한국인인 것이 자랑스럽더라. 그래도 뭐랄까 한국 음악으로 리듬 게임을 하는 건 조금 신기하긴 했어. 아, 일본인이 우리가 닌텐도를 즐겨 하는 것과 비슷한 느낌이려나?

이후에 붉은 악마 응원단이 왔어. 근데 확실히 월드컵 원정 응원이라는 대사건이라서 그런지 우리가 알 만한 대형 방송사에서도 여럿 왔더라? 그래서 나름 내가 방송에 나왔으면 좋겠다는 생각도 가지고 있었지만 동시에 은근히 긴장되었어. 왜냐하면 알잖아. 내가 입고 있는 유니폼이 카타르 유니폼이잖아. ㅋㅋㅋ 이럴 줄 알았으면 그냥 대한민국 유니폼을 입고 올걸. ㅜㅜ 그래도 온 김에, 그리고 응원이 시작된 김에 나도 열심히, 목청이 터져라 외쳤지.

"대한민국!!!"
"오오오오오 승리를 위하여!"
"한국 오오오오오"

그렇게 우리들은 한 마음 한뜻으로 결의를 다졌지. 내일 가나전을 이

거야 하기 때문에. 게다가 전력상으로 한 수 위인 우루과이를 상대로 0-0이라는 값진 무승부를 했잖아? 좋아, 내일도 할 수 있어! 파이팅, 코리아! 우린 할 수 있어! 우리는 그렇게 결의를 계속 다졌지. 물론 말로 딱히 이런 문장을 내뱉진 않았지만 우리 한국의 자랑스러운 팬들끼리의 텔레파시로.

그렇게 응원이 끝나고 나는 저녁 식사를 해야 했기 때문에 슬슬 밥이나 먹을까 하고 움직였어. 그런데 옆에 있는 바닷가가 너무 이쁘더라. 저기 건너면 어디지? 아랍에미리트였나? 이란이었나? 확실히 바닷가인데 저 멀리 있는 나라가 대한민국에서 본 시점과 다른 장소라는 게 조금 신기하기도 하더라. ㅋㅋㅋ 너무 당연한 소리를 주구장창 얘기했나? 그래도 어찌 되었건, 카타르 바다 야경, 너무 예쁘더라. 애인과 왔으면, 아니 적어도 알리송과 왔으면 더 좋았을 낭만이었을 것을…. 그래도 사진 한 장은 찍어야 하니까 주위 외국인에게 부탁해서 찍었지. 아, 참고로 그 외국인은 카타르 입장에서도 외국인이었다!

"이야, 카타르 바다 경치 구경. 낭만 그 자체."

그렇게 바닷가를 구경하면서, 길가를 따라서 이번엔 다시 수크 와키프 쪽에 있는 식당으로, 저녁 식사를 하러 갔어. 이번엔 내가 어제 숙소에 있으면서 네이버를 통해 맛집을 검색해 찾은 식당이었는데, 이름은 '아부 샤리하 레스토랑(Abo Shariha Restaurant)'이라는 곳이었어. 여기도 꽤 유명한지, 사람들로 북적이더라? 일단 오늘은 무엇을 먹을까 봤는데, 팔라펠(Falafel)이라는 음식이 있더라고? 평소에도 팔라펠이란 음식은 미국, 독일에 있을 때에도 이름만 보았고 여기서도 자주 보였던 이름의 음식이었기 때문에 어떤 음식인지 궁금해서 일단 주문했지. 가격도 게다가 하나당 1리얄(한화 약 360원)이라 몇 개 정도에 콜라 하나 시키면 10리얄 이내로 주문할 수 있어 저렴하게 저녁 식사를 해결할 수 있을 것 같았지. 그래서 바로 주문을 하면서 기다렸어. 아, 근데 여기에 카타르 경찰로 보이는 두 분이 계셨거든? 와… 카타르에서 경찰은 처음 봤는데 멋지더라. ㄷㄷ 역시 경찰은 어느 나라든지 다 멋있는 거 같아. 나라를 위하는 그 마인드 자체라서 그런가?

그렇게 기다리는데 어떤 사우디아라비아 축구 앰블럼 모자를 쓰고 계신 분이 계신 거야. 그래서 내가 "팀 아시아~"라고 말하면서 친해지려고 했지. 다행히 받아 주셔서 그렇게 대화를 이어 나갔고 내가 사우디아라비아가 아르헨티나를 잡은 것은 대단했고, 폴란드에게는 아쉽게 패배했다고 했지. 그러더니 그분은 사우디아라비아가 더 잘했는데 확실히 폴란드가 운으로 이겼다고 하시더라. 하긴 근데 내가 봐도 폴란드가 운으로 이긴 감이 없잖아 있었어. 그렇게 대화를 이어 나가다 보니 그분의 음식은 먼저 나와서 가져갔고 우리는 각자의 폰으로 번갈아 가면서 같이 셀카를 찍고 헤어졌지.

"진짜 인싸 황선재… 어딜 가든 친구가 생기네요…. 국적 불문 나이

불문….”

 아냐. 난 아싸인걸. 그러니까 지금까지 여자친구가 없지.
 드디어 내가 주문한 팔라펠과 콜라가 나왔어. 그런데 플라스틱 봉지에 나오더라? 나는 그냥 여기서 먹고 가려고 했는데. 아, 근데 사실 팔라펠 몇 개에 콜라만 시키니 당연히 포장으로 할 생각을 했었으려나? 뭐 그건 어쩔 수 없지. 이제 와서 접시에 옮기는 것도 번거로울 테니 말이야. 그래서 직원이 접시에 옮겨 줄지 물어보긴 했었는데 그냥 내가 가져가서 야외 식탁에서 먹기로 했어.
 근데 문제는 야외에 사람들이 꽉 찼고, 그래서 어떻게든 빈자리를 찾아갔더니 알고 보니 옆 식당의 테이블이라고 하더라고? 아니, 다닥다닥 붙어있으니 헷갈릴 만하지…. 뭐 내가 잘못한 것은 사실이지만. 그래서 이 식당 소속의 테이블을 어떻게 찾아다니다 다행히 한 테이블이 빈 것을 발견했지. 그런데 붙어 있는 옆 테이블에는 두 손님들이 앉아 있어서 내가 정중하게 앉아도 되냐고 하니까 흔쾌히 앉아도 된다고 하더라고? 역시 쏘 쿨~ 너무 좋아~
 그렇게 착석을 완료했는데, 앉아서 먹는 이 풍경이 너무 아름다운 거 있지? 밤이라 그런지 날씨도 선선하고 사람들로 북적이고 아랍 전통 풍들의 건물들에 불빛들이 반짝이는 이 풍경. 마치 내가 진짜 아랍풍의 영화에 나오는 등장인물이 된 것 같은 기분이더라. 게다가 오늘 내가 먹는 음식은 중동 전통의 음식인 팔레펠이니까 이러한 기분에 마치 조미료처럼 맛을 더해 주는 느낌이었어. 그리고 보니 이 팔라펠이란 음식, 약간 외관으로 보기에는 떡갈비나 고기 완자와 같은 음식 같았는데, 먹어보니까 확실히 내 입맛엔 딱이더라. ㅋㅋㅋ 역시 이쯤 되면 내 입맛은 중동에 최적화된 것이 아닐까?

"형 그쯤 되면 '모하메드 알-선재'로 개명하고 카타르에 이민 가요."

근데 진짜 카타르 시민이면 혜택 좋긴 해. 이건 나중에 기회가 된다면 어떤 혜택이 주어지는지 언급할게. 우선 이야기 진행이 먼저니까!

아, 나 근데 여기서 착한 일 하나 했다? 바로 내가 팔라펠을 다 먹은 후 자리를 뜨려는데 한 에어팟이 보이더라고? 그래서 처음엔 내 에어팟을 떨어뜨렸나 해서 주머니를 뒤적거렸는데 다행히 무사히 있더라고. 그러면 당연히 다른 사람의 에어팟이잖아. 그래서 내가 '무려 카타르까지 와서' 이 에어팟의 주인이 누구냐고 테이블들이 밀집한 그 야외 식당에 소리를 쳤지. ㅋㅋㅋ 근데 아무도 대답을 안 하길래 일일이 한 테이블에 가서 이 에어팟의 주인이냐고 물어보기까지 하면서 집요하게 주인을 찾아다녔어. 그런데 아쉽게도 안 나오더라. ㅜㅜㅜ 그래서 어쩔 수 없이 식당 직원에게 이 에어팟이 테이블 사이에 떨어져 있었는데 주인이 안 나와서 여기에 맡길 테니 나중에 주인이 오면 주라고 말한 후 자리를 떴지. 캬~~~

"와우, 역시 대한민국 국격을 높이는, 이게 바로 갓-선재"

그치~~~ 이게 나고, 이게 대한민국 사람이고, 이게 대한민국의 정(精)이다. 내가 오늘도 이렇게 대한민국의 위상을 한 단계 더 높여서 왔다. 나중에 카타르 커뮤니티에 '한 동양인이 에어팟을 가져가지 않고 양심 있게 식당에 맡긴 썰 푼다'라고 올라오는 거 아냐? 황선재 미담 여기서 하나 더 추가하고 이제 자리를 뜹니다~

이후에 알리송이 경기 끝나는 시각에 맞추어 간단하게 빌라지오 몰에서 아이쇼핑을 하다가 경기장 방향으로 걸어갔지. 그런데 경기장에 거의 다다르니까 갑자기 함성 소리가 엄청 커지더라? 그것도 짧게 끝나는 함성이 아니라 길게 울려 퍼지는 그런 함성 있잖아. 그런 함성들이 있다는 건 대부분 골이 터졌다는 소리거든? 그래서 바로 휴대폰 앱을 켜서 상황을 보니까 크로아티아의 안드레이 크라마리치 선수가 골을 넣었더라고. ㄷㄷ 안 그래도 이미 크로아티아가 1점 차(2-1)로 리드하고 있던 상황에서 넣은 골이라 확실히 크로아티아에 기세가 기운 것 같다는 생각이 들더라. 그리고 내가 도착해서 알리송에게 연락을 취한 후 경기가 끝나고 만났어. 그런데 알리송이 말하길, 4-1로 이겼다고 하니까 내가 3-1까진 봤는데 한 골 더 넣었냐고 하니까 맞다고 하더라고. 와우, 확실히 '크로아티아가 제대로 이겼구나'라고 생각이 들더라. 그러면서도 알리송이 이번에 멀티골을 넣은 크라마리치가 잘했고, 여기서 캐나다의 선발 골키퍼였던 밀란 보르얀 선수가 실수를 좀 했다고 하더라고? 아이고, 사실 그 선수 은근히 응원했던 선수였는데 실수를 했다니 조금 슬프긴 하더라….

그렇게 오늘의 경기가 어땠다는 등 리뷰적인 내용과 잡다한 내용을 곁들여 수다를 떨면서 오늘도 경기장에서 먼 버스 정류장에 가서 버스를 타고, 숙소에 도착해서 오늘도 그렇게 일정은 끝~

인줄 알았겠으나 오늘 마무리 하이라이트가 하나 있어. 바로 나에게 기쁜 성공이 하나 생긴 거야. 왜냐하면 오늘도 어김없이 경기 하나 더 볼 수 있는지, 특히 아르헨티나 경기를 볼 수 있는지 알아보려고 티켓 창구에 들어갔지. 그런데 이게 웬걸? 내가 카타르에 오기 전부터 보고 싶었던 '독일 vs 코스타리카'의 경기가 풀려 있더라고? 그것도 무려 2등석이었고 말이야! 나는 바로 빠르게 클릭을 해서 장바구니에 담았고, 고민할 틈도 없이 바로 신용카드로 결제를 했지. 그러면서도 잘못 본 점이 없나 다시 한번 더 확인했고 말이야. 그렇게 '결제가 완료되었습니다'가 떴어. 결제에 성공한 거지. 와… 눈물이 나올 것 같더라. 왜냐하면 극적으로 내가 독일과의 의리를 지킬 수 있게 되었으니 말이야. 독일에서 홈스테이를 했을 때 아주머니께도 이번 월드컵에서 어떻게든 독일의 경기를 볼 것이라고 약속까지 했는데 이걸 극적으로 지키게 되어서 더 성취감도 들었고.

"와 ㄷㄷㄷ 기어코 독일 경기 티켓을 구했네요. ㅜㅜㅜ 형 진짜 독일 경기 월드컵에서 보고 싶어 하셨잖아요…. 진짜 축하드려요!"

고맙다. ㅎㅎㅎ 게다가 더 좋았던 점은, 코스타리카의 케일러 나바스라는 선수를 볼 수 있다는 기대감도 있었어. 왜냐하면 나는 원래 나바스 선수를 좋아했지만 그를 직관할 수 있을 것 같다는 경기에서 계속 그를 못 봤어. 그도 그럴 것이 2018년 9월에 있었던, '대한민국 vs 코스타리카' 경기에서는 나바스 선수가 명단에 없었고, 2019년에 골드컵 경기를 보려고 예매했을 때에도 나바스 선수는 명단에 없었어(이때 일정이 있어서 어차피 예매했던 골드컵 경기를 못 봤기도 했지만). 그래서 계속 몇 년간의 억까 때문에 나바스 선수를 못 봐서 낙심했던 차에 이렇게 뜬금없이 기회가 찾아와서 더욱 좋았지. ㅎㅎㅎ 그렇게 오늘은 상쾌한 처음과 마무리를 하며 오늘의 썰 풀기도 끝~

2022년 11월 27일

2022년 11월 28일

굿 뮐닝~ 좋은 아침!

오늘은 드디어 경기를 보러 가는 날이야. 어떤 경기였냐고? 바로 '우리나라 vs 가나'의 경기였지!

나하고 알리송은 사실 이날 기대를 많이 했어. 왜냐하면 1차전에서 한 수 위의 전력이라고 평가를 받는 우루과이를 상대로 0-0 무승부라는 값진 성과를 이루었기 때문에 우리나라의 기세는 나쁘지 않을 것이라 생각했어. 게다가 가나는 지난 월드컵에서는 예선에서 탈락했을 정도로, 그리고 이번 월드컵 본선에 힘겹게 올라왔고 심지어 기존 주전 골키퍼와 2번째 골키퍼도 부상을 당해 분위기가 뒤숭숭하다는 점도! 우리가 이길 수 있을 것이라는 생각의 근거였지.

하지만 걱정이 되는 점은 있었어. 첫 번째로는, 우리나라는 월드컵 본선 진출 역사에서 단 한 번도 조별예선 2차전에서 승리를 거둔 경험이 없다는 거였어. 그도 그럴 것이 4강 신화를 이룬 2002 한·일 월드컵에서조차 2차전에서 미국을 만나 1-1 무승부를 거두었고, 마지막으로 16

강 진출을 했던 2010 남아공 월드컵에서도 2차전에서 아르헨티나를 만나 1-4 대패를 거두었지. 그리고 두 번째로는, 우리나라는 아프리카 국가에 매우 약하다는 거야. 그도 그럴 것이 지금까지 월드컵 본선에서 아프리카 국가를 만나 이긴 경우는 2006 독일 월드컵 토고와의 경기였고, 이를 제외하면 전부 무승이었지. 더군다나 가장 최근에 아프리카 국가를 만났던 경기는 2014 브라질 월드컵 알제리와의 경기였고 이 경기는 알다시피 2-4로 대패를 거둔 역사였지. 그리고 세 번째로는, 가나가 이번에 본선에 진출하면서 이냐키 윌리엄스, 타리크 램프티 등 유럽 5대 리그에서도 주축으로서 활약하는 선수들이 귀화를 해 이번 월드컵에 나섰다는 점이야. 덤으로 아약스에서 대활약을 해 세간의 주목을 받는 모하메드 쿠두스 선수의 등장도 위협적이라는 점이 있고 말이야. 그래도 뭐 어쩌겠어. 걱정만 해서는. 어떻게든 이겨야지.

"하긴, 보이는 전력만 보고 판단한다면 대한민국의 승리이겠지만, 월드컵에서의 경기 등은 과학적으로, 단순세이버 메트릭스 등의 데이터만으로 설명할 수 없는 부분이 크니까. 게다가 2014 브라질월드컵 당시에도 그 알제리를 '1승 제물'로 여겼다가 호되게 당했잖아요? 그래서 조심해야 하는 점은 당연하고 설레발은 더더욱 금지여야 한다는 생각은 있어요."

우리는 오늘만큼은 여유롭게 나섰어. 그도 그럴 것이 며칠 동안 빡세게 일정을 소화했으니까. 게다가 오늘은 페이스 페인팅으로서, 대한민국 국기로 그려서 나서기로 했지. 아, 그러고 보니 오늘 내 패션이 무엇이냐고? 1차전에서는 2020-22시즌 홈 유니폼을 입었으니, 이번에는 차례대로 2020-22시즌 어웨이 유니폼! 하얀색 바탕에 검은 줄이 그어져 마치 백호를 연상할 수 있는 유니폼이지. 우리나라 축구 협회의 대표 동물 백호! 그렇게 그 유니폼을 입고 라이브 모자까지 쓴 채로 밖에서 페이스 페인팅도 하던 분에게 부탁해 본격적으로 현장에서 응원할 마무리까지 했고! 그렇게 우선 점심 식사를 하기 위해 중심지의 시작점이라 할 수 있는 언제나처럼 알-와크라로 가는 버스를 탔지.

"오오, 이번에는 어웨이! 확실히 그 유니폼이 우리나라 축구 앰블럼의 백호스러운 느낌을 잘 살렸죠!"

맞아. 다만 확실한 건 디자인에 대한 호불호는 있는 편이었던 것 같아. 물론 나도 처음에는 불호였지만 막상 구매해 보니 나쁘지는 않았던 것 같아!

그렇게 알-와크라로 와 어제에 이어서 이번에'도' 수크 와키프에 갔어. 왜냐하면 이번에도 중동의 전통 음식을 먹고 싶었거든. 그렇게 도착한 수크 와키프. 그런데 이번엔 솔직히 애 많이 먹었어. 그도 그럴 것이 이번엔 점심 메뉴로 무엇을 먹어야 할지 모르는, 단순하고도 복잡한 이유였거든. 사실 '무엇'을 먹을지 고르는 건 큰 고민이잖아? 그런데 오늘은 이상하게 진짜 뭐 먹을지 안 보이네. ㅜㅜ 그도 그럴 것이 며칠 동안 양 갈비며 후무스며, 거기에 더해 나는 알리송이 어제 경기를 보는 동안 팔라펠까지 먹어 보았으니 사실상 중동 음식 대부분은 먹어 본 셈이니까.

"진짜 이 정도면 카타르 현지인 모하메드 알-선재…. 그리고 그는 이번에도 수크 와키프에 식사를 하러 간다…."

근데 또 다른 문제가 있기는 있었어. 왜냐하면 알리송은 사실 중동 음식을 먹는 부분에서 조금 힘겨운 모습을 보였기 때문에… 그렇게 해서 돌아다니다가 드디어 한 식당이 눈에 띄었어. 이름은 '르 골멧(Le Gourmet)'이란 곳이었어. 그렇게 해서 착석을 해야 했는데, 문제는 그 늘진 곳은 다 자리가 차 있는 상황이었어. 그런데 문제는 지금이 햇살이 너무 강한, 정오란 말이야? 게다가 여기는 한국도 아니고 카타르라는, 중동 국가야. 그렇다면 당연히 겨울 날씨라고 해도 안 그래도 더운 나라에서 가장 더운 시간대 아니겠어? 하지만 문제는 착석할 곳이 햇빛이 드는 자리밖에 없어서 어쩔 수 없이 착석했지. ㅜㅜ

"이야, 그 더운 사막 날씨의 카타르에서 대놓고 강한 햇볕을 쬐며 점심 식사라…. 진짜 덥긴 하겠는데."

그래도 뭐 점심은 어떻게든 먹어야 하니까. 그래서 나는 일단 무엇을 먹을까, 이왕이면 새로운 요리를 먹고 싶다고 생각하면서 골랐는데, 인터넷에서 이 요리가 중동식 볶음밥이라고 알고 있어서 그걸 주문했어. 왜 그거 있잖아. 노란색 강황같이 생긴 쌀로 볶은 밥 같은 거 있잖아! 안 그래도 미국에서 중동식 볶음밥에 매료되다 못해 내 최애 음식 중 하나로 손꼽히기까지 했는데 그 요리의 정통을 먹는다는 생각에 기대가 너무 되었지. 그리고 햇빛에 앉았다 보니 당연히 더운 것은 일쑤였을 테고, 그래서 필수적으로 콜라 캔 하나도 주문 완료.

잠시 후, 일단은 그 요리가 나오기 전에 콜라 캔과 레몬이 담긴 플라스틱 컵이 먼저 나왔는데, 문제가 있었어. 평소 같았으면 음식이 나올 때까지 버티겠지만, 문제는 우리가 햇살이 뜨거운 자리에 앉았다고 했잖아? 그러다 보니까 앉아 있기만 해도 지치고 땀이 나는 것은 덤이며 목까지 너무 마른 거야…. 그래서 결국 참지 못하고 바로 콜라를 플라스틱 컵에 담아서 조금씩 빨대로 홀짝홀짝 마셨어. 그래서 후기는,

'와, 드디어 살 것 같아. 이게 바로 사막에서 오아시스를 찾아서 물을 벌컥벌컥 마셨던 기분일까?'

라고 외치고 싶을 정도로 너무 좋더라. 안 그래도 식당을 찾느냐 많이 걸어 다니고 자리도 햇살이 그대로 비쳐 뜨거운 곳이라 목이 너무 말랐는데, 이렇게 콜라를 마시니까 시원하다 못해 마치 사막 속의 오아시스와 같은 느낌으로 상쾌하더라. 아, 잠깐만, 사실 이거 전략이 아니었을까? 그도 그럴 것이 낮에 오는 손님들은 대부분 야외로 몰아 음료수나

물 등을 많이 구입하게 유도해 수익을 많이 내는 구조일 수도 있지 않을까? 일단 이건 뇌피셜이기 때문에 일단 생각만 하는 걸로.

"음… 근데 일리 있는 가설이긴 하네요. 분명히 더운 날씨인 점은 현지인들이 가장 잘 인식하게 있을 텐데 말이죠."

뭐, 근데 밤에는 쌀쌀하니까 내 추측은 억측일 수도 있지. 실제로도 어제 팔라펠을 먹을 때에도 식탁들이 대부분 밖에 있었던 지라 오히려 시원한 사막 날씨를 만끽하면서 저녁 식사를 할 수 있어 좋았는걸. 더군다나 현지인들은 오히려 밤에 주로 활동하고 말이야.

오, 그리고 드디어 음식이 나왔어! 엥??? 근데 이건 볶음밥이 아니고 그냥 치킨 텐더와 같은 느낌이었어. 그래서 속으로 '내가 주문을 잘못했나? 아니면 내가 그 볶음밥의 이름을 잘못 알고 이 요리의 이름을 그 볶음밥으로 알고 있었던 건가?'라고 수십 번 생각했지. 뭐, 하지만 어쩔 수 없었지. 설령 어떤 방식이든 대부분은 내 주문 미스 등의 잘못인 거 같아서. 뭐 그냥 먹었지 따로 따지지도 않고. 그래도 난 개인적으로 맛은 있더라. 다만 햇살이 뜨거운 상태에서 먹으려니까 조금 힘겹긴 하더라. ㅜㅜ 이게 바로 신종 고문이 아닐까 오만가지 생각이 다 들고.

"하긴 뜨거운 곳에서 먹으면 있던 식욕도 없어지기 마련이죠."

그러고 보니 우리가 먹고 있는데 갑자기 식당 앞에서 카메라를 들고 뭐라고 소리치는 동양인이 한 명 있데? 근데 외모나 말하는 것으로 보아 우리나라 사람은 아니고 약간 중국이나 홍콩으로 보이던데, 뭐라고 자꾸 혼자서 소리치더라고. 그래서 자세히 들어 보니까 오늘 경기가 있는 한국을 많이 비하하는 것 같더라고? 가나한테 질 것이라면서. 하, ㅋㅋㅋ 어이가 없어서. 내가 웬만하면 이런 생각은 안 하려고 하는데, 아니 그래도 갑자기 뜬금없이 한국을 비하한다고? 하긴 그래 봤자 우리는 잘할 것이라고 믿으니까. 저런 조롱 그냥 실컷 해라. 우리는 오늘 이길 것이니까.

"하긴 우리가 질투 나서 저러는 것이겠죠. 그냥 신경 잘 끄고 있었어요."

우리는 식사를 마치고 드디어 경기를 보기 위해 경기장 셔틀버스를 운영하는 정류장에 갔어. 마침 수크 와키프 근처에 있었으니까. 근데 날씨가 매우 더워서 그런지 수크 와키프에서 정류장까지 그렇게 먼 거리가 아님에도 불구하고 걸어가는 동안에도 지치더라. 하긴 이미 더운 날씨에 야외에서 식사하는 그 자체부터 지친 것이 아니었을까. 그래서일까? 그래서 에어컨이 빵빵한 버스에 타니까 갑자기 나 자체가 생기가 확 도는 느낌이었어. 마치 게임에서 HP가 바닥난 상태에서 베이스캠프에 간신히 도착해 바로 회복되는, 그런 느낌말이야. 그러면서 나는 경기장에 도착할 때까지 너무 시원했는지 그대로 축 늘어져서 시원함을 만끽했어. 솔직히 경기고 뭐고 밖에 나가기가 너무 싫더라.

"뭔지 알 거 같아요. ㅋㅋㅋ 막 게임에서 HP가 동난 상태에서 베이스캠프 같은 마을에 오면 바로 상승하는 거!"

근데 웃긴 점은 경기장까지 한참을 가더라고. 그래서인지 앉아서 카타르 바깥 풍경도 감상하고 더워서 지친 체력도 회복하고. 그래서 시간이 많이 걸려서 그런지 시원한 에어컨 바람을 쐬며 더위에 지친 나를 회복하고 더불어 카타르에서 못 본 풍경까지 봐서 '오히려 좋아~'라는 생각까지 들었어. 물론 시간에 쫓기는 감은 없잖아 있었지만 말이야. 그래도 평소 같았으면 경기 시간에 쫓긴다는 생각에 짜증이 났을 텐데, 이날은 반대였지. 아, 2년 뒤에 사용할 유행어로써, '럭키비키잖아~.'라고 사용할 수 있겠다.

"오, 2년 뒤의 유행어까지 예상. ㅋㅋㅋ 근데 확실히 이럴 때 쓰는 표현이 맞을 수도요.~"

그래도 시간에 쫓긴다는 생각을 할 필요가 없었던 것이, 다행히 경기장 버스 정류장에는 킥오프 1시간을 앞두고 도착을 완료했어. 그래도 킥오프까지 한 시간밖에 남지 않았기 때문에 우리는 부랴부랴 버스에서 내렸지. 그런데 경기장까지 꽤 멀더라고? ㅋㅋㅋ 얼마나 머냐면, 솔직히 지하철역에서도 가도 그렇게 가깝다는 생각은 못 들었는데 문제는 그 거리보다도 더 멀더라고. 한 10분 넘게 걸었을 거야…. 그래서 버스에서 에어컨을 쐬어서 체력을 회복했다 하더라도 다시 더위에 지치고 체력이 빠지기 시작하더라고. 게다가 시간까지 쫓긴다는 압박감도 들고 말이야. 그래도 다행인 점은 경기 시작 전에 무사히 입구에 도착했다는 점이야. 그래서 우리는 오자마자 조금 있다가 사실상 바로 입구에 들어갔지.

"에이, 그래도 에어컨 바람 시~원하게 맞고 왔잖아요~. 오히려 그러니까 이것도 럭키비키~!"

그런데 여기서 불미스러운 점이 발생했어. 나는 딱히 상관이 없었는데, 알리송에게 약간의 문제가 생겼지. 바로 보안관이 알리송의 몸을 수색하면서 중요 부위를 만진 거야. 근데 아무런 사과도 없더라고? 그래서 알리송이 화를 내자 그제야 다른 직원이 와서 사과를 하더라고. 물론 보안 때문에 몸을 수색하는 것은 당연하고 그에 따라 실수를 할 수도 있는 것이지만 문제는 그에 따른 사과나 대처 등이 미숙해 보이긴 하더라고. 물론 그 사람 자체의 문제일 수도 있겠지만. 어쨌든 알리송은 여기까지 와서 욕봤다는 생각에 괜히 불쌍하기는 하더라.

"하이고… 진짜 알리송 형은 라이브 구매 등으로 카타르에서 여러 억까를 순식간에 당하네요…."

 그래도 다행히 이런 불미스러운 일을 제외하고는 경기장에 입장하기까지는 딱히 걸릴 만한 일은 없었어. 게다가 저번에 에듀케이션 시티 스타디움을 와봐서 그런지 원래 헤맬 만한 지리는 아니지만 그래도 더 빨리 길을 찾을 수 있겠더라고? ㅋㅋㅋ 이래서 경력직을 선호하는 이유가 있는 것 같더라. 그렇게 우리는 어차피 이번 경기에서는 붙어 있는 자리를 신청했기 때문에 같이 바로 경기장 안으로 들어갔어.

 아니, 사실 같이 들어갔어야 하긴 했는데, 나는 또 인플루언서를 보거나 앞의 응원전을 보고 싶다는 욕심이 생겨서 알리송에게 말해서 따로 들어가겠다고 말한 후 또 분리되었어. 진짜 나 자신은 개인주의의 끝판왕인 것 같아. 근데 사실 막상 혼자서 돌아다녀 보니 제복을 입고 응원을 하면서 행진하는 장면을 보았지만 이 장면을 제외하고는 딱히 볼 만한 것이 없었어. 라고 결과를 냈으면 재미없었을 거야. 왜냐하면,

 바로 김병지 선수를 보았거든!!! 마침 내가 돌아다니고 있는데 김병지 선수가 VIP석에 들어가려고 했는데 다른 팬분들도 그를 알아보고 사진을 요청했거든. 물론 나도 그 자리에서 김병지 선수에게 사진을 요청해서 그렇게 찍었지!!! 진짜 2002 한·일 월드컵 4강의 주역이자 내가 평소에도 존경하던 '스위퍼형 키퍼'의 창시자를 실제로 앞에서 보다니!!! 진짜 오늘 느낌이 너무 좋다. 어쨌든 그렇게 사진을 찍고 나도 슬슬 경기장 안으로 들어갔지.

"와, 김병지 선수를 카타르 현장에서 ㅜㅜㅜ 이거 알리송 형이 알았으면 진짜 부러워했을 텐데."

응, 맞아. 이걸 실제로 알리송에게 말하더니 부러워하더라. 어쨌든 부러워할 예정인 알리송을 뒤로하고 그렇게 들어와서 이번에도 무알콜 맥주를 하나 사 들고 자리에 가니까 알리송이 먼저 앉아 있더라고. 근데 아까 언급했듯이 걱정되기는 했지만 그래도 우리나라가 못할 것 같지는 않았어.
  그도 그럴 것이 우루과이와의 경기에서 굉장히 잘했고 가나는 오히려 귀화 선수들을 대거 투입해 조직력 부문에서도 좋지 못하며 골키퍼 또한 세 번째로 분류되는 골키퍼인 만큼 우리나라가 이길 수도 있겠단 생각은 들었어. 아, 근데 확실히 이 자리는 춥더라. 우루과이와의 경기를 할 때에는 햇볕이 들어서인지, 또는 너무 위에 배치되어서 그런지 에어컨이 잘 안되었는지 모르겠는데 이번에 앉은 자리는 에어컨이 빵빵해서 그런지 시원하다 못해 춥더라고? 역시 대회 전부터 경기장에 에어컨을 많이 설치한다고 하더니 진짜 경기장이 시원하긴 하더라고. 하긴 이 정도는 해야 중동에서 월드컵을 진행할 만하지. 어쨌든 우리는 오늘은 꼭 이기자고 의기투합을 했지. 물론 경기는 선수들이 하는 거지만 말이야. ㅋㅋㅋ

"진짜 더운 중동 사막 나라인 카타르에서 춥다고 생각하는 게 참 역설적인 상황 같아요. ㅋㅋㅋ 어쨌든 대한민국 파이팅!"

어? 그러고 보니 오늘 선발 라인업에 변화가 있네? 바로 부진했던 황의조 선수를 빼고 최전방 공격수에 조규성 선수를 투입한 거야. 근데 사실 황의조 선수를 좋아하는 나였지만 냉정하게 본다면 조규성 선수를 투입하는 것이 맞다고 생각은 들었어. 그도 그럴 것이 황의조 선수는 계속 올림피아코스에서 부진한 활약을 하고 있었고 이번 우루과이와의 경기에서도 빅 찬스 미스를 하는 등 폼이 안 좋은 모습을 계속 보여 주었으니까 말이야. 게다가 오히려 조규성 선수는 그 해(2022시즌) K리그에서 득점왕을 차지하는 등 득점 부문에서 절정의 활약을 하고 있었으니 이번 경기부터는 선발로 내세우는 것은 당연하다고 생각이 들었어. 어쨌든 대한민국 파이팅!!!

드디어 전반전 킥오프를 알리는 휘슬 소리가 울렸어. 삐이익~ 그런데 전반전은 내 예상대로 우리나라 선수들이 잘해 주었어. 전반 초반부터 권창훈, 정우영, 김진수 선수의 공격으로 위협적인 장면을 만들어 내는가 하면, 손흥민 선수의 적극적인 역습으로 파울을 얻어 내기까지 했지. 왜인지 그래서 이날 느낌이 너무 좋았어. 드디어 2차전, 아프리카와의 경기 무승의 징크스를 깨는가 싶기도 하고 말이야. 게다가 김민재 선수가 코너킥에서 위협적인 헤더 찬스를 만들었을 때에도 내 느낌은 그대로 긍정대로 가나 싶었어.

그런데 불안한 장면이 하나 연출되었어. 바로 조던 아이유 선수가 측면에서 드리블을 하는 것을 막지 못하고 파울을 해 프리킥을 내주었지. 근데 이상하게 이때 불안감이 내 마음에서 엄습해 오더라고? 왜냐하면 요상하게 이런 타이밍이 이상하게 자주 실점하던 것이 우리나라 대표팀의 특징이었으니까.

"아… 왜인지 이 말 들으니까 불안하긴 하네요…. 매번 그 자리에서, 매번 같은 상황으로 실점을 했으니…."

그래도 그 불안감은 기우였기를 바랬지. 그런데… 그 불안감이 현실이 되고 만 거야…. 조던 아이유 선수가 올린 크로스를 우리나라 수비진은 제대로 클리어링을 하지 못했고 결국 모하메드 살리수 선수의 발 앞에 떨어져 그 선수가 툭 차 골을 완성시켰지…. 하… 나하고 알리송은 머리를 움켜쥔 채 절망을 했지. 그래도 VAR을 보길래 혹시나 실점을 취소하나 하고 기대감을 가졌어…. 하지만 결국 득점으로 인정되더라고….

"아… 혹시나가 역시나였네요…. 그게 기우이기를 바라기는 저도 매한가지였는데…."

그래… 하지만 사실 무실점으로 끝낼 수 있다는 생각은 아니었기 때문에 우리나라가 최대한 빨리 동점골을 터트리기를 빌었지.

하지만… 오히려 다시 골을 넣은 쪽은 가나였어. 이번에도 크로스는 조던 아이유 선수였어. 기디언 멘사 선수가 측면에서 조던 아이유 선수에게 패스했고 조던 아이유 선수는 곧바로 크로스를 올렸는데, 그 크로스가 쿠두스 선수의 머리에 정확히 연결되었고 쿠두스 선수는 헤더로 정확하게 골대로 연결해 두 번째 골을 완성시켰지. 하… 내가 앞서 언급했듯이 쿠두스 선수를 조심해야 한다고 생각은 들었는데 막상 그 요주의 선수에게 실점을 하니까 '예상된 허탈감?'이라는 생각이 들기는 하더라…. 그렇게 우리나라는 0-2로 끌려간 채 전반전을 마쳤어….

"쿠두스…. 진짜 대회 전부터 아약스 소속으로 많은 스포트라이트를 받은 대형 유망주였던지라 조심해야 하는 1순위 선수 중 한 명이었는데, 결국 그에게 먹혔군요…."

후… 맞아…. 그래서 절망적이었지…. 그래서… 사실 하프타임 때, 나는 기억이 잘 없어. 왜냐하면 실의감에 빠져서 뭘 하지를 못 하겠더라고. 막 불안감도 엄습하고, 막 8년 전의 대참사도 생각나고, 일본은 독일을 잡을 동안, 사우디아라비아는 아르헨티나를 잡을 동안 우리나라는 가나한테 이기기는커녕 끌려가고 있었으니. 막 눈물을 그렁일 것 같았어….

물론 후반전 때 대한민국이 어떻게 역전해서 이기기를 바랐지만, 앞서 언급한, 8년 전의 알제리와의 경기도 생각이 나고, 그래서인지 희망이 없다고 생각이 들 정도로 절망감에 빠졌어. 이대로 16강은 물 건너갔나 하는 생각도 들고 말이야. 그렇게 후반전의 킥오프가 시작되었어.

그런데 벤버지 감독님께서 교체 수를 둔 것이, 경기 내내 폼이 안 좋았던 권창훈 선수를 빼고 우루과이전에서 폼이 좋았던 나상호 선수를 투입하고 이후 정우영(작은)까지 빼고 우리의 칸진리! 이강인 선수까지 투입했어.

"오오! 벤버지의 교체 전술! 결과는 어떻게 되었어요?"

결과는… 두근 두근 두근… 대성공이었어! 이강인 선수는 측면에서 공을 탈취한 후 곧바로 날카로운 크로스를 올렸고 그 크로스를 조규성 선수가 몸을 굽히면서까지 헤더를 따 결국 골대 안으로 밀어 넣었고 그렇게 만회골을 넣었어!!! 나하고 알리송은 소리쳤지!!! 진짜 이 순간은 환호가 가득했어! 하지만 아직 100%의 환호로 가득하기엔 일렀지. 왜냐하면 동점은 완성되지 않았으니까.

하지만 곧바로 100%의 환호로 가득 찬 순간이 곧 다가왔어. 나상호 선수가 반대편에서 드리블해 좌측면에 연결 지었고 손흥민 선수가 스루 패스해 그 패스가 나가기 직전에 김진수 선수가 빠르게 달려 크로스를 완성시켰고, 그 크로스는 이번에도 조규성 선수의 머리에 정확하게 연결되어 헤더로 정확하게 동점골을 완성시켰어!!!!!!

와!!!!!! 우리나라가 기어코 동점에 성공한 거야!!!!!!!!! 나는 목청이 터질 것 같았음에도 마구 소리 질렀지!!! 아니, 정확히는 본능적으로 마구마구 소리 질렀지!!! 목에 피가 날 것 같았지만 그래도 소리를 질렀어!!!!!! 그리고 울음이 나오기 시작했어. ㅜㅜㅜ 왜 우냐고 이해 못 할 수도 있겠지만 이땐 진짜 울고 싶을 정도로 감격스러웠어. ㅜㅜㅜ 그렇게 우리나라가 드디어 역전의 발판을 마련하나 싶었거든…. 진짜… 이때는… 눈물이 감격스러워서 진심으로 쏟아져 나오더라…. ㅜㅜㅜ 지금도 이 썰을 푸는 순간에도 그날을 생각하면 온몸에 전율이 가시지를 않는다, 야.

"하긴 현장에서 보았으면 얼마나 소름이 돋았겠어요. ㅜㅜㅜ 게다가 오랜만에 대한민국의 이런 월드컵 경기를 보았던 것이잖아요!!!"

하지만… 아쉽게도 이 환호는 아쉽게도 오래가지 않았어. 왜냐하면 곧바로 가나의 역전골이 나왔거든…. 측면에서 온 패스를 아무도 잘라내지 못했고 결국 반대편 측면에 있던, 또 쿠두스 선수에게 그대로 연결되어 역전골이 완성된 거야…. 뭔가 많이 허탈했지…. 그거 있잖아…. 어렵게 넣고 쉽게 먹히는…. 그런 고질적인 장면이 또 연출된 거야…. 진짜 이때는 슬프다 못해 허탈하더라고…. 그래도 뭐 어쩌겠어. 이미 실점한 것을. 우리는 다시 한번 더 기적을 믿고 응원을 시작했지. 대한민국!!! 짝짝짝짝짝!!!

"흠… 진짜 징크스는 넘기 힘든 것일까요…. ㅜㅜㅜ"

그런가 생각했지…. 그래도 그렇게 응원하면서 대한민국이 한 골을 넣기를, 아니 아예 역전이라는 기적을 쓰기를 바랐지. 사실 우리나라가 역사적으로 월드컵 본선에서 한 경기에 3골 이상을 넣은 적이 없지만, 오늘 그 역사를 쓰기를 바라기도 하면서 말이야. 하지만 아쉽게도 이강인 선수의 프리킥이 가나 골키퍼의 선방에 막히고, 그리고 가나의 수비진도 선전했지. 하지만 막판에 우리에게 코너킥 찬스가 하나 왔어. 그렇게 여기서 기적을 쓰나 했지.

…근데 "삑, 삑 삐이익~" 소리가 울려 퍼졌지. 심판이 경기를 끝내 버린 거야??? 아니, 한 번의 기회는 줄 수 있었잖아? 나는 이 장면에 대해 진심으로 화가 나서 야유했고 내 야유를 포함해서 경기장에서는 야유가 가득 차기 시작했지. 게다가 여기서 더 화가 나는 장면까지 나왔어. 바로 벤투 감독님이 퇴장을 당한 거야. 물론 법적으로는 경기장에 난입했기 때문에 퇴장을 당하는 것이 맞지만, 그래도 애초에 빌미를 제공해 놓고 이젠 감독님까지 퇴장을 시켰기 때문에 우리의 분노는 더욱 커졌지. 그렇게 아쉬운 2-3 패배로, 아니 끝엔 가나 잘못은 아니지만 찝찝한 마무리로 경기가 끝났어. 쩝… 하… 솔직히 어떤 감정이 들어야 할지는 모르겠다…. 그도 그럴 게 우리나라가 못해서 진 것이, 아니 오히려

너무 잘했는데 진 거라…. 특히 우리나라가 그렇게 시원시원하게 두 골을 넣을 수 있고, 특히 두 번째 골은 골키퍼의 멋진 플라이 다이빙이 나왔음에도 맞고 들어가는 등 너무 잘하는 경기를 보여 주어, 너무 아쉽고 슬프더라…. 오히려 졸전으로 패배했으면 화만 나지 아쉽지, 슬프지는 않았을 텐데 말이야…. 그래서인지 나는 단연코 욕하고 싶지는 않더라. 대표팀의 패배인데도 불구하고 말이야. 처음으로 월드컵에서 대표팀에게 패배했음에도 욕하지 않고 싶은 감정이 드는 것은 처음이었어.

"하… 그래도 8년 전처럼 알제리에게 무기력하게 패배한 것이 아닌, 진짜 경기를 잘 해냈는데 패배한 거라 더 아쉽고, 심판의 그딴 판단 때문에 더 화가 나네요. 진짜 그 심판… 굳이 누군지는 언급하지 않겠지만 프리미어리그에서도 그딴 판정으로 나쁘게 유명한데 그 심판한테 우리나라가 손해를 보는 날이 오다니…."

후… 하지만 이미 경기는 끝났는걸…. 그 심판은 영원히 싫어할 것이지만 그렇다고 지나간 휘슬을 되돌릴 수는 없으니 그냥 분을 삼키는 것밖에 답이 없었지….

그런데 사실 우리가 응원하는 것이 진심이었나 봐. 왜냐하면 뒤에 있던 외국인 축구 팬분이 우리에게 우리가 열정적으로 응원하는 동영상을 찍어 준 것을 보았는데, 우리는 이를 눈치채지 못했을 정도로 열정적으로 응원했더라고. 근데 사실 우리는 역대급, 진심으로 응원한 거 같긴 했어. 내가 인생에서 대한민국 대표팀을 이렇게 열정적으로 응원한 적이 있었나 싶었어. 물론 그전에도 좋아했고 매번 응원했지만 말이야.

어쨌든 패배의, 특히 월드컵 현장 패배의 맛은 너무 쓰라리더라…. 그래서인지 숙소까지 가는 길이 너무 힘이 나질 않았어…. 게다가 중간에 뤼카 일행을 만나기도 했는데, 역시나 우리들의 이야기 주제는 언제나 대한민국 대표팀에게 빠질 수 없는 '경우의 수'였어.

"ㅋㅋㅋ 언제나 빼놓을 수 없는 '킹우의 수'!"

하긴 근데 16강에 쉽게 갈 것이란 생각을 하지 않았긴 했지. 자, 그럼 경우의 수를 정리하자면, 우리는 무조건 포르투갈을 잡아야 하고, 우루과이가 가나를 상대로 2-0 이하로 승리를 했어야 했어. ㅋㅋㅋ 근데 듣기만 해도 너무 희박하다. 그도 그럴 것이 우루과이가 가나를 잡는다고 해도 문제는 많이 넣어도 문제이기 때문에 2-0이 적당하고, 그걸 전제로 할 때 우리나라는 무조건 우승 후보였던 포르투갈을 상대로 무조건 이겨야 하는 그림이었기 때문이야. ㅋㅋㅋㅋㅋㅋㅋㅋㅋ 진짜 이게 말이 되냐고. ㅋㅋㅋㅋㅋㅋㅋㅋ 하… 하긴 패배한 입장에서는 변명이 없지…. 뭐 패배한 우리 잘못이긴 하지….

그래도 사실 경기 후에도 좋은 일이 하나 더 있었어. 왜냐하면 허탈한 마음으로 나왔는데 익숙한 얼굴이 보이더라고? 누군가 해서 보았는데 무려 또 다른 2002 한·일 월드컵 주역이자 헛다리와 크로스의 장인으로 불리는 이영표 선수가 있는 거야!!! 와우… 그래서 나와 알리송은 바로 가서 사진을 요청해서 사진을 찍었지!!! 진짜 오늘 유명인 또 많이 보고…. 아니 잠깐 운을 이렇게 쓴 것인가?

"오오오! 아, 그래도 우리나라가 졌기 때문에 이런 표현을 쓰면 안 되는데, 그래도 김병지 선수와 이영표 선수를 뵈었으니 어떻게 보면 새옹지마인가…?"

근데 개인적으로, 나는 그냥 우리나라의 승리를 더 원하긴 했어. 내 자그마한 소신 발언에 의하면.

어쨌든 우리는 숙소가에 돌아와서, 슬슬 저녁을 먹어야 하기 때문에 무엇을 먹을까 하다가 세탁방 근처의 식당이 하나 생각나더라고? 근데 낮에는 연 것을 본 적이 없었는데 한 번 가 보니까 이번엔 열었더라고. 그래서 오늘 저녁은 이걸로 해결하자 해서 들어갔지. 근데 여기도 문제가 현금만 받데??? 하, 다행히 나는 현금을 가지고 있어서 해결이 되었는데 문제는 알리송이 현금을 안 가지고 있어서 어떻게 할까 하다가 그래도 내 현금으로 미리 내고 나중에 계좌에 보내 주는 걸로 했어. 그렇게 일사천리로 해결해서 나는 팔라펠 버거 세트(팔라펠 버거, 감자튀김)를 주문했어.

그렇게 주문하고 기다리는데, 갑자기 한 외국인이 나에게 말을 걸데? 어떤 내용인가 했는데, 내가 입고 있었던 대한민국 어웨이 유니폼이 이쁘다고 하더라고. ㅋㅋㅋ 하긴 이 유니폼 나쁘지 않게 이쁘긴 했지. 그렇게 해서 또 친해졌는데, 그 친구는 캐나다에서 왔다고 하더라고? 오우… 하긴 이번에 캐나다가 오랜만에 월드컵 본선에 진출했는데 올 만하긴 했으니까. 그렇게 해서 대화를 하다 인스타그램을 주고받은 후 주문한 음식이 나오자 우리는 그걸 숙소에서 먹으려고 가져가면서 인사하고 헤어졌어.

그럼 팔라펠 버거 맛은 어땠냐고? 음… 사실 즉석 음식이어서 그랬는지 확실히 크게 맛이 있지는 않더라고. 그냥 끼니로 때우기엔 적당한 그 정도? 그 이상도 그 이하도 아니었긴 했어. 그래도 가격이 거의 한화 약 4천 원 정도라 여러 가성비를 따졌을 때에는 괜찮긴 했지. 그리고 다음에도 간단하게 저녁을 때울 일이 있으면 여기서 사서 먹어야겠다고 생각했어. 그렇게 오늘도 하루를 마무리!

2022월 11월 29일

후… 진짜… 오늘도 상쾌… 하지는 않은 아침…. 그도 그럴 것이 어제 쓰라린 패배를 했으니까…. 내 마음 이해하지…? 진짜 울고 싶다. 이 말만 반복하게 되지만….

그래도 뭐… 빨리 떨치고 다음 경기에서 '경우의 수'에 의한 기적을 만들어야 하지 않겠어? 그러니까… 오늘도 파이팅!

오늘은 그래도 나는 경기 직관 일정이 없는데, 알리송은 하나 있었어. 바로 '네덜란드 vs 카타르' 경기를 보는 것이었지.

"하… 어제의 패배에 대한 상처가 아물기도 전에 바쁘게 ㅜㅜㅜ 그래도 경기 직관이라 재미는 있겠어요."

그건 그래. 그래도 월드컵 경기를 하나 더 본다는 재미는 오늘도 가지고 있는 것이니까. 그래서 오늘은 낮에만 같이 움직이다가 경기 시각에 맞춰서 나는 따로 움직이기로 했지. 더불어 오늘은 알리송이 카타르의 경기를 보기 때문에 내 카타르 홈 유니폼을 빌려 주기로 했기도 했지만 말이야. 근데 확실히 알리송이 입어 보니까 잘생겨서 그런지 나보단 더 어울리긴 하더라. 이래서 패완얼이라고, 패션의 완성은 얼굴이라는 말이 있는 것 같아.

"그건 인정. 그러니까 결론, 형은 못생겼다."

ㅇ (약간 삐짐).

오늘 아침은 간단하게 슈퍼에서 산 컵라면과 작은 롱 케이크를 먹었어. 이후에 기분도 꿀꿀한 만큼 그냥저냥 준비를 하고 바로 버스를 타 이번에도 '알-와크라' 역에 도착해 지하철을 수크 와키프에 도착한, 흔하디흔한 루트로 하루를 시작했어. 그런데 오늘은 근데 딱히 할 건 없어서 수크 와키프를 돌아다니다가 한 가게가 있더라고? 근데 오… 마치 아라비안나이트 40인의 도둑들이 들고 다닐 만한 칼이 있는 거야. 너희들도 뭔지 알겠지? 진짜 이런 칼을 중동에서 처음 보니까 멋지더라고. ㅋㅋㅋ 그래서 오늘도 앞에서 인증샷 한 컷 찍었지. 근데 하나 사서 들고 오고 싶긴 했었는데, 현실적으로 우리나라에 입국할 때 세금이며 규정이며 이것저것 신경 써야 할 것이 많고, 일단 집에 가지고 들어가면 어머니한테 쓸데없는 거 사 왔다고 등짝 스매싱 열 대 맞고 집에서 쫓겨나는 시나리오가 쏙쏙이 떠오르더라고. 그래서 간단하게 포기…. 또

륵…. 그래도 남자들은 이런 칼을 보면 하나쯤은 사고 싶은 로망은 있잖아. 다들 그래서 내 마음을 이해하지?

"그건 인정합니다. 진짜 간지 나잖아요. 왜 게임에서 저런 칼 한 번은 본 거 같고. 남자들만 아는 소장 욕구. 그 마음 인정합니다."

그렇게 너무 갖고 싶었던, 간지 작살인 아라비안 칼을 뒤로 한 채, 이번엔 시장을 둘러보고, 알리송이 시장에서 뭐 하나 구입한 후, 점심이나 먹으려고 발걸음을 옮겼지. 처음에는 내가 팔라펠을 먹은 곳에 가려다가 그냥 헤이스 님이 소개해 줘서 두 번째 날에 갔던 '아부 아유브 레스토랑'에 갔어. 알리송의 입맛에도 그게 가장 맞기도 해서 말이야. 그래서 오늘은 무엇을 먹을까 보다가, 도저히 무엇을 먹을지 몰라서 그냥 인터넷에서 '중동 음식'이라고 친 후 검색했지. 그랬는데 '마나키쉬'라는 중동식 피자가 나오데?

"오, 피자? 중동식 피자도 있구나?"

나도 처음 알았어. 그래서인지 오늘은 왠지 이 음식을 먹어 보고 싶다는 도전 본능이 솟구쳐 오르더라고. 그래서 알리송은 평소대로 양 갈비를 주문하고 나는 오늘도 새로운 음식에 도전하고자 마나키쉬를 주문했지. 그렇게 주문을 하고 기다리니 드디어 나왔어! 근데 중동식 피자라고는 하는데, 사실 도우 위에 갖가지 재료들을 올린 것뿐이라 피자라고 하긴 애매한 비주얼이기는 했어. 물론 근데 맛은 있어 보였지. 츄릅.

"오호, 그러니까 저도 한번 먹어 보고 싶네요."

근데 약간 한국인한테는 호불호 있을 것 같다는 비주얼이랄까? 그리고 나는 이미 자타공인 중동 입맛이 맞는 남자잖아. 그러니까 내 음식 리뷰는 일단 한 번씩 생각해 보고 판단해야겠지? ㅋㅋㅋ

그렇다면 이제 잘 먹겠습니다.~~~ 아, 아랍어로는 '잘 먹겠습니다'가 뭐지? '이따다키마스'? 아 그건 일본어이지. 모르겠다. ㅋㅋㅋ

나는 칼로 썰어서 한 입 베어 물었지. 음… 맛은 어땠냐고? 일단 묘사부터 하자면, 확실히 중동식 도우에 양고기가 올라간 거라 그런지 우리가 생각하는 피자의 맛과는 동떨어지긴 했어. 하지만 그래서인지 좀 더 색다른 맛이라는 느낌도 들더라.

"그렇다면 총 점수는 어떻게 되나요?"

음… 내가 내리는 총평은… 10점 만점에 9점. 역시 이 음식도 내 입맛에 너무 잘 맞아. 나 어떡해…. 진짜 중동 음식 중에 지금까지 내 입맛에 안 맞는 음식은 없었어. 더군다나 한국에서 먹은 중동 음식이 아니라 현지에서 먹은, 그 자체의 중동 음식인데도 말이야. 이 정도면 나중에 이름을 '모하메드 알-선재'로 개명하고 중동으로 이민 와야 하는 거 아니냐? ㅋㅋㅋ 다만 앞서 먹었던, 예를 들어 양갈비라던가 그런 음식보다는 덜 맛있었기에 1점은 뺐어. 뭐 그래도 단 1점이지만.

드디어 이번에도 나에게 합격점인 식사를 마치고 우리는 자리를 떴지. 사실 나는 알리송이 경기를 보러 갈 동안 일정이 딱히 없어서 하나의 도전 일정을 만들었지. 무엇이냐고? 바로… 바로… 바로…

"아 형 뜸 들이지 말고 바로 말해요. ㅡㅡ"

바로… 우리나라, 즉 대한민국 국가대표팀 선수들 싸인 도전이야. 그도 그럴 것이 최근에 대표팀의 숙소로서 이용되는 호텔도 알아냈고, 시간도 이번이 가장 적절하며(후의 일정이 있기 때문에), 알고 보니 내가 가 본 곳 근처에 그 호텔이 있더라고.

"오오! 그럼 우리나라 선수들을 뵈러 가는 거예요???"

그치. 아주 중대한 일을 하러 가는 것이지. 그래서 나는 점심 식사가 끝나자 싸인을 받기 위해 알리송과 헤어지고 부랴부랴 움직였어. 사실 조금 빠듯하게 움직여야 했는데, 왜냐하면 우리의 식사가 마친 시점이 3시 조금 넘었는데 문제는 국가대표팀이 훈련을 위해 호텔에서 나서는 시간이 거의 4시 즈음이거든? 그나마 다행인 점은 수크 와키프에서 대표팀의 호텔이 있는 DECC까지 그렇게 멀진 않다는 거야. 하지만 나는 좀 더 전략적으로 생각한 것이, 수크 와키프에 있다고는 하지만 문제는 여기서 역까지 가는 거리가 좀 더 멀 것이라 생각이 들었어. 게다가 경기가 있기 때문에 근처의 버스 정류장이 혼잡할 것으로도 예상이 되고 말이야. 그래서 그냥 좀 더 한적하게 갈 수 있는 므쉐립, 아니 미쉐립, 아니 므쉐립 어쨌든 그 역에 달려가기로 마음을 먹고 바로 카타르 시내에서 '달려라 하니' 빙의해서 달렸지. 진짜 쏜살같이 달렸다고 표현할 수 있었던 것 같아. 거의 손흥민 선수가 푸스카스 상을 수상했던 70m 단독 드리블 급으로 모두를 현란하게 피하면서 달리기도 했고.

그렇지만 달리는 당시에는 너무 긴장되었어. 그도 그럴 것이 아무리 달렸어도 대표팀이 출발하기 30분 전 역에 도착했고 다행히 지하철이 금방 와서 DECC 역까지 빨리 왔지만 그래도 여기서도 호텔까지 은근히 걸어서 가야 하는 거리였기 때문이야. 하지만 나는 사인을 받겠다는 의지를 가진, '꺾이지 않는' 마음으로 지하철에서 내리자마자 바로 구글 지도를 키고 또다시 카타르 시내에서 나 혼자만의 마라톤을 하듯 달리기 시작했지.

"오오! 그래서 어떻게 되었어요?"

그렇게 해서 호텔이 보이는 곳까지 달려갔어. 그렇게 도착했는데, 여기서 기적이 일어났어. 왜냐하면 마침 손흥민 선수가 이미 와 있었던 팬들에게 사인을 해 주고 있었거든!!!!!!!! 나는 좋아하는 사람과 연락했을 당시보다 더 설레는 마음을 가지고, 체육대회 축구 결승전보다 떨리는 마음을 진정시킨 후 국가대표팀 유니폼을 가지고 손흥민 선수에게 다가가서 조심스럽게 사인을 요청하고 사진도 부탁드렸지.

"오오오! 손흥민 선수! 그래서 결과는!!!"

음… 결과는… 진짜 인성 하나는 너무 좋더라. ㅜㅜㅜ
그는 웃으면서 내 요청을 모두 들어주었거든!!! 진짜… 하… 물론 4년 전에도 오픈 트레이닝 때 사인을 받고 악수도 했지만 먼 타국에 와서 이번에는 사진도 같이 찍으니까 너무 감격스럽더라…. 내가 평소에 좋아하는 선수에게 이렇게 사진을 같이 찍고 사인도 받으니… 이 감정… 어떻게 설명해야 할지 모르겠는데 일단 너무 벅차다고는 말할 수 있어!
그리고 추가로, 우리 씨찬이 형! 황희찬 선수에게도 사인을 받고 사진도 같이 찍었어!!! 진짜 황희찬 선수도 많이 애정하는 선수인데…. 진짜 오늘 너무 계 탔다고 생각했지. ㅜㅜㅜ 진짜 오늘 어떻게든 포기하지 않고 와서 손흥민 선수하고 황희찬 선수 사인을 받고 사진도 같이 찍고 너무 좋다. ㅜㅜㅜ 사실 이번 여행에서 사인과 사진을 노려 봐야겠다는 생각은 가지고 있었지만 기대는 크게 안 했는데…. ㅜㅜㅜ 진짜 사진은 내 평생 보물에 이 썰은 증손주한테까지 들려 줘야겠다.

2022월 11월 29일

"손주야… 이 할애비가 말이야… 소싯적에 카타르에 월드컵을 보러 가서…."

그런데 선수들이 훈련을 하기 위해서 버스를 타고 갔는데, 당연한 소리이겠지만 훈련에서 다시 호텔로의 복귀 시간이 많이 남았더라고? 그래서 어차피 DECC까지 왔겠다 쇼핑이나 해야겠다는 생각이 들어서 바로 들어갔지. 더불어 물도 하나 사야 할 것 같았고 말이야. 그렇게 해서 바로 백화점 안으로 들어왔어. 근데 뭐 사실 쇼핑이라고 해 봤자 단순히 사우디아라비아 유니폼을 찾는 것 말고는 목표가 없어서, 크게 의미가 없긴 했어. 물론 사우디아라비아 유니폼을 찾았다면 의미가 컸겠지만 평소처럼 없었던 건 마찬가지였고. 그래도 'SUN&SAND Sports Shop'을 찾은 것은 은근 의미가 있었어. 왜냐하면 새로운 스포츠 용품점을 찾은 것이니깐. 게다가 다른 매점에서는 카타르 공인구인 '알-리흘라'도 파는 것을 보았고 말이야. 나중에 생각이 나면 무조건 구매하고 귀국해야겠다.

그러다 물도 하나 사야겠다고 생각이 들어서 밑에 슈퍼마켓 매장으로 들렀지. 근데 뭐랄까 느낌이 우리나라의 대형 마트와 비슷하다는 생각이 들었어. 이게 어떻게 설명해야 할지는 모르겠는데, 아무튼 그런 느낌이었어. 아, 미국하고 독일도 그랬고! 역시 이런 부분은 전 세계 어디서나 비슷한 것일까?

"하긴 사람 사는 곳이면 어딜 가나 똑같은 부분이 있기는 있어요."

나는 우선 목말라서 물이나 몇 개 집어 들었어. 어차피 몇 개 집어 들어도 가격이 너무 싸서 그냥 몇 개 사서 마시기로 했지. 그리고 계산대에 가서 카드로 계산하려고 카드를 건넸지. 그런데 자꾸 카드로 계산이 되질 않더라? 아니… 왜지…? 너무 터무니없이 낮은 가격을 계산하려고 해서 그런가? 그래서 그냥 갖고 있는 현금으로 계산하려고 했는데 갑자기 뒤에 있었던 한 여성분께서 가지고 있던 현금으로 내 물을 계산해 주데…? 아니…? 왜지…? 그래서 나는 얼떨결에 물을 공짜로 얻었지. ㅋㅋㅋ 그래서 너무 고마워서 얘기를 했는데, 알고 보니 튀르키예에서 오신 분이더라고. 역시, 형제의 나라라서 그런지 이런 훈훈한 장면이 만들어진 것인가? 어쨌든 너무 고맙지. ㅜㅜㅜ 그래서 갈 때까지 연신 고맙다고 인사하고 그렇게 서로 갈 길을 갔어.

"와, 안 그래도 싼 물을 이제는 공짜로…. 형 진짜 계탔네요…. 역시 형제의 나라 튀르키예…. 나중에 그분 우연히 만나면 꼭 인사드려요. 언젠가 지구촌인 만큼 만나는 일이 있지 않을까요?"

그건 그래. 생각보다 지구촌은 이 우주에 비하면 좁으니까. 그리고 인연이 닿으면 언젠가 뵐 수도 있지 않을까 생각은 들었어.

나는 선수들이 훈련을 마치고 돌아올 시간이 거의 다 되었기 때문에 바로 다시 호텔 앞으로 갔지. 그곳에 가니까 이번에도 사인을 받기 위해서 기다리는 팬분들이 계셨지. 그래서 기다렸다가 어쩌다 같이 있는 팬 두 분과 친해져서 이야기를 나누며 시간을 보냈지. 알고 보니 그 두 분은 한국인이긴 하지만 캐나다에서 거주하며 사실상 캐나다인에 가까운 분들이더라고? 와우… 진짜 멋지더라…. 나도 사실 언젠가 캐나다에서 살고 싶은 그런 삶을 원하긴 했었는데…. 아, 근데 그분들은 나중에 인스타그램을 교환해서 보니까 확실히 능력이 되어서 살고 있는 것 같았고. 이게 바로 한국계 캐나다인의 엘리트들인가 그 생각도 들더라. 어쨌든 킹왕짱 멋있었다. 이런 느낌이었어.

그리고 알고 보니까 그 두 분들은 마침 다음 월드컵이 캐나다에서 개최되기 때문에 월드컵이 어떤지를 겸사겸사 알기 위해서 월드컵을 보러 카타르에 오신 거라고 하시더라고. 그래도 캐나다에서 카타르라…. 진짜 힘든 여정이었겠다는 생각이 들기는 하더라. ㅜㅜ 한국에서 카타르 오는 것도 힘든데 캐나다면 사실상 반대에서 오신 것이니까….

그렇게 오순도순 이야기를 하다 한 분이 갑자기 이온 음료를 주시더라고??? 너무 감사한데…. 진짜 아까도 물을 공짜로 얻었는데 이번에도 이온 음료를 공짜로 얻게 생겼네…. 너무 감사해서 어떻게 나중에 보답해야 할지도 모르겠다…. ㅜㅜ 너무 감사했지…. 그래서 나중에 또 뵈게 된다면 나도 뭐 하나 챙겨 가서 드려야겠다는 생각이 들었어. 그래서 바로 인스타그램 교환도 했고 말이야! 그래서 나중에 내가 캐나다에 갈 때 연락을 한다고 했지! 아, 참고로 선수단은 아쉽게도 버스에서 내리자마자 바로 호텔에 들어가서 추가로 사인을 받을 수 있는 기회는 없었어. ㅜㅜㅜ 아쉬웠지. 뭐 사실 근데 이미 손흥민 선수와 황희찬 선수 사인은 받아서 100% 만족이라고 표현할 수는 있었지만 말이야!

"형은 뭐 그래도 오늘 달성하고 싶은 목표에는 도달한 것이니까요!"

그렇게 싸인 도전을 마무리하고 이제는 팬 페스티벌 장소로 향했지. 왜냐하면 이따 경기가 끝나고 알리송과 그곳에서 만나기로 했거든. 그런데 가면서 지하철을 탔는데, 재미있는 장면이 있었어. 왜냐하면 오늘 '웨일스 vs 잉글랜드' 경기가 있었는데, 양 팀이 같은 영 연방이라서 그런지 주목을 받는 경기였는데, 그래서인지 지하철에서부터 웨일스 축구 팬들이 시끌벅적하게 응원을 하고 있더라고. 물론 난 개인적으로 잉글랜드가 전력으로 앞서고 있기 때문에 웨일스를 이길 것이라고 생각은 했지만 이번 월드컵에서 이변도 많이 일어나고 잉글랜드가 직전 경기인 미국과의 경기에서 무승부를 거둬서 그런지 웨일스가 의외로 이변을 일으킬 수도 있겠다는 기대감이 조금 있었어. 그래서 그런지 이런 응원이 관심이 가고 재미도 있더라고. 역시 이게 월드컵이라는 무대라서 그런지 전 세계에서 축구에 미친 사람들이 모여 이런 재미있는 장면을 연출할 수 있는가 싶더라.

그렇게 재미있는 장면을 보면서 드디어 코르니셰 역에 도착했어. 그런데 문제가 하나 생겼어. 바로 사람이 너무 많아서인지 통신이 잘 안 터지는 거야. 근데 알리송이 적어도 어디 있는지는 알아야 하는데 그와 연락할 방법이 없었지. 그래서 알리송과 연락할 수 있는 지인인 스톤스에게 연락을 취했지. 그런데 같은 내용의 문자를 두 번이나 보냈는데도 전송이 안 되더라고. 큰일이 났다 싶었지. 그래서 그냥 통신이 터지기를 기다렸어.

그렇게 기다리다가 한 인도인이 나에게 말을 걸더라. 그러면서 나한테 한국에서 왔냐고 하더라고? 나는 그렇다고 하니까 자기도 한국 엄청 좋아한다고 하면서 또 친해졌지. ㅋㅋㅋ 진짜 이럴 때는 우리나라 위상이 이렇게 높구나 하면서 국뽕이 솟아오르더라. ㅋㅋㅋ

"진짜 국제 인싸 브랜든 황…. 아니 형 진짜 상당히 월드 클래스 아니에요? 어느 나라 사람들이든 다 친구로 만들어 버리니까."

그런가…? 어쨌든 그렇게 수다를 떨면서 시간을 보내다가 같이 사진을 찍고 휴대폰을 보니 슬슬 통신이 되긴 하더라. 휴… 다행이다. 그런데 카톡이 온 것을 보니 스톤스에게 메시지가 웃기게 갔더라고. ㅋㅋㅋ 어떤 내용이었냐면, '나 이따 알리송과 팬 페스티벌에 만날 건데'라는 내용이었어. 그런데 딱 이 문장 그대로만 2번 가서 스톤스가 단톡방에 '아니, 근데 어쩌라고요. 자랑하는 건가. ㅋㅋㅋ'라고 장난식으로 올렸더라고. 이런 억울하지만 재미있는 경우를 인터넷에서만 봤는데 실제로 내가 하게 됐네. 어쨌든 다행히도 연락이 닿아서 나는 먼저 팬 페스티벌에 들어가고 알리송은 경기가 끝나고 막 가고 있다고 해서 여기에서 만나기로 했지. 그렇게 짐을 맡기고 검사를 무사히 마치고 드디어 들어갔지.

그런데 오늘 이상하게 사람이 평소보다도 더 많더라고? 어느 정도냐면, 유명한 가수가 콘서트를 열 때 관중들이 엄청 꽉 차는 것 있잖아. 그래서 아예 길이 마비되고 말이야. 그래서 반대편으로 넘어가거나 공연장 쪽으로 들어가는 것도 일이더라고…. 그래서 왜 그런 것인가 해서 봤는데 확실히 누구인지는 모르겠지만 가수가 공연을 하고 있더라고? 그러고 보니 세계인의 축제이니까 유명한 가수가 왔을 수도 있겠다는 생각이 들더라. 과연 누구였을까? 알고 보니 내가 자주 듣는 팝송의 가수였을지도…?

하지만 인파가 많아서인지 역시 여기서도 통신이 잘 안 터지더라고…. 그래도 그나마 인파가 덜 한곳으로 가서 연결해 보니 다행히 통신이 연결 잘 되어서 바로 알리송에게 연락했지. 근데 알리송은 내가 있는 곳의 반대편에 있더라고? 근데 문제는 내가 인파 속에 들어가면 연락이 아예 안 되니까 우선 있는 곳의 사진을 찍어서 보내달라고 부탁했지. 그래서 알리송이 사진을 찍어서 보여 준 곳을 반대편에 넘어가 최대한 대조하면서 알리송이 있는 장소를 찾았지. 그렇게 찾으니까, 다행히도 알리송이 있더라고.

"후… 그래도 다행히 국제 미아가 되는 것은 피했네요!"

어이, 국제 미아라니… 그래도 내가 나름 혼여(혼자 여행)계의 병장,

아니 원사인데.

그런데 알리송이 누구와 대화하고 있었는데, 알고 보니까 알리송의 외국인 친구더라고? 그래서 나도 알리송의 친구에게 인사했는데 알고 보니 여기 카타르 월드컵 행사를 위해 일하고 있다고 하더라고. ㄷㄷㄷ 어떻게 보면 부럽다…. 나도 언젠가 월드컵 무대에서 일하고 싶다는 생각은 있었는데…. 어쨌든 그렇게 알리송과 만났는데, 막상 만나니까 할 일이 크게 없더라고? 왜냐하면 우리는 팬 페스티벌에 자주 와서 많은 것을 했으니까. 그래서 그냥 집에 가자고 해서 그렇게 팬 페스티벌을 빠져나와 숙소에 갔어.

그렇게 나는 오늘 손흥민 선수와 황희찬 선수의 사인을 받고 사진도 같이 찍으며 희대의 경험을 한 후 하루를 마무리! 그리고 내일은 '호주 vs 덴마크'의 경기 직관 예정!! 그러면 내일도 파이팅!!!

2022년 11월 30일

오늘도 굿모닝~. 아니지, 오늘은 굿 애프터눈이구나.

"엥? 웬 애프터눈이에요?"

그게 오늘은 저녁에 있을 경기만 보러 가는 일정이라 낮 동안 내내 숙소에서 뒹굴뒹굴거렸거든. 그래, 오늘은 경기를 보러 가는 날이야! 그런데 오늘은 어떤 경기냐고? 바로 '호주 vs 덴마크'의 경기야.

"엇? 맞아, 어제 '호주 vs 덴마크' 경기를 보러 간다고 하셨지. 아, 알리송 형 때문인가?"

맞아! 단번에 맞췄네. 왜냐하면 알리송이 호주에서 유학했을 당시였던 만큼 호주는 알리송에게 제2의 고향이나 마찬가지잖아. 그래서 알리송이 이 경기를 굉장히 보고 싶어 했고, 덩달아 나도 이 경기를 보고 싶어 같이 예매했지. 그래서 부랴부랴 알리송에게 부탁해 이번 월드컵에서 입을 호주 대표팀의 유니폼을 부탁했고.

그런데 사실 이 경기는 저녁에 시작하기도 하고, 열리는 경기장인 알-자누브(Al-Janoub) 스타디움이 시내에서도 많이 떨어진 곳이기도 해서 오히려 숙소에서 가기에 좋은 경기장이라 아까도 언급했듯이 그냥 숙소에서 쉬다가 시간에 맞춰서 가기로 했지. 뭐 한동안 더운 나라에서 강행군을 펼친 것이 하루는 여유롭게 쉬어야 하는 이유이기도 했고. 그래서인지 오늘 오전 내내 그냥 푹 쉬었어. 이야기할 거리가 있다면, 그냥 아침 식사로서 볶음면을 먹었다는 정도? 그도 그럴 것이 슈퍼에서 볶음면을 사 와서 언제 먹을까 간을 보다가 오늘 아침 식사로 먹을 것이 없어서 그냥 먹었지. 확실히 맛은 있었는데 너무 맵더라. 어쨌든 아침 이야기 소재는 이 정도?

"이야, 카타르에서 먹는 볶음면은 못 참지."

그렇게 아침 식사를 한 후 휴대폰, 노트북을 번갈아 하며 오전 내내 침대에서 뒹굴다가 오후쯤 되어서 경기 시각이 다가와 슬슬 나와 알리송은 준비해서 밖으로 나갔어. 나는 오늘도 경기를 더 집중해서 즐겁게 보고 싶어서 슈퍼에 들러서 잠깐 에너지 음료를 사려고 했는데, 오늘은 조금 다른 브랜드의 음료수를 마시고 싶더라고? 그래서 이번엔 태국의 촌부리라는 축구팀이 생각나는, 상어 모양이 그려져 있는 에너지 음료수를 샀지. 마침 더 저렴하기도 했고 말이야. 그래서 이 음료수로 하나 샀는데, 맛은 괜찮더라? 뭐 사실 내가 에너지 음료를 전반적으로 좋아해서 관대한 평가를 내린 것일지도 모르지만 말이야. 하하하하하하.

"형 웃음소리 진지하게 이상해요. 차라리 'ㅋㅋㅋㅋㅋㅋ'로 해 주세요."

어. 어쨌든 에너지 음료를 사서 원 샷을 한 후 이번에도 페이스 페인팅, 그러니까 얼굴에 뭘 그리기 하기 위해 평소에 자주 갔던, 페이스 페인팅을 해 주는 곳에 왔어. 이번에 그릴 국기는 '호주'였어. 왜냐하면 호주를 응원하러 가는 주제이기 때문이니까? 그런데 확실히 호주 국기가 별 등의 이유로 페이스 페인팅을 하기에는 조금 어려워서 그런지 어떻게 할지가 궁금하기는 했는데, 꽤 잘 해 주셨더라고? 매번 이렇게 최고의 페이스페인팅을 해 주셔서 너무 감사하더라. ㅜㅜ

근데 진상일 수도 있는데… 나 사실 반대쪽 볼에는 그걸 그려서 가 보고 싶었어. 바로 호주 축구 대표팀 앰블럼에 그려져 있는 '캥거루'! 왜냐하면 캥거루가 호주를 대표하는 동물 중 하나이고, 호주 축구 국가대표팀에서도 그런 이유로 그려지기도 했으니. 그래서 아예 호주를 제대로 응원해 보자는 마음으로 캥거루를 그려달라고, 혹시나 페이스페인팅을 해 주시는 분에게 이 캥거루 모양도 그릴 수 있냐고 여쭤 봤어. 그런데 쓰윽 한번 내가 보여 준 캥거루 모양 사진을 보더니 도전해 본다고 하시더라고? 그래서 그분이 자신의 휴대폰으로 그 그림을 보면서 내 얼굴에 정성스럽게 그려 주더라. 그래서 나도 '꿀꺽' 침을 삼키면서 긴장하면서 그러면서 기대하면서 페이스페인팅 시술을 받았지. 그렇게 그분이 정성스럽게 그려 주신 결과!!! 두둥!!! 너무 잘 그려 줬더라고!!! 사실상 앰블럼에서 그대로 따와서 내 얼굴에 붙였다고 할 수 있을 정도로 똑같더라. ㄷㄷㄷ 그래서 너무 만족스럽더라…. 진짜 어떻게 감사를 표해야 할지 모르겠더라. ㅜㅜㅜ 덕분에 내 인생 사진 건질 수 있겠더라!!! 그래서 연신 감사하다고 인사를 하고 경기를 잘 보고 오겠다고 한 후 경기장으로 가는 셔틀버스를 타러 갔어. 나중에 팁은 무조건 챙겨드려야겠다고 다짐한 상태로.

그런데 경기장으로 가는 셔틀버스 정류장은 알-와크라나 공항으로 가는 정류장과 다른 곳에 있더라고? 하긴 내가 아직 말은 안 했던 것 같은데, 경기장에서 바로 숙소로 오면 아파트 중심에 내려 주는 것이 아니라 숙소 바깥 라인에 따로 내려 주더라고. 그래서인지 숙소에서 경기장에 갈 때에도 그 하차장이 위치한, 숙소가 바깥쪽에 가야 하는 것 같더라. 그래서 평소보다 조금 많이 걸어가야 하긴 했고.

 그래도 가면서 심심하진 않았는데, 그도 그럴 것이 호주 유학생인 알리송이 호주에 대해 표현 등을 많이 알려 줬거든. 그중에 가장 기억이 나는 것은 두 가지였는데, 하나는 호주를 부를 때 '오지!'라고 한다 하더라고.

"엥, 웬 오지예요? 숙소가 좀 오지에 있긴 한 것 같은데."

이열~~ 라임 센스 오지고, 지리고, 렛잇고~ 하긴 숙소가 좀 오지에 있긴 하지.

왜냐하면 호주를 영어로 적으면 'Australia'잖아? 그래서 줄여서 'Aussie'라고 해서 오지라고 부른대. 이건 처음 알았어. ㄷㄷㄷ 그리고 또 하나는, 'No worries(노우 워리스)'라는 표현이었어. 어떨 때 쓰는 거냐면, 왜 영어 문장에서 보통 'Thank you(땡큐)'라고 하면 '천만에'라는 표현을 쓰잖아. 미국에서는 'You're welcome' 또는 'No problem', 스페인에서는 'De nada' 이런 것처럼. 이럴 때 호주에서는 이런 표현을 쓴다고 하더라고? 오, 조금 많이 신기하더라. 나중에 나도 호주에 갈 일이 생기면 써먹어야지.

"그러면서 은근슬쩍 형이 언어 많이 안다고 자랑하지 마요. ㅡㅡ"

헙, 들켰나. 그렇게 셔틀버스 정류장에 도착해 버스를 타고 가 알-자누브 스타디움에 도착했어. 근데 뭐랄까 굉장히 웅장한데 경기장 외관이 너무 이쁘더라고. ㄷㄷㄷ 그래서 신기해서 검색해 보았는데 알고 보니 이 디자인이 해안 도시인 알-와크라에 지어져서 그에 걸맞는 디자인으로 구상이 되었다고 하더라고. 어쨌든 너무 이쁘다 그 말을 할 수 있지. 아, 참고로 슬슬 해가 질 시간대라 그런지 노을이 겹쳐서 더 예뻐 보이기도 한 거 같아. 내 기억에 오래 남을 것 같은 장면이었어.

그렇게 도착했는데, 누가 말을 걸더라고? 그러면서 사진을 같이 찍자고 하는 거야. 그래서 우리는 흔쾌히 허락해 추억이 담긴 사진을 그렇게 남겼어. 그래서 알고 보니 그 두 분들도 호주에서 와서, 우리가 호주 유니폼을 입고 호주 국기까지 들고 있으니 반가운 마음에 그랬다고 하더라고? 하긴 누가 봐도 동아시아에서 온 사람들이 호주 유니폼을 입고, 호주 국기를 들고 호주를 응원하러 왔는데 신기할 것 같긴 하더라. 비유하자면 어떤 서양인이 한국 유니폼을 입고 한국 국기를 들고 한국을 응원하러 오는 장면과 비슷한 거잖아? 그리고 알리송은 실제로 호주에서 공부하다가 카타르에 잠깐 온 것이기도 하고 말이야. 아, 그럼 사실상 현지인끼리 같이 사진 찍은 건가? 외지인인 나 빼고. 어쨌든 월드컵을 보러 오니까 이런 재미있는 경험도 했다.

이후에도 경기장 안에 들어가기 전에 몇 가지 재미있는 경험이 있었는데, 하나는 한 한국인을 본 것이었어. 사실 신기하긴 하잖아. 알리송이야 호주에서 유학하기 때문에 인연이 있고 나는 그런 알리송을 따라온 것이기 때문에 겸사겸사 호주 경기를 보러 온 것이지만 그게 아닌 이상 한국인이 '호주 vs 덴마크' 경기를 보러 오는 경우는 거의 드물잖아? 그래서 물어보니까 그냥 표가 있어서 보게 되었다고 하더라고. 그래도 월드컵 그 자체의 경기니까 말이야. 하긴 한국과는 인연이 크게 없어도 이 경기도 월드컵 그 자체의 경기이니까. 그래서 나와 알리송도 며칠 전에 상대적으로 크게 인연이 없었던 네덜란드와 크로아티아 경기를 관람하기도 했고. 이해하지(참고로 상대적으로 관심도가 떨어진다고 생각한 게 아니다). 그리고 또 다른 경우는, 또 어떤 외국인이, 정확히는 호주인이 말을 걸더라고. 진짜 우리가 전설의 동물 급으로 신기하긴 했나 보다.

"형은 좀 말 걸고 싶은 인싸력도 있으니 그럴 수도요."

그런가??? 어쨌든 그렇게 경기장에 무사히 입장했는데, 이상하게 쾌적하다는 기분이 들었어. 새로운 경기장에 들어서서 그런 기분이 든 건가? 하긴 나는 카타르에 와서 하고많은 경기장 중에 에듀케이션 시티 스타디움, 칼리파 국제 스타디움에만 가 봤으니 새로운 느낌이 드는 건 당연한 거 같아. 진짜 저 두 경기장도 좋긴 한데 너무 많이 가서 그런가 새로운 경기장에 오니까 너무 신선한 느낌이 들다라. 물론 경기장 내부 자체가 굉장히 잘 되어 있긴 했어. 아, 그리고 여기도 에어컨이 빵빵해서 그런지 시원하다 못해 춥다는 느낌까지 들더라. 역시 돈 많은 게 최고야!

"오죽하면 이제는 이 두 경기장 길을 지도 안 보고도 갈 수 있을 정도로 다 외웠잖아요. ㅋㅋㅋ 그리고 돈 많은 게 최고 인정~"

근데 경기가 시작하기 전까지 할 게 없어서 처음엔 휴대폰으로 오늘

밤 10시에 열릴 '폴란드 vs 아르헨티나' 경기 티켓이 풀리는지 보려고 사이트에 들어가고 있었어(정확히는 로딩을 기다리고 있었다는 것이 맞는 표현이지). 그러다가 시간도 많았겠다 우리는 국기를 들고 인증샷이나 찍자고 했어. 마침 우리가 1층 앞자리라 그런지 필드와 가까운 곳에 찍을 곳이 있더라고. 그래서 우리는 국기를 들고 필드 바로 앞에서 찍었지. 그렇게 우리가 찍고 있는데 갑자기 중국인(아마 중국인 또는 홍콩인)으로 보이는 무리가 와서 국기를 같이 들고 찍을 수 있냐고 하더라고? 그래서 알겠다고 하고 국기를 같이 들고 찍었지. 진짜 우리 오늘따라 더 이상하게 인기가 많은 것 같다? 심지어 오늘 한국 유니폼을 입고 온 것도 아니고 한국의 경기를 보러 온 것도 아닌데 말이야.

"그게 한국인 인싸 둘이 모여서 시너지가 오랜만에 업그레이드된 것일 수도요."

그럴 수도 있나? 난 근데 생각해 보니까 인싸 아니라니까. 근데 너무 기대된다! 그도 그럴 것이 호주가 이번 대회에서 의외의 선전을 보여주고 있어 이번 경기에서 잘할 것이라는 생각도 들고, 덴마크의 크리스티안 에릭센, 유수프 포울센, 그리고 피터 슈마이켈을 실제로 볼 수 있겠다는 기대감도 들었기 때문이야. 그냥 둘 다에 대해 다른 의미일 수도 있지만 어쨌든 기대를 아주 많이 하고 있었어.

그러고 보니 사실 월드컵이 열리기 전에는 호주가 덴마크에 질 것이라는 생각이 들었어. 좀 길게 설명하자면, 호주는 앞서 말했듯이 월드컵 본선에 간신히 올라왔고 덴마크는 반대로 월드컵 본선에 쉽게 올라왔으며 2022-23 UEFA 네이션스리그에서도 4승 2패로 호성적을 냈으며 심지어 디펜딩 챔피언이자 월드컵 디펜딩 챔피언이기도 했던 프랑스를 상대로 2전 2승을 하며 분위기가 너무 좋은 강팀이었어.

그런데 막상 월드컵 본선이 시작되니까 예상을 가늠하기가 힘드네? 그도 그럴 것이 호주는 비록 1차전에서 프랑스를 상대로 1-4 대패를 했지만 이후 튀니지와의 경기에서 1-0으로 승리하며 1승 1패를 기록하고 있고 덴마크는 반대로 1차전에서 튀니지와 0-0 무승부, 그리고 2차전 프랑스와의 경기에서 1-2로 패하며 1무 1패 등 졸전을 보여 주고 있었기 때문이야. 게다가 호주가 좀 더 유리한 것이, 호주가 무승부를 거두고 튀니지가 프랑스를 상대로 무승부 이하를 거두면 호주가 16강에 진출할 수 있는 등 호주는 무승부만 거둬도 16강 확률이 높은 상황이었거든. 그래서 어쩌면 이번 경기에서 호주가 덴마크를 상대로 무승부 이상을 거둘 확률이 높다는 생각이 들었어.

"진짜 이래서 월드컵이라는 무대가 '공은 둥글다'라는 표현이 가장 잘 나오는 대회 같기도 해요. 그런 것 때문에 오히려 이변이 일어나는 장면을 자주 관람하기도 하고."

그렇지. 그래서인지 이번에 호주가 덴마크를 상대로 일을 낼 것 같다는 생각도 들은 채 많은 기대감을 품었어. 어쨌든 드디어 이번에도 불꽃을 휘날리는 화려한 경기 개막식을 진행한 후 '삐이익~' 경기가 시작되었어.

경기가 시작되니까, 덴마크가 대회 이전에 했던 예상과는 다르게, 대회 이후에 했던 예상과 같이 확실히 힘을 못 쓰더라고. 그도 그럴 것이 호주가 해리 수타라는 수비수를 중심으로 수비를 안정적으로 잘 진행했고, 더불어 덴마크의 공격도 무딘 창끝처럼 무기력했어. 물론 덴마크가 공격 진행을 좀 더 잘하고 있다는 생각이 들었지만 사실 호주가 수비만 잘해 무승부만 거둬도 16강 진출이 높은 상황이고 더군다나 감독인 그레이엄 아놀드가 원래 수비적인 전술을 선호하기 때문에 호주가 좀 더 유리한 상황인 것은 맞았지. 하지만 생각 이상으로 덴마크의 공격 마무리가 너무 무뎌 사실상 호주가 16강 진출이 좀 더 높다고 생각이 들었어. 게다가 폼이 안 좋다는 골키퍼인 매튜 라이언도 안정적인 모습으로 최후방을 잘 지켜 덴마크에게는 점점 힘들게 경기가 이끌어지고 그렇게 0-0 무승부로 전반전이 끝났어.

앞에서 언급했듯이 카타르에 올 때 비행기에서 서로 옆에 앉아 친해진 분이 있잖아? 그분을 알비온이라고 지칭할게. 그분의 인스타그램 스토리에 이 경기 직관 인증이 있더라고. 그래서 아까 경기하기 전에 알비온 님에게 미리 연락해서 하프타임 때 만나자고 연락을 드리니 괜찮다고 하더라고? 그래서 만나려고 했는데, 알비온 님이 있는 곳이 나와 반대편인 것 같더라고. 그래서 어떻게든 가려고 했는데 다른 구역으로 가는 곳은 막아 놓은 것 같더라고…. ㅜㅜㅜ 하긴 이래야 지구 최대의 국제 대회를 잘 개최한 것인데…. 어쩔 수 없이 알비온 님을 만나는 것은 포기해야지…. 그래서 그냥 근처에서 감자칩하고 콜라만 사 갖고 다시 자리에 복귀했지. 마침 슬슬 후반전도 시작하고 말이야.

어쨌든 그렇게 시간에 맞춰 복귀해 후반전을 관람했지. 후반전에도 전반전과 양상이 거의 비슷했어. 호주는 덴마크의 파상공세를 잘 막고 있었지. 그렇게 잘 막으면서 호주가 기어이 일을 하나 터뜨렸어. 수비를 해서 덴마크의 공을 탈취하는 데 성공한 호주는 곧바로 빠르게 역습을 진행했는데 공을 받은 라일리 맥그리 선수가 앞으로 침투하는 매튜 레키 선수에게 스루패스를 찔러 주었어. 그리고 그 패스를 받은 레키 선수는 전진하더니 한 번, 그리고 두 번 상대의 수비를 접어 제치고 나서 낮은 슈팅을 찼는데 이 슈팅이 그대로 슬라이딩을 하는 슈마이켈 선수를 지나 골대 안으로 빨려 들어갔어. 호주의 선제골이 터진 거야!!! 우리는 환호성을 질렀고 호주 응원석에서는 기쁨의 소리가 경기장을 메꿨으며 덴마크 응원석에서는 절망의 표정을 지었어. 그렇게 호주가 1-0으로 앞서 나가기 시작했어.

이후 덴마크는 당연히 기적의 역전을 위해 분주하게 공격했어. 하지만 사실을 말하자면, 호주도 무조건 이 리드를 지켜야만 했어. 왜냐하면 레키의 골이 터지기 전에 튀니지가 와하브 카즈리 선수의 골로 프랑스를 상대로 1-0으로 앞서 나가고 있다는 소식이 들려왔거든. 그래서 호주가 이 경기에서 무승부를 거두면 조별예선 탈락으로 대회를 마무리하게 되더라고. 그래서 호주는 남은 시간 내내 덴마크의 파상공세를 막았지. 안 그래도 무딘 창에 대놓고 방패를 더 갖다 놓았다고 표현할 수 있을 정도로 부진의 공격력을 보여 주는 팀이 수비적인 플레이를 하는 팀을 뚫기가 쉬웠을까. 그래서 결국 경기는 1-0으로 호주의 승리로 끝났어. 그렇게 호주가 2006 독일 월드컵 이후 16년 만에 16강 진출을 이뤄 내는 데 성공한 거야!!!

이게 대단한 것이, 사실 현 호주 국가대표팀이 굴곡 세대라는 평가를 받고 있었거든. 그도 그럴 것이 팀 케이힐, 해리 키웰 등 슈퍼스타 선수들이 줄줄이 은퇴하고 이후 슈퍼스타라고 할 수 있는 선수들은 없고 그나마 준척급 선수들은 애런 무이, 매튜 레키, 매튜 라이언 정도였지만 문제는 이 선수들도 슬슬 선수 생활의 황혼기를 바라보고 있는데 이 선수들을 대체할 선수들이 보이지 않는 등 사실상 세대교체기 실패한 상황이었거든.

그런데 2006년 월드컵 이후 황금 세대도 못 한 일을, 그런 굴곡 세대가 16년 만에, 그것도 그들의 월드컵 역대 2번째 16강 진출을 확정시킨 거야! 조금 더 설명하자면, AFC(아시아 축구 연맹)에 편입한 이후 첫 번째 16강 진출이기도 하고! 그래서인지 그 역사적인 진출을 봐서인지, 아니면 오늘만큼은 일일 호주 서포터 역할을 자처해서인지 이유는 모르겠지만 진짜 감격스럽더라고. 아마 진짜 호주 사람들은 어떤 기분일까?

"확실히 호주 축구 팬들은 형들을 부러워할 것 같긴 해요. 진짜 호주 축구계에서도 역사적인 순간의 현장에 있었으니."

하지만 더불어 우리는 우리나라의 기적이 일어난 순간에 있고 싶다는 생각이 더욱 강렬하게 들기는 하더라. 그래도 호주도 해냈으니, 우리도 해낼 수 있을 것이라는 자신감이 이상하게 들긴 하더라고. 그러니까 우리도 우리 자국의 기적을 현장에서 볼 수 있겠지…?

우리는 경기가 끝나고 선수들이 출입하는 곳 근처 좌석 구역에 갔어. 왜냐하면 선수들에게 인사도 할 겸 혹시나 선수들이 던져 주는 유니폼을 얻을 수 있을까 해서였지. 솔직히 이런 역사적인 경기의 매치원 유니폼을, 그것도 실착 유니폼을 가진다면 너무 좋잖아? 물론 확률도 적고, 카타르 월드컵 진행 요원들이 막을 확률도 있지만 말이야. 그래도 뭐 아니더라도 인사를 하면 좋고, 가까이서 호주의 영웅들을 보면 좋고 말이야. 근데 진짜 월드컵이라 그런지 경비 요원이 빡세게 막긴 하더라. 어느 정도냐면, 그냥 조금 기대기만 해도 제지를 하려고 했으니 말이야. 물론 불만은 없었던 것이, 세계 최고의 축구 대회이자 행사인 만큼 이렇게 하는 것이 맞기 때문이니까. 그래도 우린 최대한 홀리건으로 안 보이게 선은 지키면서 호주 선수들이 들어갈 때 인사를 했지. 근데 진짜 물병 등 받는 사람들이 있더라? 심지어 서로 말도 하면서. 아… 근데 그런 사람들은 선수들의 가족이나 최소 지인이겠구나. 그리고 그런 사람들을 제외하고 유니폼이나 물품을 받는 사람들은 없더라…. 뭐 근데 사실 가능성이 희박한 도전이었으니까. 그래서 선수들이 다 들어가자 우리도 슬슬 밖으로 움직였어.

"하긴 일반 프로 경기에서도 어려운 일인데 월드컵이니까…."

밖에 나가니까, 온통 축제 분위기더라. 그도 그럴 것이 호주가 앞서 언급했듯이 16년 만에 16강 진출을 한 것이었으니까. 진짜 한 곳에서 호주 국기를 흔들면서 승리의 환호를 소리 지르는 무리도 있더라. 하긴 나 같아도 엄청 신났을 것 같아. 다시 한번 더 말하지만, 우리도 이틀 뒤에 저런 방식으로 우리의 승리 및 16강 진출을 만끽했으면 좋겠다는 생각이 들었어. 진심이야. 아, 그리고 나 어떤 키다리 아저씨(아마 다리 안에 받침대 등이 있었을 것으로 추정)와 사진 찍었다. 부럽지?

우리는 승리의 기분으로 버스에 탑승했지. 그런데 우리는 자리가 거의 없어서 맨 뒷자석의 5자리 중 2자리에 앉았어. 그렇게 앉아서 가고 있는데 옆의 한 외국인 분이 우리에게 한국에서 왔냐고 하더라고. 그래서 맞다고, 어떻게 알았냐고 하니까, 우리가 한국어로 대화하는 것을 들으면서 자신도 한국에서 유학을 했다고 하더라고. ㄷㄷㄷ 하긴 진짜 신기했던 게, 대부분 동양인이라고 하면 일본인이나 중국인으로 알잖아. 외국에서는. 그런데 한국인으로 바로 안 게 신기했는데 알고 보니 한국에서 유학했고 그래서 우리가 대화하는 언어가 한국어인 것을 안 것이더라고. 그러면서 자신이 서울대학교에 재학했다 하더라고…?

"엥…? 진짜요…? 서울대요…? 그 우리나라에서 1등의 대학이라는…? 와우….''

그래서 진짜 서울대라는 이름을 들으니 갑자기 위압감이 들더라…. 그도 그럴 것이 이 대학이 어떤 느낌인지, 어떤 위상인지 한국인이라면 모를 리는 없을 거야. ㅋㅋㅋ 와… 진짜 엄청 똑똑하시다고 생각이 들었어. 게다가 진짜 똑똑하다고 칭찬 섞인 말을 하니까 오히려 아니라고 겸손까지 표하시더라고. 이게 바로 서울대의 겸손인가…. ㄷㄷㄷ

"아니 근데 진짜 카타르까지 와서 서울대생을 보는 건 겁나 신기하긴 하네요. ㅋㅋㅋ"

인정. 그러면서 자신은 이번에 자원봉사자 자격으로 일하고 있다고 하더라고. 하긴 서울대에서 왔으면 카타르 월드컵의 자원봉사가, 아니 그 이상으로 일할 수 있지. 암. 그렇고말고. 그리고 그분이 바쁜 게, 이 버스를 타고 숙소가에 도착한 후 아르헨티나의 경기를 보기 위해 출발한다 하더라고??? 와… 결국 아르헨티나의 경기 티켓을 구했구나…. 진짜 부럽다…. 우리의 소원이었는데…. 이 부러움을 어떻게 표현하지?

"진짜 다 가졌네…. 심지어 '메시 직관'이라는 경험도….''

어쨌든 우리는 그렇게 승리의 기분으로, 재미있는 경험들을 하면서 숙소에 도착해서 저녁을 무엇을 먹을까 얘기했지. 그러다 내가 숙소에서 조금 멀리 떨어진 곳에 식당을 하나 찾아서 시간도 많으니 그곳에 가자고 얘기했지. 그래서 그렇게 가는데 사실 조금 멀리 떨어진 곳이었어. 그래도 가고 있는데 중간에 우리가 평소에 보지 못한, 핫도그 가게가 있는 거야. 그래서 맛있어 보이길래 우리가 가려는 식당이 멀기도 해서 그냥 여기서 먹을까 하고 서로 말해서 여기서 포장해서 숙소에 가서 먹기로 했어. 가격도 괜찮고 말이야.

나는 그냥 세트를 시켰는데, 포장을 해서 숙소에서 먹었거든? 근데 그냥 핫도그+감자튀김+콜라 이런 느낌이긴 했어. 뭐 딱히 특별한 것은 없었고 그냥 숙소 가에서 먹을 수 있는 즉석 음식 정도? 그래도 이 정도는 괜찮기는 했어. 가격도 사실 30리얄(한화 약 12,000원)이라 낫배드이기도 했고 말이야. 나중에도 여기도 시간이 나면 먹으러 가야겠다. 아, 참고로 여기는 저번에 현금만 되었던 가게와는 다르게 카드 결제가 가능해서 메리트가 좀 더 큰 것 같아!

그렇게 우리는 승리의 기분으로 간단하게 저녁을 해결했고, 그렇게 우리는 승리의 기분으로 하루를 마무리했지. 참고로 딱 경기만 보러 갔다 왔기 때문에 체력도 빵빵했고 말이야. 그렇게 오늘의, 2022년 11월의 마지막은 '맑음'이라는 이름으로 마무리!

2022년 12월 1일

"Guten Morgen(구텐 모르겐, 좋은 아침)!"

오늘은, 드디어! 2022년 12월의 첫째 날이야! 카타르에서 처음으로 보내는 달의 첫날이라…. 게다가 2022년의 마지막 달은 카타르에서 보내기…. 그리고 더운 지방에서 보내는 첫 12월이라…. 이것도 신기한 경험이구만.

"그러게요. ㄷㄷㄷ 2022년 한 해의 마지막 달 시작을 카타르에서 보내는 것도 참 신기한 인생 경험이겠군요."

오늘은 아침부터 분주하게 움직였어. 왜냐하면 관광을 한 후 경기장을 갈 계획이었기 때문이었어. 아, 참고로 이번에는… 두근두근. 알리송이 아니라 내 차례였어! 어느 경기였냐고? 바로 요 며칠 전에, 운 좋게 예매한 '독일 vs 코스타리카' 경기였지!

"아아아!!! 알죠! 형이 우연히 피파 홈페이지에 들어가 남은 티켓을 예매했다는, 그 운 좋게 구했다는 그 경기!"

맞아! 지금 생각해 보면, 독일이 일본한테 져서 리세일 티켓창에 내놓았나 싶기는 했는데, 뭐 어때? 나는 이득이지 뭐.

그래서 나는 아침부터 슈퍼에 가서 유명한 커피 체인점 상품으로 나온 캔 커피를 마셨지. 방에 있던 커피가 아닌 이 캔 커피인 이유가 무엇이냐고? 남들이 보기엔 이상할 수 있고 어거지처럼 보일 수 있는데, 달달하고 친근한 맛으로 하루를 시작해 오늘 경기에서 달달하고 친근하게 승리하고 기적적인 16강을 하기를 원했기 때문이야. 아, 오늘은 한국의 경기도 아닌데 그럼 독일과 코스타리카 중에서 이런 기적을 원하냐고?

바로 독일! 앞서 에피소드에서 말하기도 했지만, 내가 독일 뮌헨에서 어학연수를 하면서 좋은 기억을 가지고 내 인생에서 소중한 경험도 했거든. 그래서 그 의리로 독일을 응원하고 싶었어. '제발, 이번에 기적적으로 독일이 16강 진출을 했으면 좋겠다'라는 생각을 가지고 있었어.

그런 의미로 오늘도 페이스 페인팅을 하는 곳에 가서 이번엔 독일의 삼색 국기를 내 볼에 그렸지. 검은색, 노란색, 빨간색. 아, 참고로 지금까지 우리에게 어제 호주 축구 대표팀의 앰블럼에 있는 캥거루를 그려준 것을 포함해서 페이스 페인팅을 너무 잘해줘서 감사의 의미로 내가 지금까지 가지고 있었던 현금을 모두 팁으로 주었어. 다행히 명수에 맞게 드릴 수 있어서 페이스 페인팅을 해 주신 모든 분들에게 나눠드렸지. 그리고 독일 국기를 내 볼에 그린 후 목적지를 향해 출발했지. 참고로 볼에 독일 국기를 그리고 독일 축구 유니폼을 입고 찍은 사진을 어학연수 당시 홈스테이를 해 주신 아주머니에게 보낸 것은 덤이고.

'Toi toi toi! Wir gehen nach oben!'
(힘을 내! 우리는 위로 간다!)

우리는 '기적이라는 가운의 타이틀을 가진' 아르헨티나의 경기 티켓을 구하기 위해 DECC의 피파 센터에 갔지. 후… 그런데 역시나 티켓을 못 구한 것은 덤이고 더불어 암표의 가격마저 더 비싸진 것은 덤으로 간단하게 요약해서 이 이야기는 끝낼게. 진짜 별거 없어.

"진짜 아르헨티나 월드컵 경기 티켓 구하기란… 진짜 하늘의 별 따기였네요…. 아니 차라리 그게 더 쉬웠으려나…?"

아마 하늘에 있는 별 따는 게 나한테는 더 쉬웠을 수도? 어쨌든 아르헨티나 경기는 깔끔하게 포기하고 점심 식사부터 해결하기 위해 근처의 백화점에 도착했어. 이번엔 맨 꼭대기 층의 푸드 코트에서 먹어 보고 싶어서 그곳으로 갔어. 그런데 여러 푸드 코트가 있길래 솔직히 메뉴를 통일해서 먹을 이유는 없을 것 같아서 나는 알리송에게 말해서 다른 식당의 요리를 먹겠다고 하니 알겠다고 하더라.

그래서 나는 따로 나서서 무엇이 맛있을까 고르다가 'Attila Mongolian Restaurant(아틸라 몽골리안 레스토랑)'이라는 몽골 요리 전문 식당이 있더라고? 나는 또 호기심이 생겨서 이 식당의 요리를 먹겠다고 다짐했지. 나는 무엇이 맛있을까 고민했어. 왜냐하면 다 맛있어 보였거든. ㅜㅜ 그래서 수많은 고심을 했고 결국 치킨 그릴 덮밥을 선택했어. 왜냐하면 오랜만에 철판 볶음밥을 먹고 싶었거든. 단지 그뿐이야.

그렇게 치킨 그릴 덮밥을 주문하고 기다리는데 한 부자(父子)가 보였거든? 그런데 아들로 보이는 분이 독일 유니폼을 입고 있는 거야. 옳거니! 왠지 독일에서 온 축구 팬인 것 같아서 독일어로 말을 걸었지. 근데 독일어를 모르는 거야? 알고 보니 그는 호주에서 왔고 독일을 응원해서 유니폼을 입고 경기를 보러 간다고 하더라고. 아이쿠… 이것도 내가 편견을 가진 데서 비롯된 실수구나…. 괜히 그에게 미안하더라….

어쨌든 그래도 그와 친해져서 얘기를 나눴는데, 그가 호주에서 왔다고 했잖아? 그래서 마침 호주에서 유학하는 알리송이 생각나서(참고로 그는 당시에 다른 곳에서 그가 시킨 메뉴를 기다리고 있었음) 내 친구(Younger Friend)도 호주에서 공부하고 있다고 하면서 어디 출신이냐고 물어보니 브리즈번 출신이라고 하더라고???

"오… 이런 우연이… 사실상 알리송 형이랑 같은 지역민을 만난 거네요. ㅋㅋㅋ"

그러니까. ㅋㅋㅋ 그래서 나랑 동행하는, 알리송도 그 근방에서 공부한다고 말하니 놀라더라고. ㅋㅋㅋ 진짜 여기서 왜 알리송도 아니고 나 본인이 이렇게 알리송의 지역 출신 사람들을 많이 만나는 걸까? ㅋㅋㅋ 정작 내 출신 지역인 청주는 한 번도 못 만났는데….

"근데 지역 비하는 절대 아닌데, 카타르에서 청주 사람 만나는 것도 신기한 거 아니에요?"

그건 그치…? 물론 알고 보니 월드컵에 나와 같은 청주 분들도 왔었다는 사실은 나중에 알았지만, 이건 나중에 기회가 있으면 풀 이야기이고, 어쨌든 내가 다 반가워서 더 얘기하다 인스타그램을 주고받은 후 내가 주문한 음식이 나왔길래 그렇게 헤어졌어. 그리고 내 음식을 가지고 알리송에게 갔는데, 이 이야기를 하니까 자기한테 얘기하지 그러면서 아쉬워하긴 하더라. 하긴 내가 그걸 생각하진 못했어. 아마 배고파서 사고 회로의 에너지가 떨어져서 그런 것일 수도.

드디어 정식으로 내 점심 식사가 시작되었어. 치킨 그릴 덮밥! 그것도 몽골식! 진짜 거짓말 안 치고 내 인생에서 몽골의 음식을 먹는 것은 처음이네. 그런데 소스를 두 가지를 주었는데, 일단 나는 본연의 맛을 느끼고 싶어 소스를 넣지 않고 먹었어. 왜냐하면 나는 맛잘알이니까?

"ㅋㅋㅋ 그게 뭐예요. 그래서 결과는…?"

음… 오… 두구두구두구… 맛있네??? 이 요리도 내 입맛에 딱인 거야! 게다가, 이 음식은 아이러니하게도 보통 한국인들이 쉽게 먹을 만한 맛이긴 하더라고? 그래서 시험 삼아 알리송에게 한번 먹어 보라고 줬는데, 알리송도 괜찮다고 하는 거야. 역시 이 요리는 나중에 한국인에게도 소개할 만한 요리인 거 같아.

"오, 알리송 형도 합격점을 내린 요리라…, 진짜 한국인들에게 맞는 요리인가 보네요."

그래서 이번엔 호기심이 생겨 아까 말했던 두 가지 소스 중에 한쪽엔 칠리소스와 비슷한 소스를, 다른 한쪽엔 간장 소스와 비슷한 소스를 부었어. 후기는, 글쎄… 칠리소스 같은 소스는… 솔직 담백하게 말하자면 내 입맛엔 아니었어. 뭐랄까, 어떻게 설명해야 할지 모르겠는데, 일단 입안에서의 향이 강하고 너무 이질적인 맛이더라. 이게 어떻게 보면 놀라울 일이었던 것이 알리송도 인정할 정도로 내가 이질적인 맛을 적응하는 데 어려움을 겪는 스타일은 아님에도, 이 맛은 그 나조차도 적응하기 힘든 맛이었어. 그래도 계속 언급했듯이 간장 소스 같은 소스는 오히려 반대로 내 입맛에 딱이었어. 정확히는 이 소스도 한국인이 먹기에 안성맞춤인 소스이긴 하더라. 그래서 내가 말할 수 있는 꿀팁은, 새로운 맛에 도전하고 싶으면 칠리소스와 같은 소스를, 안정적인 방향으로 식사하고 싶다면 간장 소스와 같은 소스를 뿌려서 먹기를 추천한다고 할 수 있어. 물론 그 칠리소스는 해외 음식 적응을 잘한다는 나조차도 어려워하는 소스라는 점을 더 언급할 수 있지.

"오… 근데 형이 적응을 못하는 음식이라면 조금 도전하기에 꺼리긴 하네요…. 물론 괴식 정도는 아니지만."

아, 그리고 점심 식사의 마지막으로, 나는 다 먹었는데 알리송은 KFC에서 시킨 햄버거 세트를 배불러서 다 못 먹어서 내가 알리송의 햄버거 세트를 다 먹었어. 어후, 맛있고 좋긴 한데 너무 배부른 거 있지? 그래도 이따 저녁에는 굳이 안 먹어도 되겠다고 생각이 들더라. 뭐, 경기 보러 갈 때면 밥 먹을 시간도 애매하겠지만.

점심 식사를 완료한 후 우리는 또 팬 페스티벌 쪽으로 가기로 했어. 정확히는 카타르의 유명한 이슬람 사원(모스크)에 가는 것이 목적이었지. 그렇게 해서 도착했는데, 역시 낮이라 그런지 햇살이 너무 뜨겁고 사람은 없더라. 그래도 저기 모스크가 보여서 발걸음을 옮겼는데, 문제는 어느 길을 가도 모스크에 갈 수 있는 길이 없더라고? 뭐랄까 길을 막아 놓은 느낌도 들고 말이야. 그래서 '하… 이 뙤약볕에 걷고 있는데 모스크에 갈 수 있는 방법이 없다니….'라는 생각이 들더라. 뭐 사실 억지로 갈 수 있으면 갈 수 있을 것 같았지만 왜인지 너무 힘들더라. 더위 먹어서 그랬나? 어쨌든 그래서 그냥 포기하고 수크 와키프 방향으로 가자고 했어.

그렇게 길을 뜨려는 찰나에… 갑자기 저 멀리서 너무 익숙한 얼굴이 보이더라고??? 근데 처음에는 내가 "우와, 유튜버 E 씨 닮았다."라고 알리송에게 말했는데, 자세히 보니까 진짜 그분인 거야. ㄷㄷㄷ

"엥, 진짜요? 그분이라면 유명한…."

맞아. 일단 익명성 때문에 그분의 이름을 제대로 못 밝혀 'E 씨'라고 말하긴 하는데, 사실 그분이 이번 카타르 월드컵 직관을 온 것을 알고는 있었지만 이렇게 길 가다가 우연히 볼 줄은 몰랐어. ㅋㅋㅋ 그래서 이 상황이 너무 안 믿겨 진짜 이야기를 걸어 유튜버 E 씨가 맞냐고 하니까 맞다고 하더라고. ㄷㄷㄷ 와, 진짜 지구에서 한국도 아니고 카타르에서 뙤약볕에 걷는데 유명한 유튜버 E 씨를 볼 확률이 얼마나 될까? 진짜 이건 행운이다. ㅜㅜㅜ

"에이, 근데 여기서 알리송 형 고향 사람들도 많이 봤는데 유명인이야…. 확률상 그게 더 높지 않을까요…. ㅋㅋㅋ"

그건 그래. 어쨌든 그래서 그분과 사진을 찍었는데 그분이 우리에게 경기를 보러 가냐고 여쭤 보시더라고. 그런데 오늘은 나만 경기를 보러 가기 때문에 나만 보러 간다고 했어(물론 존칭어로 '저'라는 표현을 썼어). 그렇게 이야기를 마치고 서로 갈 길을 갔어. 진짜 이건 두고두고 자랑해야지. ㅋㅋㅋ

어쨌든 오늘 어찌 되었건 오후 계획은 틀어졌으니 그냥 수크 와키프 쪽으로 가기로 했어. 그런데 코르니셰는 나오는 것만 되고 다시 들어가서 지하철을 타는 것은 안 된다고 했잖아? 그래서 다른 지하철역에서 지하철을 타야 하는데 이번에는 좀 색다른 뷰를 보고 싶어서 우리가 매번 갔던 역이 아닌 다른 방향으로 가기로 했어. 근데 슬슬 해가 지니까 뜨거운 햇살이 약해져서 그런지 거리를 다닐 만하더라고. 그래도 땀이 나서 그런지 힘들긴 하더라. 그렇게 우리는 평소 다니는 방향과 반대 방향이라고 할 수 있었던 알-비다(Al-Bidda) 공원을 통해서 수크 와키프 방향으로 가기로 했어.

"오, 공원 이름을 들으니까, 제가 좋아하는 명곡인 '비바 라 비다(Viva La Vida)'가 떠오르네요."

엇, 그 음악 나도 좋아하는데. 그게 썰이 있는데, 그래서 그 그룹이 내한했을 때는 그들의 가치를 몰랐는데, 저 음악을 듣고 나서야 그들의 가치를 느꼈잖아. ㅜㅜㅜ 진짜 그분들의 내한 공연에 못 간 것이 한스럽더라….

바깥 이야기는 접어두고, 갑자기 배가 아파서 알리송에게 말하고 화장실에 갔지. 그런데 사실 조금 듣기 거북한 이야기라 얘기 안 하려고 했는데 카타르, 정확히는 아랍 국가들의 화장실을 알려 주고 싶어서 얘기할게. 내가 볼일을 보려고 들어갔는데 사실 이번에도 그렇고 매번 변기에 물이 잔뜩 묻어있는 거야. 그래서 볼일을 본 후 나가서 알리송에게 이걸 말했더니 사실 아랍권에서는 옆의 호스기로 닦는다고 하는 거야. 엥…? 왜지…? 그냥 휴지를 사용하면 되지 않나…? 게다가 사막 국가라 물이 부족할 텐데…? 일단 호스기로 세척하는 것도 신기한데 물 부족 국가에서 그게 가능한가…? 아, 혹시 휴지의 원료인 나무가 부족한 것이 더 커서 차라리 물로 닦는 건가? 하긴 사막이라 나무가 더 부족하고, 바다 국가이기 때문에 용변을 처리할 때 사용할 물 정도는 구하기 쉽겠다. 어쨌든 여러 추측이 난무한 채 길을 떠났지.

"어후… 어떻게 보면 우리나라에서는 상상도 못할 문화인데… 하긴 근데 이 정도는 각 나라의 문화니까 존중해 줘야죠. 이 정도는 위생에 문제 되는 것도 아니고. 다만 형이나 알리송 형처럼 처음 겪는 사람이라면 적응하기 힘들기는 하겠네요. 으…"

어쨌든 볼일 보고 공원이나 걸었지. 그런데 걸으면서 느낀 건데, 카타르에 이렇게 푸른 공원이 있었나? 그것도 사막 국가인데? 게다가 아랍의 풍경이 섞여서 그런지 색다름과 푸름이 합쳐져 더욱 아름다워 보이더라. 특히 중간에 보이는 벤치와 풀밭의 조합은 극상의 아름다움이라고 해도 무방했어. 게다가 노을까지 지고 있어 그런지 풍경이 더욱 이뻐 보이고, 저 멀리 보이는 바닷가까지 더해 아름다움에 아름다움이 겹겹이 쌓여 보였지. 내가 지금까지 아랍권 국가는 이 카타르라는 국가가 처음이었지만 당시엔 이 공원을 보자마자 내 인생에서 아랍권 국가의 공원 중에서는 1순위로 아름답다고 생각이 들 정도였어. 그리고 덤으로 카타르 Q-냥이까지 보였는데, 그 고양이는 엄청 귀여웠어. 그래서 '야옹~'소리를 냈는데 문제는 알리송이 고양이 알레르기가 있어 바로 나를 제지하더라. 하긴 고양이 알레르기가 있으면 어쩔 수 없지.

"와, 문학책에서 보던 낭만이란 낭만은 다 있었네요. 이게 바로 아라비안 문학인가?"

그렇게 공원을 걸으며 풍경을 만끽하다가 그냥 버스 정류장도 보여 슬슬 걷기 귀찮아져서 버스를 타고 수크 와키프에 가기로 했어. 버스를 타서 수크 와키프에 가는데 바깥 풍경을 보니 낙타 농장 비슷한 공간도 있더라? 엇… 아뿔싸! 그리고 보니 중동까지 와서 왜 낙타를 타겠다는 생각을 한 번도 안 한 거지? 그리고 보니 진짜 아랍 국가 하면 낙타라는 이미지가 연상되는 것이 국룰이라 생각이 들 정도로 대표적인 동물이잖아? 그리고 카타르에 가기 전에 낙타를 타고 싶다고 노래까지 부르고 말이야. 그런데 이제 와서 낙타가 보였고, 낙타를 타는 것이 생각났네. ㅜㅜ 근데 남은 일정상 낙타를 타는 것은 힘들 것 같아서 아무래도 이번 여행에서는 낙타를 타는 것은 포기해야 할 듯싶었어…. 그래서 그랬다구…. 이번 여행에 낙타를 안 탄 이유가….

"아… 그러고 보니 형이 카타르에 있으면서 낙타를 탔다는 썰이 없었네요…? 월드컵 여행이라는 주제에 맞춰져서 그런가 아에 인지를 못 했던…."

그렇지…. 다시 생각해도 어이가 없더라고…. 하지만 이미 지나간 걸 어쩌겠어…. 어쨌든 어이없는 경험을 뒤로하고 수크 와키프에 도착했어. 그런데 버스에서 내리고 보니 우리가 평소에 들어갔던 입구가 아니라 그 반대 입구더라. 뭐 그냥 들어가야지. 일단 이번에 내가 수크 와키프에서 하고 싶었던 것은 하나가 있었지! 바로 '요술 램프'를 사기! 그도 그럴 것이 내가 요전번에 수크 와키프에서 램프를 보았다고 했잖아? 이번에 그 램프를 사러 왔지. 왜냐하면 내일 대한민국의 기적적인 16강을 위해서. 진짜야. 이거 때문에 구입했어. 우리도 주술로 가야지. 왜 어떤 동영상에서 몇몇 가나 팬들이 그들의 주술을 보여 줬던 영상이 있었잖아. 그런데 가나가 주술로 갔고, 결국 우리가 패배했잖아? 그러니까 우리도 이번에 똑같이 주술로 가야겠다는 생각이 들더라.

"ㅋㅋㅋㅋㅋㅋㅋ 게다가 우리는 개최지 현지 정통 아라비안 주술. ㅋㅋㅋㅋㅋㅋ"

근데 우리는 그만큼 간절했으니까. 뭐든 방법을 써야지.
그렇게 어떤 램프를 살까 고민하다 알리송이 보라색 빛깔이 나는 램프가 가장 이쁘다고 하는 거야. 이렇게 보니까 보라색 램프가 가장 이뻐 보이긴 하더라고? 그래서 가격이 얼마인가 하고 봤는데 55리얄(한화 약 20,000원)인 거야. 오, 가격도 괜찮네? 그런데 내가 지금 현금이 아예 없어서 상인 아저씨에게 물어보니까 카드 결제도 된다고 하는 거야. 그래도 시장은 현금으로 결제하는 것이 정석인데 카드도 된다고 하니까 다행이더라. 그래서 구매하려고 했는데, 갑자기 자기가 스스로 45리얄(한화 약 15,000원)에 주겠다고 하더라? ㅋㅋㅋㅋㅋㅋ? 아니, 난 딱히 55리얄에 사도 상관은 없는데, 가만히 있어도 알아서 흥정해서 깎아 주네? 이게 바로 카타르식 MZ 흥정인가? 내가 너무 이름을 막 갖다 붙였나? 어쨌든 나야 좀 더 싸게 살 수 있다면야 좋지. 그렇게 저렴하다고 생각해 구입했는데 그 가격보다도 더 저렴하게 구해서 오늘 기분이 좋더라. ㅋㅋㅋㅋㅋㅋ

"형… 아니면 설마 카타르에 가서도 패황색을 내뿜은 거 아니에요? 역시 패'황'…."

설마…? 역시 내 패황색은 카타르에서도 통하는 것일까?(웃음)(웃음) 이 기운을 모아 오늘(독일 16강 진출)과 내일(대한민국 16강 진출) 내가 원하는 결과를 냈으면 좋겠다. 아, 우선 오늘 독일의 승리를 위해 지니에게 첫 번째 소원을 빌어야지. 문질러야겠다. 쓱싹쓱싹. 헤이 지니~

'오늘 독일이 코스타리카를 상대로 이기게 해 줘!'

나는 이번에 아랍 전통 모자인, 정확히는 아랍권에서 머리에 두르는 천 장식인 구트라(Ghutra)를 구입하기 위해 시장의 좀 더 안쪽에 들어갔어. 왜, 그 있잖아. 아랍권에서 남성들이 많이 머리에 두르는. 알지?
나도 카타르에 오기 전부터 사고 싶었던 장식이었기도 해서 이번 기회에 이 장식을 구매하기로 마음을 먹었지. 역시나 오늘도 물담배 냄새로 자욱해서 그런지 아라비안 시장 느낌이 느껴지더라. 이게 바로 아라비안 감성인가? 그런데 알리송이 일전에 구입한 곳이 카드로 결제할 수 있고 가격적인 면으로도 좋아서 그 가게를 찾으려고 했거든? 근데 안 보이더라. ㅜㅜ 아니, 진짜 왜 안 보이는 거지? 뭐랄까 그때 돌아다녔는데 어떤 할아버지가 카드도 된다고 흥정하면서 우리에게 와서 구입했거든? 그래서 그때 그렇게 했는데 오늘은 그 할아버지가 안 보이네. ㅜㅜ 설마 이것도 비번 시스템인가? 설마 자기 가게에서 비번을 할 리가…. 어쨌든 없어서 큰일이었다고 생각했지…. ㅜㅜ
그래도 구트라를 파는 가게는 많아서 마음에 들고 가격이 합리적인 곳을 찾아 물어봤지. 오, 근데 한 군데가 가격이 적당한 거야. 그래서 구매하려고 물어보니까, 카드는 안 된다고 하더라고? 하… 이럴 줄 알았어…. 역시 이래야 전통시장이지. 그래서 우리는 카드밖에 없다고 하니까 근처의 ATM 기기에 가서 뽑아 오라고 했는데, 내가 굳이 그렇게까지 해서 사야 할까…? 생각이 들었어. 그래서 일단 알았다고 하고 가게를 빠져나왔어.

"어이구… 진짜 전통시장이긴 하네요. 카드 안 되는 것까지. ㅋㅋㅋ"

뭐, 내가 돈이 없는 건 아닌데 문제는 지금 현금이 부족하다 못해 없다고 표현해야 할 상황이고 굳이 ATM기까지 가서 수수료를 각오하고, 그리고 영어로 되어 있는지 안 되어 있는지 걸어 볼 수 있는 상황도 아니라서…. 결국 카드 결제가 되는 다른 가게를 찾아보기로 했어.

그런데 찾는 가게마다 족족 현금만 된다고 하더라고. 하… 일전에 그 할아버지가 운영했던 가게가 있어야 하는데…. 진짜 비번이라 안 나오고 그것 때문에 우리고 못 찾는 건가? 그렇게 생각하는 도중에 드디어 하나 찾았어! 가격도 다른 가게와 거의 비슷하고 카드로 결제할 수 있다는 거야! 와, 드디어 찾았다. 괜히 감격스럽더라…. ㅜㅜㅜ

그래서 바로 카드로 결제했는데, 이게 웬걸? 돈은 빠져나갔는데 결제가 되지 않았다는 거야? 그래서 일단 다시 결제했는데 결제는 다행히 되었는데 돈이 한 번 더 빠져나가게 된 상황이야. 정리하자면, 하나의 물건값을 2번 결제한 셈이 된 것이지. 그래서 나는 이 상황이 어이가 없어서 따졌는데, 첫 번째 결제는 이루어지지 않은 거라 돈이 들어올 거라고 하더라고. 그렇지만 한국이었으면 나중에 보상을 받을 길이 많아서 잘 넘어가겠지만 여기는 해외라 돈이 안 들어오면 절차가 복잡해질 것 같다는 생각이 막연하더라. 그래도 알리송이 돈은 들어올 거라고 달래줘서, 그리고 그분들도 사기를 친 게 아니라 진짜 결제가 안 된 거라면 억울할 수 있기 때문에 그냥 믿고, 설령 돈이 안 들어왔더라도 똥을 밟은 셈 치자고 생각을 했지. 그런데 다행인 것은 몇 분 후에 돈이 바로 들어오긴 하더라. 휴, 다행. 사실 이 돈이 안 들어왔으면 1~2끼는 굶어야 했는데. ㅋㅋㅋ

"어휴… 뭐 근데 형 마음도 이해는 되는 것이 당장 몇 푼이 아까운 상황이고 한국도 아니고 해외인지라, 심지어 형 입장에서는 생애 처음으로 간 중동 국가이다 보니 걱정되는 게 사실이긴 해요."

그치. 물론 의심한 부분은 미안하지만, 뭐 사실 내가 아니라 다른 사람이었어도 당연한 마음이었을 거야. 해외니까 당연하지.
그렇게 우여곡절 끝에 카드로 결제해서 산 구트라를 가지고 시장 밖을 나가 광장에 갔어. 시간은 아직 거의 4시로 오늘 10시 경기이기 때문에 아직도 시간이 너무 많이 남아 쉬면서 아까 구매한 구트라를 착용해 보기로 했지. 보기엔 쉬워 보였는데 의외로 쓰려고 하니까 좀 많이 어렵더라고? 게다가 주위에 거울도 없으니까 혼자서 끄적끄적 써 봤는데 어려워서 어쩔 수 없이 옆에 있던 알리송이 도와주긴 했어. 그렇게 알리송이 도와주니까 어찌저찌 쓰이긴 하더라. ㅋㅋㅋ

"어휴, 형은 알리송 형이 없었으면 어쩔 뻔했어요. 막 평소같이 혼자 여행 갔으면."

에이, 그래도 병장 만기 제대까지 한 나인데 이 정도야 어떻게든 해결 방법이 있었겠지. —— 뭐 근데 알리송이 있어서 더 편하게 여행했던 것은 사실이야. 이건 인정할게.

어쨌든 구트라까지 쓰고도 시간이 남아돌아서 이번엔 근처 다운타운 근처의, '%'이란 카페에 갔어. 그런데 알리송이 말해 주는데, 알고 보니 이 카페가 유명한 프랜차이즈라고 하더라고?? 한국에서는 전혀 보지 못했던 브랜드이긴 했는데 궁금해서 검색해 보니까 진짜 은근히 유명하긴 하더라고. 이 이름을 보니까 한글의 '응'이라는 단어만 떠올랐는데.

"오 ㅋㅋㅋ 하긴 이 이름을 보니까 딱 그 단어가 떠오르네요. 이게 바로 킹한민국의 야민정음인가…."

어쨌든 나는 누가 봐도 '얼죽아'이기 때문에 이번에도 아이스 아메리카노를 주문했지. 하긴 근데 이 더운 나라에서 뜨거운 커피를 마시는 것도 참 어렵긴 할 거야. ㅋㅋㅋ 근데 이후 커피 나오면서 마시고 유튜브를 보면서 시간을 때우는 등 별 시나리오는 없었어. 뭐 진짜 지루했다고 할 수 있었지.

그렇게 지루한 시간을 때우다 슬슬 셔틀버스를 타고 가기 위해서 움직였지. 아, 참고로 독일 vs 코스티리카 경기가 열리는 '알-바이트 스타디움(Al-Bayt Stadium)'은 도심에서 너무 멀고 지하철로 갈 수 없는 위치에 있어서, 그리고 수크 와키프에서는 갈 수 있는 버스가 없어 '루사일 스타디움(Lusail Stadium)'에 있는 셔틀버스를 이용해야 했어. 따라서 그 버스를 탈 수 있는, 루사일 스타디움 역으로 가야 했지.

그런데 가는 길에 재미있는 일이 있었다? 바로 중동 형님들이 나에게 말을 걸고 웃으면서 자기들이 구트라를 다시 잘 씌어 주겠다는 거야. 나야 좋았지. 내가 쓴 방법이 사실 완벽하다고 생각하지는 않았거든. ㅋㅋㅋ 어쨌든 정성스럽게 해 주는데, 왠지 심쿵 하긴 하더라. ㅋㅋㅋ 그리고 그렇게 쓴 결과, 와우… 내가 원하는 모양으로 나오긴 하더라. 확실히 현지인이 직접 모양을 만들어 주니까 내가 이상적으로 생각하는, 중동의 구트라 착용 형태가 나오더라. 나도 오늘부터 진정한 카타르인 '모하메드 알-선재'인가?(어쨌든 감사하다고 인사하면서 같이 사진을 찍은 것은 덤)

이제는 '모하메드 알-선재'라는 이름을 가진 중동인이 진정으로 된 상태에서 수크 와키프 역을 통해 미쉐립 역으로 가고 그곳에서 오늘 경기를 안 보는 알리송과 헤어지고 레드 라인을 통해 루사일 스타디움 역으로 향했어. 월드컵 결승전이 열릴 장소인 루사일 스타디움. 비록 그곳에서 경기를 보지는 않지만 외관을 볼 수 있었기에 은근히 두근거렸어.

그렇게 지하철 레드라인의 종착역이라고 할 수 있는 루사일 스타디움에 도착했어. 여기가 결승전이 열리는 장소이군. 그렇게 생각하니까 으리으리하고, 번쩍번쩍하고, 하여튼 멋있는 부분들은 다 때려 넣었다는 생각이 들 정도로 너무 멋진 경기장이었어. 게다가 이 당시에는 거짓말 안 하고 우승 팀이었던 아르헨티나가 이곳에서 뛰는 장면이 머릿속에 생생하게 그려지더라고. 그땐 왜인지 그렇게 생각이 들었어. 어쨌든 나도 돈이 조금만 더 많았더라면 결승전까지 보고 갔을 수 있을 것 같은데. 그게 낭만 아니겠어? 축구를 좋아하는 사람들에게는 특히나 말이야. 하지만 오늘은 셔틀버스를 이용하러 온 것이기 때문에 이 멋진 경기장 풍경을 뒤로할 수밖에 없었지…. 다음을 기약하며….

그렇게 오늘은 자랑스러운 도이칠란트(독일) 국가대표팀 유니폼을 입고, 루사일 스타디움 역에 도착해 구매한 독일 국기를 몸에 두르고, 독일인의, 비장한 마음으로 버스에 올라탔어. 두근거리더라. 왜냐하면 오늘 독일이 16강에 진출할지에 대한 여부가 걸린 경기니까. 스페인이 일본을 잡는다는 가정하에 독일이 코스타리카를 상대로 이겨야 16강에 오른다는 경우의 수였어. 한 마디로 오늘 경기는 무조건 잡아야 한다는 것이었지. 나는 솔직히 4년 전에는 우리나라인 대한민국이 이겨서 좋았다는 생각이 들었지만, 결국 월드컵 4회에 빛나는 축구 강국인 독일이 조별예선에서부터 경우의 수를 따지는 팀이 되었는지, 그래서 이런 상황이 슬프고 영원한 강팀은 없다는 생각까지 겹치더라. 이게 독일에서 잠깐 어학연수해서 그 마음이 든 것일까? 그렇게 여러 가지를 생각하며 알 바이트 스타디움으로 가는 버스 창문 너머를 바라보았지. 참고, 참 멀긴 멀다.

"형 이제는 독일식 이름도 지어야 하는 거 아니에요? ㅋㅋㅋ"

그러게… 독일식 이름은 뭘로 짓지? 브랜든 뮐러(Brandon Müller)? 일단 이렇게 지은 이유가, 내 영어 이름은 브랜든이고, 내가 토마스 뮐러 형을 좋아하니까?

그렇게 도착한 알-바이트 스타디움. 여기는 그래도 괜찮았던 것이, 셔틀버스 정류장에서 경기장까지의 거리가 가깝더라고. 그래서 경기를 보고 나오면 무리가 없을 것 같다는 생각이 들었어. 다만 경기가 밤 10시에 시작하기 때문에 그 시간 자체가 부담이 크지만 말이야.

근데 경기까지의 시간이 조금 차이 나서 그런지 경기장 주변에 사람이 없는 것 같더라. 그래서 천천히 주변을 둘러보면서 독일인과 독일어로 오늘 이길 것이라고 얘기하고 독일 국기를 펼치면서 경기장 앞에서 사진을 찍는 등 즐겁게 다녔는데, 갑자기 중요한 한 가지가 떠올랐어. 바로 알라딘 램프를 어떻게 할 것이냐에 대한 것이었어. 그도 그럴 것이 램프는 딱딱하기 때문에 자칫하면 흉기로 될 수 있어 반입이 금지될 수도 있는 것이잖아. 그래서 귀찮더라도 물건을 맡기는 곳을 찾아다녀 결국 물건 보관소에 들어갔어. 다행인 것은 물건을 맡기러 오는 사람들이 없어서 기다리는 시간 없어 바로 맡겼는데, 내 램프와 구트라를 착용한 나를 보더니 직원들이 웃더라. 하긴 내 패션이 마치 동화 속의 알라딘과 지니가 생각나기는 할 거야. 아, 근데 맡기기 전에 한 번 '독일이 이기게 해 주세요.'라고 소원을 빌며 문질렀지. 그렇게 물건을 맡기기 전에 첫 번째 소원을 비는 데 성공했어. 제발 이루어져라!

물건을 맡긴 후 나는 가벼운 마음으로 소지품 검사를 하고 경기장에 입성했어. 그런데 밖과는 달리 문안에는 사람들이 북적거리더라. 그냥 경기가 멀어서 안 온 것이 아니라 문안에 있었던 것이었다고 알게 되었어. 와아아… 근데 경기장 외관 진짜 아름답기는 하다고 생각이 들더라. 뭐랄까 중동 특유의 휘황찬란한, 단적인 색감과 느낌들이 경기장을 둘러싸고 있다는 느낌이어서 그런지 내가 지금까지 본 경기장 중에서도 최상위에 속하는 디자인이라고 생각이 들었어. 이름도 알-바이트 스타디움이라 그런지 더 멋있어 보이기도 했고 말이야. 아, 근데 여기서도 한국인이 있더라. 와 ㅋㅋㅋ 어제도 호주 경기에서 보았는데 또 보네. 왠지 반갑다.

"ㅋㅋㅋ 중국만큼 인구가 많은 것도 아닌데 어딜 가나 한국인이 있네요. 이게 바로 킹한민국의 위엄인가?"

그래. 킹. 한. 민. 국. 어쨌든 뭐 할 거 없나 둘러보고 있는데 마침 라이브로 벨기에와 크로아티아의 경기를 중계해 주고 있더라. 그래서 나도 경기가 시작하기 전까지 딱히 할 것이 없어서 이 경기나 시청했지. 참고로 이 경기는 벨기에에 매우 중요한 것이, 이 당시 상황이 벨기에가 모로코에 0-2로 일격을 맞으면서 1승 1패를 기록하고 있던 상황이라, 크로아티아를 상대로 승리를 거두지 못한다면 조별예선에서 탈락하는 수모를 겪을 위기였던 것이야(다만 모로코가 캐나다를 상대로 무승부 이하를 거두면 모르겠지만 그러한 확률은 낮았어. 왜냐하면 캐나다는 이 조의 최약체로 분류되었기 때문이야). 그래서 벨기에는 무조건 크로아티아를 잡아야 했고, 반대로 크로아티아는 무승부 이상만 거둬도 16강에 진출할 수 있는 유리한 고지를 점령하고 있었지.

나는 그래서 이 경기가 기대되었던 것이, 황금 세대의 벨기에와 지난 대회 준우승을 차지한 크로아티아의 정면 승부였기 때문이야. 게다가 두 팀 모두 상황이 상황이니만큼 절대 대충 할 수 없는 상황이라 박진감이 넘쳤기도 했고 말이야. 그런데 공격 찬스가 더 많은 쪽은 벨기에였어. 벨기에는 더욱 급한 상황이라 총공세를 펼쳤지. 그런데 웃긴 장면들이 너무 많았어. 왜냐하면 벨기에의 주포라고 할 수 있는, 세계적인 공격수 로멜루 루카쿠 선수가 지난 시즌부터 계속 부진을 거듭하고 있었는데, 이번 경기에서는 아예 넣으라고 준 찬스들을 다 날려 버린 거야. 사람이 실수를 할 수도 있고 축구 선수니까 건들기라도 하는 거 아니냐는 반응이 나올 수도 있어서 말하는데, 경기를 봤으면 그런 말이 안 나올 거야. 그도 그럴 것이 그 정도로 많은 찬스를 날렸으니까. 그렇게 벨기에는 단 한 차례의 득점도 기록하지 못했고 더불어 모로코가 같은 시간대에 열린, 캐나다와의 경기에서 2-1로 승리해 모로코와 크로아티아가 16강에 진출했지.

사실 근데 이제야 말하는 게 있는데, 벨기에가 이번 조별예선에서 16강 진출을 하기는 힘들었던 것이라고 생각하긴 했어. 그도 그럴 것이 선수 개개인의 실력은 좋았지만 내부에서의 잡음이 대회 중간에 있었던 거야. 이런 팀 특성상 아무리 선수진의 능력이 좋아도 부진 끝에 조별예선 통과를 실패하는 것이 대부분의 시나리오이지. 실제로 2010 남아공 월드컵 당시에도 강력한 팀 중 하나였던 프랑스 국가대표팀 내에서 왕따 논란이 있는 등의 내부로 인해 대회 내내 졸전을 보여 준 끝에 1무 2패로 탈락했으니 말이야. 그런데 독일은 그런 내부 분열이 없는 데에도 불구하고 왜 16강 경우의 수를 따지고 있는 거지?

"어휴… 루카쿠… 이제는 웃음벨인 그…. ㅋㅋㅋ 그런데 진짜 독일은 내부 분열이 없는데 왜일까요…. ㅋㅋㅋ"

그렇게 '크로아티아 vs 벨기에'의 경기가 끝난 후 좀 더 시간을 때우다 내가 들어가야 하는 입구 쪽으로 가기로 했어. 그런데 경기장의 크기가 워낙 커서 그런지 내가 가려는 입구까지의 거리가 상당하더라고? 하… 진짜 겁나 멀더라…. 그래서 가는 길까지 조금 애먹긴 했는데, 그래도 잘 찾아서 들어갔어.

아, 근데 들어가기 전에 사람들이 모여 있고 여러 방송국에서 나와서 찍고 있길래 서성이다가 갑자기 누가 나한테 말을 걸더라고? 그래서 응답했더니 자기는 유튜버이고 오늘 경기에 대해 찍고 있는데 인터뷰를 할 수 있냐고 물어보는 거야. 가능하다고 하면서 영어로 말할 수 있다고 했어. 그래서 그는 나한테 오늘 독일이 어떻게 경기할 것이냐고 물어보았는데, 나는 독일은 오늘 무조건 승리할 것이고 16강에 진출할 수 있을 것이라고 했어. 오늘 가능하다고 했어. 그렇게 간단한 인터뷰를 마치고 경기장에 입성.

"오… 그렇게 유튜브 출연…ㄷㄷ?"

그렇게 입성한 경기장. 확실히 내부에 들어서자마자 웅장하다는 생각이 번뜩 들더라. 내가 카타르에 와서 직관하는 네 번째 구장이기도 해서 왠지 두근거리기도 했어.
아, 그리고 또 하나 두근거리는 이유가 있던 에피소드가 하나 있었어. 바로 맹모삼… 아니 이건 다른 사자성어이고 삼고초려라는 사자성어 알지? 왜 그 삼국지에서 유비가 제갈량을 모시기 위해 포기하지 않고 세 번이나 찾아갔다는 그 유명한 일화에서 나온 사자성어 말이야. 내가 오늘 딱 그런 상황의 에피소드였어.
일단 나는 코스타리카의 골키퍼인 케일러 나바스라는 선수를 좋아한다고 말할게. 갑자기 웬 고백 멘트냐고? 무슨 이상한 생각을…?

왜냐하면 뭐랄까 어려운 조건을 극복하고 세계 최고의 구단 중 하나인 레알 마드리드에서 당당히 주전을 차지해 그 어렵다는 UEFA 챔피언스리그 3연패의 주역이 되는 등 여러 우수한 커리어를 쌓았잖아. 안 그래도 골키퍼이기도 한 나에게는 롤모델 중 한 명이었는데, 이상하게 코스타리카 국가대표팀을 볼 기회는 여럿 있었지만, 유독 나바스 선수를 못 보더라고. 첫 번째는 2018년에 있었던, 고양에서 열린 A매치였어. 당시에 나는 상대팀이 코스타리카인 것을 보고 드디어 나바스 선수를 볼 수 있겠다는 기대감이 내비쳤어. 하지만 지금은 기억이 안 나는데 어째서인지 나바스 선수는 명단에서 아예 제외되었더라고. 그래서 다음 기회가 있겠지 하면서 넘겼지.

그렇게 찾아온 두 번째 기회는 2019 골드컵이었어. 당시 골드컵은 미국에서 개최되었는데 그 기간에 내가 미국에 일정이 있을 예정이라 어느 경기가 있는지 찾았지. 그런데 코스타리카의 경기가 내가 체류할 기간에 있었고, 경기가 열리는 장소도 집에서 가까운 경기장이더라고? 게다가 이 경기는 큰 대회이기 때문에 당연히 나바스 선수가 참여할 것이라 생각해 페이스북에도 올리면서 기대를 했어. 하지만… 아쉽게도 그 당시 다른 일정이 생겨서 경기도 못 보러 갔고 심지어 명단에도 나바스 선수가 없었어. 두 번째까지 그를 못 보니 이쯤 되면 세상이 나를 억까한다고 생각이 들더라. 그렇게 시간을 보냈는데 드디어 오늘이 다가온 것이고 그렇게 나바스 선수를 직접 볼 기회가 생긴 것이지.

그런데 앞선 두 에피소드가 있었으니 경기장에서 확인하기 전까지 긴장을 놓지 않았어. 왜냐하면 갑자기 나바스 선수가 부상으로 빠진다는 등 억까가 또다시 생길 수 있는 것이잖아? 그래서 코스타리카 선수들이 트레이닝을 하러 나온 것을 봤는데, 다행히 나바스 선수가 떡하니 몸을 풀고 있더라고!!! 하… 다행이다…. 그렇게 오늘 그가 경기를 뛰는 모습을 볼 수 있겠네. 하긴 이렇게까지 보고 싶었는데 못 보는 거면 대놓고 인연이 없다고 할 수 있는 거겠지? 그리고 이후에도 그를 볼 수 있는 기회가 없었던 것은 덤이니, 이 에피소드가 지금 생각하면 더 감격스러운 거 있지?

독일 선수들과 코스타리카 선수들이 트레이닝을 끝낸 후 드디어 결연한 마음으로 양 팀이 킥오프를 준비했지. 두 팀 모두 결연한 마음이라고 표현한 이유는, 바로 둘 다 16강에 들 수 있는 확률이 있었기 때문이야.

일단 경우의 수를 정리하자면, 독일은 코스타리카를 잡은 후 일본이 스페인에 패배하거나, 독일이 2점 차이로 이기고 일본이 무승부를 하면 16강에 갈 수 있고, 반대로 코스타리카는 독일을 잡거나 무승부를 할 시 일본이 스페인에 패배하면 16강에 갈 수 있었지. 물론 전제가 '스페인이 일본에 승리'였지만 말이야. 물론 당연하게도, 정상적인 예측이라면 스페인이 일본을 상대로 이기는 것이 일반적이지. 물론! 지금 월드컵에서는 이변이 많이 나오기 때문에 그렇게 단정 지을 수도 없었지만 말이야. 어쨌든 그렇게 긴장되는, 전반전 시작을 알리는 킥오프 휘슬이 불렸어.

'삐이익~'

전반전 초반까지는 내 예상대로, 아니 어쩌면 일반적인 시선들의 예상대로 흘렀어. 독일은 전반전 내내 코스타리카의 골문을 두드리다 전반 10분 만에 세르주 냐브리 선수의 선제골이 터졌어. 측면에서 측면 수비수로 출전한 다비트 라움 선수의 크로스를 냐브리가 정확하게 헤더로 연결하며 간단하게 선제골을 만든 것이었지.

게다가 동시에 열린, '일본 vs 스페인' 경기에서는 전반 11분 만에 선제골이 나오며 스페인이 1-0으로 앞서갔지. 전반의 초반까지는 그렇게 일반적인 예상으로 경기가 흘렀지. 그런데 분위기가 점점 이상하더라. 독일은 이후에도 골문을 두드렸지만 나바스 선수의 선방 쇼에 막히거나 골대를 벗어났어. 심지어 전반전 막판에 케이서 풀러의 위협적인 슈팅을 마누엘 노이어 선수가 빠른 반응 속도로 가까스로 선방하는 등 위협적인 상황까지 연출되었어. 게다가 스페인이 일본을 상대로 점수를 더 벌리지 못하며 그렇게 찝찝하게 두 경기의 전반전이 끝났어.

"그렇게 끝난 전반전… 왜인지 묘한 긴장감이 흐르네요… 진짜 축구는 모르는 거니까…."

맞아. 물론 카카오톡 단톡방들에서는 독일이 결국 올라가겠다는 반응이 대다수였지만, 현장에 있는 나는 왜인지 독일과 스페인이 각각의 경기에서 리드를 하고 있음에도 이상함이 감지되었어. 왜 그런 느낌 있잖아. 이기도 있어도 이렇게 좋은 결과로 끝날 것 같지 않아 불안하고,

오히려 기적이 연출될 것 같은 그런 느낌 있잖아. 축구를 많이 챙겨 본 사람들이라면 내가 어떤 느낌을 표현하는지 알 거야. 에라, 모르겠다. 차라리 단순히 느낌일 뿐이니까. 독일이 16강에 올라가서 명예를 회복할 것이고, 그렇게 했으면 좋겠다고 생각했어.

그렇게 찝찝한 느낌과 함께 후반전이 시작했어. 그런데 이상한 기류가 흐르기 시작했어. 우선 이상하리만치 코스타리카의 경기 주도 흐름으로 점점 넘어갔고 경기 중에는 현재 조 순위를 보는데 일본과 독일이 같은 승점인 거야.

'엥, 뭐지?'

일본이 동점을 완성해서 나온 승점인 것이었지. 당황해서 휴대폰을 확인하니까 도안 리츠 선수가 골을 넣었다고 하더라고. 그래도 독일이 2점 차이의 스코어만 완성하면 독일의 16강 진출이었지. 그래서 다시 안심 모드로 들어갔지.

그런데 갑자기 전광판을 한 번 더 보여 주는데, 아예 일본이 조 1위에 등극해 있는 거야. 나는 당황해서 뭔 일인가 해서 다시 한번 더 휴대폰을 켰는데, 일본이 아예 역전골을 완성시켰던 거야. 당시에는 어떻게 득점했는지 모르겠지만 일본이 2-1로 스페인을 상대로 앞서나갔던 거지. 그러자 경기장 내 관중들이 환호하기 시작했어. 그도 그럴 것이 그들은 언더독의 반란을 좋아할 테니 이해가 되지. 나도 응원하는 팀이 아니면 언더독을 응원하니까. 어쨌든 당황스러웠어. 머리가 새하얘지더라고.

'독일이 진출하지 못하면 어쩌지?' 이 생각만 반복되었지.

게다가 경기 자체도 점점 독일에 불리하게 흘러갔어. 독일의 빌드업 실패로 공을 빼앗아 코스타리카의 빠른 역습이 시작되었고 측면에서 올린 크로스에 의한 헤더 슛을 노이어 선수가 가까스로 막았지만 곧바로 나온 세컨드 볼을 엘친 테헤다 선수가 다시 밀어 넣으며 동점골을 완성시킨 거야. 그렇게 언더독이라 할 수 있는 코스타리카가 동점골을 넣으니 코스타리카 관중들은 물론 다른 관중들도 환호를 했지.

하지만 이상하게도 여기서 독일의 절망 시나리오는 끝이 아니었어. 계속 독일은 골대를 맞추거나 수비에 막히는 등 득점에 실패했고 오히려 추가 골은 코스타리카 측에서 나왔어. 세트피스 상황에서 여러 차례의 경합 끝에 후안 파블로 바르가스 선수가 밀어 넣으며 역전골을 성공시킨 거야. 이대로면 일본, 코스타리카가 16강에 진출하고 독일과 스페인이 짐을 싸야 했어. 한 마디로 언더독들의 향연이 발생한 거지.

하지만 이대로 포기할 독일은 아니었어. 그들도 이대로는 안 되겠다고 생각이 들었는지 아까보다도 파상공세를 펼쳤고 다행히 역전 실점이 나온 지 얼마 안 되어 일대일 찬스를 맞이한 카이 하베르츠 선수가 침착하게 골문 안으로 넣으며 그렇게 간신히 동점골을 완성시키는 데 성공했어. 게다가 이후에도 분위기를 탔는지 하베르츠 선수가 역전골까지 성공시켰고 뒤이어 니클라스 퓔크루 선수까지 추가골을 완성시켰어. 그렇게 2점 차 승리라는 스코어를 완성했어. 이제 일본이 스페인을 상대로 무승부만 하면 독일의 16강 진출이었지.

그렇게 초조하게 휴대폰도 보며 스페인이 동점을 만들기를 바랐어. 하지만 역시 하늘은 독일의 편이 아니었던 것일까. 그도 그럴 것이 일단 미리 설명하자면, 전략적으로는 스페인이 동점을 만들 이유가 없어지기는 했어. 왜냐하면 조 1위로 진출하면 오히려 지난 대회 준우승 국가인 크로아티아를 만나고, 반대로 조 2위로 가면 상대적으로 덜 부담스러운 모로코(이 대회에서 4위를 달성했지만 당시에는 전략적으로 부담이 덜한 상대인 것은 맞았다)를 만나기 때문에 코스타리카가 지고 있는 상황에서 굳이 무리해서 조 1위를 차지할 이유가 없었으니까. 그래서인지 계속 스코어는 변함이 없었고 결국 '일본 vs 스페인'의 경기가 먼저 끝났다는 소식이 들려왔어. 그것도 2-1로. 아직 '코스타리카 vs 독일'의 경기는 끝나지 않았지만 이미 독일에는 무의미한 것이었지. 그래도 경기나 끝까지 보자 하고 자리를 뜨지는 않았고 그렇게 독일은 승리했지만 짐을 싸야 하는 결과를 보고 나는 허탈한 마음으로 경기장 밖에 나왔어. 그렇게 독일은… 월드컵 2연속 조별예선 탈락이라는 굴욕적인 결과로 절망적인 서사가 되었지. 결과론적으로는 지니가 소원(독일의 승리)을 들어준 것이 맞았지만, 정확히는 독일의 16강 진출이라는 소원이 아니었기 때문에 내가 100% 원하는 결과는 아니게 되었지. 아니, 정확히는 부정적인 결과였기 때문에 -100%이라고 해야 할까. 참, 소원이 이뤄졌음에도 부정적인 결과로 도래되었다는 것이 참담했다.

"진짜… 소원은 들어준 것이 맞긴 했는데… 결과가 참 그러네요…."

하… 게다가 허탈한 마음에 힘이 빠져서였을까. 내 램프를 찾으러 가는 길이 이렇게 멀게만 느껴지더라…. 경기장 안에 들어설 때에도 경기장이 넓다고는 생각이 들었지만 막상 경기가 끝나고 보관소에 가려니 그 길이 너무 멀더라. 근데 다시 생각해 보니 진짜 멀긴 했어. 한 30분인가 걸었는데도 밖에 못 나갔으니 말이야. 그래도 어떻게 밖에 나가서 램프까지 잘 찾고 셔틀버스 정류장에 가서 버스를 탔는데, 시간을 보니까 무려 12시 반이 넘었더라고. ㅋㅋㅋ 와… 여기 경기장 안 그래도 숙소에서 먼데 언제 도착하지…. 에라 모르겠다. 그냥 잠이나 자자.

한 1시간쯤 잤을까. 눈을 떠 보니 아직도 버스는 숙소가까지 반 정도 남은 거리에 있었다. 참 내가 카타르까지 와서 새벽 버스를 탈 줄은 몰랐지. 뭐 이것도 나름 귀중한 경험이니 좋지만 말이야. 근데 무엇보다 온몸이 힘들어서 그런지 앉아 있기만 해도 힘듦이라는 감정이 느껴지더라. 그냥 빨리 숙소에 가서 샤워하고 싶은 마음도 들고 말이야. 아, 근데 알리송과 뤼카가 나 놀릴 거 같다는 생각도 들더라. 독일 떨어졌다고.

"어후… 진짜 그 형들의 표정이 안 봐도 상상이 가네요. ㅋㅋㅋ"

진짜 벌써부터 약이 오르더라고. 새벽 2시, 드디어 버스가 도착했어. 휴대폰 배터리도 다 된 마당이라 빨리 숙소에 들어가자고만 생각이 들었지. 근데 어제 말했듯이 경기장에서 온 셔틀버스 정류장은 숙소에서 굉장히 멀잖아. 그래서 이번에도 한참을 걸어야 했지. 후… 안 그래도 새벽 2시라 힘도 없고 독일이 탈락해서 절망스럽기도 하고. 여러모로 힘이 안 난다…. 아냐… 그래도 대한민국은 내일 이기겠지?

 그렇게 도착한 숙소… 알리송은 비장한 표정으로 내가 오기를 기다렸는데, 왜냐하면 의식을 치러야 했거든. 무슨 의식이냐고? 바로… 내일 대한민국이 16강에 오르기를 비는 의식 말이야. 16강에 오를 확률이 9%이지만 이 확률이라도 믿고, 이 확률을 살리기 위해 우리는 의식을 치르기로 했어. 아, 물론 다른 숙소의 뤼카도 불러서 말이야. 그렇게 뤼카도 우리 방으로 도착했고 드디어 의식을 시작하기로 했어.
 우선 내가 수크 와키프에서 산, 이미 하나의 소원을 들어준 램프를 꺼냈지. 그런데 알리송이 의심하는 거야. 이거 썼는데도 독일이 16강에 오르지 못했냐면서. 나는 근데 정확히는 소원을 '독일이 이기게 해 주세요.'라고 빌었다고 했지. 실제로 그랬으니까. 그러자 알리송이 바로 납득을 하며 효과가 있을 것 같다고 바로 나, 알리송, 뤼카가 한곳에 모여서 램프를 문질렀어. 그리고 나서 램프를 한곳에 놓고 우리나라의 전통대로 한 명씩 절을 했지. 제발 내일 대한민국이 16강에 가게 해달라고. 참고로 가나도 주술을 써서 우리나라를 이겼으니 우리도 이렇게 주술을, 그것도 대한민국의 주술과 아랍의 주술을 함께 썼으니 두 배의 효과로 16강에 진출할 수 있겠지? 중꺾마!!! 중요한 건 꺾이지 않는 마음!!!

2022년 12월 2일

드디어… 그날이 다가왔어…. 그날이…

아침이 유난히 눈부시게 밝았어. 창문을 통해 평소보다 더욱 맑은 햇살이 비쳤지…. 아마도…?

그래, 드디어 이날이었어. 전설이 시작한 날이. 대한민국과 포르투갈의 경기, 더 나아가서는 대한민국이 12년 만에 16강을 결정지을 수 있는 경기 날 말이야. 사실 그런데… 가능성은 굉장히 희박했어…. 그도 그럴 것이 대한민국이 16강에 올라갈 확률은 9%로, 우리나라는 가나한테 졌고, 이날 상대하는 포르투갈은 브루노 페르난데스, 하파엘 레앙 등 최고의 선수들을 보유해 우승 후보로 꼽힐 만큼 강팀 중 하나였기 때문이야.

하지만… 왜인지 우리는 포르투갈을 누르고 16강에 올라갈 수 있을 것 같다는, 자신감을 동반한 생각이 들었어. 왜냐하면 우리나라는 지난 월드컵인 2018 러시아 월드컵에서 1, 2차전을 패배했지만 조별예선 마지막 경기에서 디펜딩 챔피언이자 전차군단으로 유명한 독일을 2-0으로 격침시켰던 만큼 불가능을 가능으로 만든 전적이 최근 대회에서 있었기 때문이야. 게다가 일본도 이번 대회 독일, 스페인, 코스타리카 등이 속한 죽음의 조에 속했음에도 불구하고 2승 1패라는 저력을 보여 주었고 사우디아라비아는 아르헨티나를 상대로 2-1 승리, 호주도 2승 1패로 튀니지와 덴마크를 제치고 16강 진출에 성공했잖아? 그래, 그래서인지 우리도 그 기적을 할 수 있을 것이라는 생각이 들었어. 그래서… 우리도 오늘 그 기적을 만들어 볼까, 그려 볼까 계획을 가졌어. 심지어 우리도 가나가 우리나라와 했던 날에 시행했던 주술을 우리도 어제 알리송, 뤼카와 했잖아? 심지어 '램프에 절하기'라는, 우리나라와 아랍의 전통을 합친 주술. 이러면 2배로 주술이 효과 있을 것이거든. 어쨌든 우리도 오늘 해보자는 마인드로 경기 직관을 임하기로 했어.

'중요한 것은 꺾이지 않는 마음'

큰 전투를 준비하듯 비장한 마음을 가지고 오늘따라 따스한 햇살을 맞으며 방 밖에 나섰어. 이후 나가자마자 오늘도 바로 응원에 300% 에너지를 발산하기 위해 에너지 음료 한 캔 하고 버스를 타러 갔지. 아, 참고로 오늘 페이스 페인팅은 안 했어. 왜냐하면 부정을 탈 것 같았거든. 우루과이와의 경기에서는 안 했는데 가나와의 경기에서는 했잖아? 그런데 이 두 경기의 결과는 어땠지? 우루과이와의 경기에서는 예상외로 선전하면서 비겼고 가나와의 경기에서는 패배했고 심지어 벤투 감독님마저 퇴장당해 포르투갈전에 못 나오잖아? 그래서 이날은 나와 알리송

둘 다 부정을 탈 것이라 생각해 페이스 페인팅을 안 하고 가기로 했어. 그리고 나는 구트라를, 알리송은 라이브 모자를 쓰기로 했지. 이것도 내가 가나전 때에는 라이브 모자를 써서 졌으니 혹시 몰라 반전 느낌으로 방지책으로서 말이야. 참고로 지니 효과를 위해서 램프를 가지고 가는 것은 덤이고 말이야.

"후… 대한민국의 승리를 위해 모든 준비를 갖췄군요…. 대한민국 파이팅입니다…."

우리는 경기까지 시간이 많이 남았기 때문에 우선 낮에 잠깐 카타라(Katara)라는 곳에 가기로 했어. 참고로 카타라는 이슬람 문화 마을로, 우리나라로 비유하면 전주 한옥마을이라고 생각하면 돼! 나는 마침 구트라를 쓰고 왔으니 그 감성이 충만한 상태로 돌아다니니까 진짜 이슬람권의 사람이 된 것 같은 기분이 들었어. 이 순간이 바로 진정한 '모하메드 알-선재'의 삶인가?

"오오! 그래도 아랍의 한옥마을! 그리고 그곳에 있는 현지인 모하메드 알-선재! 아, 근데 그런 곳이라면 저도 한번 가 보고 싶네요. ㅜㅜㅜ"

근데 날씨가 끔찍하다는 표현을 쓸 수 있을 정도로 너어무 덥기는 하더라. 그리고 사막 마을이라 그런지 그 특유의 사막 색감 때문에 더욱이

더운 느낌이 더해지는 것 같았고. 그래도 여기에서 램프를 들고, 구트라를 쓰고 마을을 거니니 내가 마치 아라비안나이트에 나오는 장면의 주인공이 된 것 같은 기분이 들더라고. 아, 물론 수크 와키프에 갈 때마다 그런 비슷한 느낌들이 들었지만 말이야. 하긴 분위기가 너무 아라비안스러운 곳이라 그 자체로 내가 아라비안나이트 출연자가 된 것이겠지만 말이야. 아… 근데 반복해서 말하기는 한데, 확실히 날씨나 너무 더워…. 다 좋은데 돌아다니는 내내 지치더라…. ㅜㅜ…

그래서 나와 알리송은 시원한 장소를 찾기 위해 둘러보다가 마침 좋은 곳을 발견했어. 어디냐고? 바로 축구 전시회더라. 우리는 월드컵을 연 국가에 온 만큼 축구 전시회에 들어갈 볼 필요도 있고 더불어 더운 날씨이니만큼 시원한 곳에서 휴식이 필요해 들어갔어.

"오… 카타르에서의 축구 전시회… 어땠어요…?"

와… 지인짜 확실히 더운 나라에서 돌아다니다가 시원한 곳에 들어가니 날아갈 것만 같이 살 것 같더라…는 둘째 치고 신기하더라. 왜냐하면 사실 내 인생에서 아랍 국가 여행은 처음인데다 이곳에 있는 축구 전시회는 못해도 중동, 아니 카타르의 축구에 관련된 전시가 있을 것이잖아. 그래서인지 은근히 두근거리더라고. 카타르의 축구 역사는 어떨지.

그렇게 해서 둘러보고 있는데, 확실히 카타르인지라 예상대로 카타르 축구에 관한 전시가 있더라고. 일단 카타르의 첫 아시안컵 우승인 2019

AFC 아시안컵 우승 당시 사진들도 있고, 카타르 스타스 리그 소속의 명문 구단인 알-사드가 AFC 챔피언스리그 우승 당시의 사진들도 있더라고…. 하… 그러고 보니 저 사진이 내가 좋아하는 수원 삼성을 오래 좋아했던 나로서는 전혀 달갑지 않은 사진이기는 하더라. 그도 그럴 것이 4강에서 비매너 골로 분위기 망가뜨리고 결승에 올라갔으니…. 내 입장에서는 너무 달갑지 않았어. 그래도 뭐 그들에게는 역사적인 축구 역사의 순간이긴 하니깐 이해해야지.

그래도 카타르 축구에 관한 전시 말고도 여러 재미있는 전시가 많더라고?? 일단 프랑스가 2018 러시아 월드컵 우승 당시의 그림, 그리고 독일과 스페인의 월드컵 우승 시즌 유니폼 등 여러 흥미로운 전시가 많더라고. 아, 근데 유니폼 컬렉터로서 특히 나와 인연이 깊은 독일 유니폼은 가져가고 싶더라. 이따 숙소에 가서 독일 유니폼 저 시즌 것이 남아있으면 주문할까 진지하게 고민했다. 물론 고민만. ㅋ

"카타르의 축구 역사라… 어떻게 보면 저희 입장에서는 유럽 축구가 주로 보이고 그 경험들만 자주 겪었을 테니 조금 신기한 경험이겠군요."

그치. 여러모로 신기한 경험이었지…?

그렇게 마치 소설책에 들어간 것처럼, 내 인생에서는 소중하다고 할 수 있는 신기한 전시회를 둘러보고 난 후 우리는 뜨거운 바깥으로 나갔어. 그런데 확실히 에어컨에 쐬다 나오니 바깥의 더움이 더더욱 깊게 느껴지는? 그런 느낌이더라. 하… 다시 들어갈까… 순간 밖에 나온 것이 후회될 정도로 더워 죽겠는데… 그래도 뭐 다시 우리의 일정을 소화해야지.

이번에는 근처의 바닷가에 갔어. 정확히는 바닷가 근처에 작게 마을처럼 형성되어 있더라고. 마치 중동의 어촌이랄까? 근데 사실 신기했던 것이, 카타르가 하도 사막이라는 이미지와 연관이 강하다 보니 바닷가나 어업 등 바다와 관련된 부분이 와닿지 않더라고. ㅋㅋㅋ 그래서 왜인지 이런 풍경도 색다르고 이질적이라는 생각이 들더라고. 하긴 종교적으로 돼지를 못 먹는데 생선은 무조건 잡아서 먹어야지. 사람이 고기는 먹어야 하고 돼지고기를 못 먹음으로써 발생하는, 줄어든 선택지를 해결해야 하니까. 당연한 걸 당연하게 생각이 나질 않더라. 이게 바로 프레쥬디스(prejudice), 편견인가 싶다. 고쳐야지.

"에이, 뭘 이 정도로 편견까지야…. 사실 저도 카타르에서 어업이 발달할 것이라고는 생각 못 했을 것이고, 다른 사람들도 그렇게 생각할 거예요. 어쨌든 여러모로 특별한 경험을 하고 다니시네요. ㅋㅋㅋ"

하지만 아직도 낙타는 못 타봤는 걸…. 이번 여행에서는 앞으로도 못 탈 예정이었고…. 아, 근데 낙타를 타는 것은 카타르에서 평범한 것일 수도 있겠구나.

어쨌든 카타르의 바닷바람을 살랑살랑 맞으며 바닷가를 거닐고 있는데, 확실히 바닷가 근처라 그런지 사막 국가임에도 선선한 바람이 불어 이쪽 부근은 시원하더라. 바다의 푸른 풍경이 아름답기도 하고 말이야. 다음에 카타르에 온다면 다시 들르고 싶은 장소 중 하나라는 생각이 들었어. 나중에 애인과 오면 더 베스트일 것 같긴 하다. '애인이 생기기는 할까…?'부터 생각이 들지만….

"형, 어려운 도전은 애초에 시도도 하지 말라고 했어요!"

야, 인마. 오늘 썰의 주제인 '중꺾마'와 굉장히 동떨어진 발언인 건 알지? 주의하자. (장난)

우리는 살랑거리는 바닷바람의 바닷가를 뒤로하고 이번에는 카타르의 대형 백화점에 도착했어. 그 이름하여 '몰 오브 카타르(Mall of Qatar)' 여기가 바로 카타르의 최대 쇼핑몰이야. 얼마나 크냐고? 지금까지 갔었던 시티 센터 몰이나 빌라지오 몰과는 크기부터 다르더라. 그런데 다른 것은 아니고 우리는 여기서 참가하고 싶은 일정이 있어서 왔어.

"오, 이번에는 어떤 특별한 일정이에요? 두근두근. 도키도키(일본어로 '두근두근')."

그건 바로, 우루과이전 당시에 만났던 유튜버 A 씨였지. 여기서부터는 A라고 지칭하지 않고 인사님이라고 지칭할게. 그분이 전날에 이곳에 오면 점심을 쏜다는 게시글을 SNS에 업로드하신거야. 그래서 나는 아침에 인스타그램을 켜서 그 게시글을 보고 알리송에게 같이 여기에 가면 어떻겠냐고 물어봤더니 알리송도 보자마자 시간도 맞겠다 흔쾌히 'OK'라고 사인을 보냈지. 그렇게 만들어진 일정이야.

우리는 도착하자마자 '이번에도' 여러 브랜드의 유니폼을 아이쇼핑하면서 시간이 되길 기다렸어. 그러다가 시간이 되자 인사님이 공지한 장소에 갔고 그곳에 가서 찾으니 얼마 안 가 인사님이 계신 곳을 보았지. 우리는 인사님께 인사드리니 인사님도 반갑게 맞아 주시고 오늘은 점심을 사 줄 테니 메뉴를 고르고 있으라고 말씀하셨지. 그렇게 메뉴를 고르러 갔는데, 오??? 반가운 얼굴이 보였어. 바로 내가 인천에서 아부다비로 가는 비행기를 탔을 때 옆에서 같이 타며 친해진 분이었지. 왜, 내가 인천에서 출발하는 날 말했던 그분 있지? 그분이야! 이번에도 편의상 그분을 사엘이라고 지칭할게.

"오!!! 기억나네요, 그분! 이곳에서 우연히 뵈다니. ㄷㄷㄷ"

그분, 오랜만에 보니 반갑더라. 그 이상으로. 나는 반가운 마음에 인사하며 담소를 나누었고 알리송과 서로 소개를 시켜 주었지. 그리고 드디어 인사님께서 정리를 하시고 오신 분들에게 사 주시기 위해서 계산을 할 준비를 하고 있었어. 그런데 문제는 내가 그때까지도 무엇을 먹을지 고민하고 있었지. 그러던 와중에 한·일식 도시락집에서 눈에 띄는 메뉴가 하나 있었어. 바로 'BENTO 5'인 거야. ㅋㅋㅋㅋㅋㅋ 이 이름을 보면 대충 눈치챘을 거라고 믿어. 내가 무슨 말을 했을지….

"ㅋㅋㅋㅋㅋㅋㅋㅋㅋㅋㅋ 뭔지는 이해했는데."

그래서 이후 나는 이 메뉴로 골랐고 인사님이 무엇을 먹을지 여쭤보니 나는 바로 이 음식을 선택하며 재치 있게 이유에 대해서 이렇게 답변했지.
"왜냐하면 이 음식이 우리나라 감독님인 벤투 감독님을 응원하기 위해서, 그리고 오늘 5골을 넣고 16강에 가라는 의미로 이 메뉴로 시키겠습니다."
다들 웃으면서 신박하다고 하는 반응이긴 하더라. 하긴 나도 갑자기 스쳐 지나가는 선택이었지만 이 임기응변이 내 인생 역대급으로 재치 있는 임기응변이라 생각이 들어.

"오… 진짜 근데 이건 여러모로 재치가 넘쳤어요. 유머도, 의미도 모두 챙긴…."

그리고 함께 밥을 먹으면서 인사님이 라이브 방송을 틀으셨어. 그러면서 팬분들과 같이 식사를 하면서 담소를 나누시는데 이번엔 유명한

넛츠 세트를 들고 오신 거야. 그런데 그 도넛 세트에 월드컵이라고 여러 국기의 도넛이 있었는데, 눈에 띄는 국가가 있었어. 바로 오늘 상대할 '포르투갈'이었지. 그리고 인사님께서 도넛을 드릴 테니 맛있게 먹어 줄 수 있는 분을 선정했는데 내가 딱 떠오르는 멘트가 있었고, 이내 자신감 있게 손을 들었지. 그리고 내가 포르투갈 국기가 그려진 도너츠를 집었고 곧바로 이런 멘트를 날렸지.

"오늘! 우리나라가 포르투갈을 씹어 먹고 16강에 올라가라는 의미로 이 도넛을 씹어 먹겠습니다!"

그리고는 포르투갈 국기가 그려진 도넛을 마치 먹방을 찍듯이 내 입에 넣고 와구와구 씹었어. 인사님은 놀라면서 이분의 이미지는 지켜 주자며 바로 카메라를 돌리긴 했지만. ㅋㅋㅋ 그래도 재치 있게, 그러면서도 의미는 지키면서 우리나라를 응원하는 데 성공했어. 그렇게 재미있는 식사가 끝나고 인사님과 헤어진 후 우리는 화장실에 들렀다 곧바로 에듀케이션 시티 스타디움에 가는 지하철을 탔지.

"오!!! 진짜 이번 에피소드도 의미가 있었어요!!! 그러니 진짜 형님이 고생하신 대로 대한민국이 포르투갈을 잡고 16강에 진출하길…."

아…! 그런데 그 지하철에 탔는데 익숙한 얼굴이 보였어. 바로 인사님이 초대한 식사에 참여했던 다른 팬분들이셨어. 이분들도 당연하겠지만 이번에 대한민국을 응원하기 위해 간다고 했고 그렇게 스타디움 역에 도착할 때까지 담소를 나누었어. 하지만 사실 몰이 스타디움 역까지 얼마 안 걸리는 거리에 있었기 때문에 금방 담소는 끝났고 그렇게 우리는 서로 오늘 대한민국이 16강에 가기를 빌어 주며 갈 길을 떠났어. 아, 그리고 이 얘기도 언급하면 좋은 게, 그중 한 분이 카타르 여행이 끝난 후 다음 해 입학한 대학 과 후배랑 친구였더라고? 와… 이때는 뭐 그 후배랑 만나기 전이긴 했지만 이렇게 세상이 좁다는 것을 나중에서 깨달았다….

드디어 도착했다! 후… 긴장된다…. 하지만 흥분되었고 설렜어…. 그도 그럴 것이 이곳은 오늘 역사가 시작될 경기장이었으니까! 물론 이번이 우리에게는 3번째 에듀케이션 시티 스타디움 방문이었지만, 그런 감정을 가지고 있었더니 감회가 남달랐어.

게다가 우리도 할 수 있을 것이라는 느낌이 많이 다분했거든. 일본(독일 2-1, 스페인 2-1)도, 사우디아라비아(아르헨티나 2-1)도, 호주(16강 진출)도 불가능할 것 같았던 결과를 냈잖아? 그래, 같은 아시아 국가인 우리도 할 수 있어. 그렇게 생각했어. 우린 믿었어. 그렇게 생각했어. 아니, 믿어야만 했을지도 몰랐지만 그래도 느낌은 믿는 방향이기도 한 것 같아. 그래, 그렇게 생각했었어.

나와 알리송은 역에서 내려 경기장 앞의 광장에서도, 경기장까지 걸어가는 동안에도 목청껏 소리를 질러 응원했어.

'대한민국~ 짝짝짝짝짝~'

오늘은 날씨도 너무 좋았어. 뜨겁다면 뜨거웠겠지만, 이 뜨거움이 날씨의 뜨거움이었을까, 아니면 우리가 포르투갈을 잡고 16강에 간다는 열망에서 나온 뜨거움이었을까. 그냥 모든 것을 할 수 있을 것 같다는 자신감이 가득 찼던 오늘인 것 같아. 아, 그런데 경기장에 입장하기 전에, 짐 보관소에 맡기기 전에 한 번 더 내가 가져온 램프를 문지르면서 소원을 빌었어. 한 번 더 체크해서 나쁠 건 없었잖아?

드디어 입장했어. 이번에는 나와 알리송은 떨어졌어. 왜냐하면 앞 시리즈에서 언급했듯이 동시에 예매하지 못했거든. 그래서 나는 2등석에, 알리송은 1등석에 앉게 되었지. 그런데 내 자리는 참 아이러니하게도 사실… 너무 좋았어. 아니, 사실상 천운이라고 생각이 될 정도의 자리였어. 왜인지 알아? 왜냐하면 대한민국 응원단들이 한데 모여 있었던 좌석이었거든. 게다가 바로 골대 뒤였던 만큼 경기도 잘 보였고 말이야. 심지어 알리송의 좌석이 위층에 있어 필드와 멀었고 응원단과 떨어져 있었단 것을 생각하면 말도 안 되는 천운이라 생각이 들었어.

아, 맞다. 내가 경기장에 완전히 입성하기 전의 썰을 안 들려 줬구나. 사실 이번에도 경기장 앞에서 유명인들을 많이 만났어. 그런데 이번에는 상상 그 이상이었다. 바로 알려 줄게.

일단 조원희 선수를 만났지. 이야, 내가 2019 EAFF 챔피언십 일본전에서 뵈었던 이후로 처음인 것 같네. 그리고 다음에는 지나가다 수원 삼성 출신의 백지훈 선수도 만났어. 그래서 수원 삼성 팬인 나로서는 너무 좋아 같이 사진을 찍었지. 아, 근데 여기서 웃긴 사건이 일어났어. 뭔지 알려 줄게.

나와 알리송이 백지훈 선수와 사진을 찍은 후 갈 길을 가려는데 갑자기 어떤 아름다우신 여성분께서 우리에게 말을 걸더라고. 알리송은 당시 라이브 모자를 쓰고 있었는데, 그분께서 그 모자를 어디서 구매하셨냐고 여쭤보신 거야. 딱 봐도 이 카타르 월드컵 인싸 모자를 구매하고 싶다는 생각이 들었고 우리도 경기장 내에서 구매했다고 말했지. 그래서 그분도 고맙다고 인사를 했고 이후 우리 갈 길을 가면서 이쁘다고 말하면서 갔는데 몇 분 뒤에 갑자기 알리송이 뭔가를 깨달은 듯 이렇게 말하는 거야.

"혹시 저분 BJ 루벨(가명)님 아니에요?"

앗… 알리송의 말을 듣고 곰곰이 생각해 보니 갑자기 루벨님이라는 생각이 갑자기 들더라고. 그러고 보니 백지훈 선수와 친분이 있으니 같이 있을 것 같았고. 이 부분은 우리가 궁금해서 추후에 루벨님의 인스타그램을 확인하니 우리와 봤던 그 복장을 입고, 그 머리 스타일과 함께 찍어서 올린 사진 게시물이 있더라고!!! 하… 나 진짜 루벨님 팬인데 여기서 몰라뵙다니…. 그리고 루벨님은 자신을 못 알아봤을 때 어떤 생각을 했을까? 그렇잖아. 대한민국에서 온 남자 축구 팬, 그것도 한 명이 아닌 두 명이나 자신을 못 알아봤으니 말이야…. 어쨌든 이런 헤프닝 아닌 헤프닝이 있었다 이 말이지.

그래도 이후에는 차두리 선수, 박문성 해설 위원님도 뵈는 영광을 누렸는데, 이 모든 것을 뛰어넘은 순간이 찾아왔어. 무엇이었을까…? 바로 맨유의 전설적인 중앙 수비수인 리오 퍼디난드 선수가 지나가는 거야!!!

'와….이게 말이 되냐…?'

이 생각이 많이 반복되었지. 왜냐하면 나는 당시에도, 지금도 10년 넘게 맨체스터 유나이티드를 좋아했던 만큼, 내 살아생전 맨유의 전설적인 선수였던 퍼디난드 선수를 바로 앞에서 보는 순간이 왔다는 것이 믿기지가 않더라…. 진짜… 이 순간도 너무 행복했어. 그래서 당연히 같이 사진도 찍었고. 이 경험은 얼마를 줘도 안 바꿀 내 평생 보물 중 하나였다! 하… 이런 순간이 올 줄 알았으면 내 집에 고이 모셔 놓은 맨체스터 유나이티드 2016-17시즌 카라바오컵 결승 자수 마킹 유니폼 가져갔지.

그렇게 하루 종일 여러 유명 축구 인사들을 뵙고 난 후 나는 그렇게 경기장에 입성했지. 좌석은 앞서 언급한 그 대한민국 응원석 자리였고 말이야. 후… 내 마음속에서는 온갖 긴장감이 올라왔어. 우리나라가 9%의 기적을 이룰 수 있을까? 아까는 이룰 수 있다는 자신감이 가득했지만 막상 경기장에 들어서니까 이러한 생각만이 맴돌기 시작했었어. 하지만 어쩌겠어? 우리는 그저 목청 놓아 응원을 할 수밖에 없었지. 그게 우리가 할 수 있는 최선이었으니까. 그렇지만, 대한민국이 이길 수 있었다면 그깟 목이 나가는 것쯤이야 아무것도 아니었지.

'삐이익~'

그렇게 우리의 붉은 응원과 함께 경기가 시작되었어. 그런데… 확실히 포르투갈 멤버는 너무 좋더라. 이미 16강을 확정 지어 로테이션 멤버를 가동했어도 초반부터 경기력에서 우리가 주로 밀리는 모습을 보였어. 그러다 결국 우려대로 골은 포르투갈이 먼저 넣었어. 디오고 달롯 선수가 측면에서 김진수 선수를 돌파한 이후 중앙으로 패스했고 침투하던 히카르두 오르타 선수가 컷백으로 슛을 차 골망을 흔들었지. 그렇게 포르투갈이 앞서가기 시작했어.

그런데 이상하게도 선제골을 내준 이후, 뭔가 이상한 기류가 흘렀어. 그것도… 우리 입장에서는 긍정적인 기류가 말이야. 이상하리만치 선제골을 먹혔음에도 우리 선수들은 기죽지 않고 오히려 기세가 등등했고 그렇게 경기력은 우리 쪽으로 조금씩 기울었어.

그렇게 흘러가는 경기. 결국 우리가… 일을 냈어! 코너킥에서 올라온 공이 크리스티아누 호날두의 등을 맞고 정확히 김영권 선수의 앞에 떨어진 거야! 포르투갈의 선발 골키퍼였던 디오고 코스타가 급하게 앞에 나왔지만…. 우리의 김영권 선수는 이 기회를 놓칠 리 없었고 그대로 가볍게 발을 맞춰 동점골을 완성했지. 크으~~~ 역시 조별리그 3차전에서는 매번 좋은 모습을 보여 주더니 지난 월드컵 독일전에 이어서 이번에도 한 건 했지!!! 진짜 '월드컵 조별리그 3차전의 사나이'라는 위용에 맞는 활약이었어! 그리고 동시대에 열린 '가나 vs 우루과이' 경기에서도 희소식이 들려왔어! 바로 우루과이의 지오르지안 데 아라스카에타의 선제골이 나온 거야! 게다가 이후에도 그가 한 골을 더 추가했고 그렇게 우루과이가 2-0으로 앞서기 시작했어. 산술적으로 우리가 이길 시에 우루과이가 2점 차 이하로 승리해야 우리나라가 16강에 진출할 수 있다는 계산이 나오는데 점점 분위기는 그렇게 흘러가고 있는 거야! 그러자 안 그래도 목청 놓아 응원했던 우리는 200%, 300% 목청을 높여 응원했지. 한국의 승리를 위해서.

　이후 전반전이 끝날 때까지 김승규 선수의 선방 퍼레이드를 포함해 골문을 사수하는 데 성공했고, 서로의 공방전이 이어진 후 추가 득점이 없는 상태로 전반전이 끝났어. 전반전이 끝난 시점에서, 일단 나의 감정은 이랬어. 이상하리만치 점점 우리는 할 수 있을 것이라는 자신감이 올라오고, 기적을 이룰 수 있을 것이라는 생각이 점점 확신으로 차오르는 느낌이 들었어. 아마도, 이러한 감정은 당시 나뿐만 아니라 현장에서 있었던, 그리고 저 멀리 대한민국 본토에서 목청 놓아 응원하던 모든 대한민국 사람들이 그렇게 느꼈을지 몰라. 아니, 그렇게 느꼈을 거야.

　'삐이익'

그러한 감정과 함께 울린 후반전 휘슬. 우리나라는 선수도, 코칭스태프도, 그리고 그들을 응원하는 대한민국 모든 사람들 그 누구도 집중을 잃지 않고 경기를 이어 나갔어. 그 누구도 기적을 위해 열심히 달리고 슛을 차고 아까워하고, 그리고 이번에는 400%, 500% 높여 목청이 터져라 응원하고.

그리고, 접전 상황에서 그가 투입되었어. 누구냐고? 바로 그는, 대한민국의 에이스 공격수 '황희찬'

사실 황희찬 선수는 여러 부상 이슈 때문에 계속 제대로 출전을 하지 못했는데, 드디어 이번 경기에서 교체로 모습을 드러냈어. 그런데 교체를 들어오기 직전의 표정을 보았는데, 마치 '내가 이 대한민국을 구원하기 위해 등장했다.'라는 의기양양한 표정이었어. 그 왜 있잖아. 홀란드가 챔피언스리그 경기 직전에 고개를 까딱하며 '훗~' 이러는 표정 있잖아! 딱 황희찬이 그런 표정이었어. 그리고 그는 그 자신감대로 경기에 투입한 이후 내내 포르투갈의 수비진을 흔들며 그의 진가를 발휘하며 우리의 기대를 부풀렸지. 그리고…

그렇게 공방전이 이어지면서 결국 정규 시간이 모두 끝나고 추가시간에 돌입했어. 우리는 너무 급했어. 아직 1-1 무승부 상황이었고, 이대로라면 우리나라의 16강 진출은 단순한 희망고문에 그칠 위기였어.

그런데…

그런데…

그런데… 드디어 기적이 터진 거야!!!

포르투갈이 코너킥을 찼는데 그 공을 수비가 잘 커트한 후 손흥민에게 바로 전달이 된 거야. 당시 안면 부상을 당해 안면 보호 마스크를 끼며 투혼을 보여 준 손흥민 선수는 그대로 빠르게 질주를 하며 역습을 시도했고 포르투갈의 골대 문전 앞까지 왔어. 그런데 포르투갈 선수들이 그에게 달라붙어 공간이 보이질 않았지. 후… 이대로라면 이상한 마무리로 끝날 위기에 처했어….

그런데…! 손흥민 선수는 앞에 빠르게 침투하는 황희찬 선수를 봤고 포르투갈 선수들의 다리 한 끗 차이 사이로 패스했지. 그리고 황희찬 선수는 그렇게 잘 받은 패스로 일대일 찬스를 만들었고 침착하게 골대 안으로 슛을 찼지. 그리고 그 슛은 코스타를… 지나쳤고 그대로 골대 안으로 들어갔어.

"골… 진짜… 골이라고…? 진짜야…? 우와아아아아앙아아아아아아아아아아아아아아아!"

난 이 순간을 보고도 믿지 못했어. 진짜로 처음엔 내 볼을 꼬집었다니까? 알고 보니 이 순간이 꿈이고 나는 지금 숙소에서 자고 있는 것일 거고. 그런데 볼을 꼬집어 보니 아픈 거야. 아야. 그리고 이 통증이 느껴진 순간, 그리고 볼이 빨개진 순간 이 상황이 현실이라는 것이 실감이 났고 그대로 소리를 질렀고 그 자리에서 울기 시작했어. 너무 감격스러웠어. 내가 감격스러워서 눈물을 흘린 경우가 지금까지 고등학교 체육대회에서 기적적으로 승부차기 승리를 통해 결승전에 간 순간을 제외하고 거의 없었는데 그 경우가 지금 나타난 거야. 심지어 그때보다 더 감격스러웠고, 눈물은 펑펑 쏟아졌고. 그리고 경기는 그렇게 2-1로 대한민국의 기적적인 승리라는 결과가 되었어!!! 우리는 그렇게 기적적인 16강이라는 서사가 90프로 완성되었어.

   이제 남은 것은 우루과이가 가나를 상대로 2점 차 이하 승리를 거두는 것이었지. 내 주변의 관중들은 곧바로 휴대폰을 켰고, 나도 켰고, 덩달아 경기장 내의 대한민국 선수들도 휴대폰을 켜 그 경기 결과를 확인했어.

   그렇게 '우루과이 2-0 가나' 스코어는 바뀌지 않은 채 시간은 흘러갔어. 그리고 추가시간도 끝났어. 모두가 현 상황을 소리 내어 설명했고 그렇게 경기가 끝날 때까지 적막감은 흘렀지. 그리고… 드디어 '우루과이 2-0 가나' 스코어대로 경기 종료되었다는 알림이 떴고 이 경기장 내의 대한민국 사람들은 모두 환호성을 질렀어. 물론 현장에 있었던 선수들도 포함해서 말이야. 그렇게 내가 마지막으로 그 현장의 후기를 남기자면,

'그날 현장은 말이지… 축제였다…. 그리고 그 축제의 주인공은… 바로 우리 대한민국이었다.'

   ㅋㅋㅋ 아니 그렇게 목청 터져라 응원을 하고 울고 경기장 밖에 나오

니, 목이 쉬어서 그런지 제대로 말을 못 하겠더라… ㅋㅋㅋ 그런데 밖에 나오니 여기저기서 취재를 하고 있더라고. 그러러니 해서 가려는데 한 곳에서는 아예 한국에서 온 취재진분들께서 인터뷰를 하고 서로 환호를 하더라. 이에 질 수는 없으니 관종인 나도 바로 그 무리에 합류해서 다 같이 빙글빙글 춤을 췄지. 그리고 갑자기 한 브라질 축구 팬분이 내 손을 잡길래 나도 그 흥에 맞춰서 흥겹게, 즐겁게 춤을 췄지. 진짜 그 밤은 어느 밤보다도 아름답더라.

이후 알리송과 합류했는데, 그가 갑자기 이렇게 말하더라고. 자신의 친구와 함께 만나서 밥이나 같이 먹자고. 그래서 나는 그의 제안을 수락한 후 바로 그 장소에 갔어. 갔더니 어떤 여성 두 분이서 알리송에게 인사하더라고. 그리고 나서 나와 알리송은 그녀들의 차량에 탑승했는데, 그녀들이 여러 설명을 해 주면서 카타르의 시내를 구경시켜 주더라고. 확실히 평소엔 걸어 다니거나 차라고 해 봤자 버스를 타야 카타르의 시내를 일반 차도에서의 차창으로 구경할 수 있었는데 버스 노선은 제한적이다 보니 그럴 기회가 거의 없었지. 그래서 일반 차량으로 카타르 시내를 거닐면서 보는데 진짜 예쁘더라. 월드컵 때문에 카타르에 방문한 것이었지만 다음에는 여행으로서 순수하게 오고 싶다는 생각도 강렬하게 들었을 정도로 그랬어. 그래서 이렇게 좋은 기회가 있어 사람들에게 너무 고마웠지.

그리고 이번에는 한 바닷가에 데려가더라고. 사실 가 보니까 유명한 바닷가 근처는 아니고 약간 동네 주민들만 아는 바닷가 거리 그런 느낌이 물씬 들더라고. 참, 현지인들만 아는 거리라 그런지 색다른 기분이 들더라. 그러면서도 나는 아시안컵 일정도 있고 궁금한 점이 생겨 우리를 바다에 데려온 분에게 물었어.

"혹시 카타르는 여름에 얼마나 더워?"

그런데 혀를 끌끌 차며 말도 말라고 했어. 그도 그럴 것이 여름에는 55도로 올라가고, 오전에는 배수구가 가열되어 아예 샤워기에서도 뜨거운 물만 나와 샤워하는 것도 불가능하다고. 와… 왜 월드컵을 지금 열었는지 알겠더라. 사람들은 여름에 대회를 개최하지 못하냐고, 에어컨 가동하면 안 되냐고 하는 반응을 보았던 것이 기억났는데, 내가 볼 때는 그렇게 해도 여름에 개최하면 선수 한 명은 쓰러진다고 본다. 어쨌든 이로써 여름에는 중동에 오면 안 된다는 것을 알았다. 더불어 대부분 저녁 이후에 활동을 많이 하는 지도 더 상기되었고 말이야.

그렇게 바닷가를 갔다 온 후 이번에는 밥을 먹자고 해서 차를 타고 갔지. 가면서 또 구경했던 경치가 좋았다는 것은 덤이고~ 그렇게 도착했는데, 그 친구가 메뉴를 고르라고 했어. 나는 알리송과 함께 골랐고 그렇게 그 친구가 차에서 기다리라고 하더니 음식을 가져왔어.

하나는 '사모사'라는 음식이었는데, 마치 세모 만두 같은 느낌이더라고. 그래서 먹어 보니까 진짜 만두같이 맛있긴 하더라. ㅋㅋㅋ 근데 이 음식도 내 스타일 of 스타일이었어. 그리고 다른 음식이었던, 케밥도 있었는데 이 음식도 엄청 맛있더라. 그리고 뉴욕 양키스의 전설적인 투수인 마리아노 리베라급 마무리로 나온, 카락티라는 이름의 밀크티! 나는 사실 평소에 밀크티를 즐겨 마시는 사람은 아니었는데, 한 잔 마시니까 피로가 확 가시는 느낌으로 맛있더라. 그 맛은 아직도 잊지 못하겠어. 왜 이렇게 중동 음식들은 전부 내 스타일인 걸까? 하긴 미국에 있었을 때에도 먹었던 할랄 푸드는 내 인생 최고의 음식 중 하나였고, 그 기원지가 이 중동이니 어떻게 보면 당연한 것일 수도?

그다음 일정은, 내 평생 잊지 못하는 특별한 일정 중 하나였어. 참, 신기하네. 이날 내 평생 잊지 못하는 특별한 일정들을 맞이하니.

같이 왔던 다른 친구를 그 친구의 집에 데려다준 후, 우리는 한 야외 바에 갔어. 풍경도 바임에도 불구하고 아랍스럽더라. 이 느낌 너무 좋았어. 그리고 우리는 평소에 해 보기 어려운 체험을 했어. 바로 '시샤라는 중동식 물담배였지. 우리는 시샤와 함께 모히또를 주문하며 여러 이야기를 했어. 그러다가 시샤와 함께 모히또가 나오더라고? 우리는 함께 모히또를 마시며 간담을 나누고 시샤를 피웠지. 직원은 시샤를 피는 방법을 알려 주었는데, 은박지 같은 곳에 불이 나는 정사각형 물체를 놓으면, 담배로 된 물이 끓어. 그리고 그 끓어서 나오는 증기를 마시는 원리였는데, 참고로 한 번 정도는 일반 담배만큼 뻐가리가 돌지는 않지만 양이 많아서 힘들다고 하더라고. 그래서 실제로 펴 보니까 한 번은 약한데, 양이 너무 많아서 우리 세 명이 열심히 피는 데에도 다 피지를 못하더라고. ㅋㅋㅋ 그래도 사실 원리가 약간의 물담배를 함께 피면서 같이 이야기를 하는 것이 이 중동 문화인 것이라 나름 색다르고 평생 잊지 못할 추억이었지.

아, 그리고 여기서 나 드디어 구트라를 제대로 쓰는 방법을 영상으로 찍었다! 한 잘생긴 중동 청년 직원이 내가 구트라를 쓰고 있는 모습을 보고 웃으며 다가오더니 제대로 씌워 준다는 거야. 그래서 나는 고마운 마음으로 승낙했는데, 갑자기 한 생각이 번뜩 떠오른 거야. 이 장면을 영상으로 찍자! 그래서 바로 알리송에게 내 핸드폰을 맡겨 찍게 부탁한 후 바로 찍었지. 그렇게 그가 정성스럽게 내 머리에 구트라를 씌워 주었고, 그 영상은 아직도 내 핸드폰에 남게 되었어. 너무 고맙다는 생각이 들더라. 카타르란 나라, 참 좋은 것 같아.

그리고 결국 삐가리가 너무 강하게 남아 다 피지 못한 시샤와, 모히토를 다 마신 빈 잔을 두고 우리는 숙소를 향해 갔지. 그런데 이번에는 좀 더 특별하게 갔어. 왜냐하면 이번에도 그녀가 우리를 데려다 주었거든. 진짜 이렇게까지 호의를 받아도 되는 것인지 모르겠다. 너무 고마웠지. 그러면서도 일반 차량에 타고 카타르의 국도를 타는 것은 왜인지 모르게 색다른 느낌이었어. 밤이어서 그런지 신비로운 감성이 내 머리를 맴돌기도 했고 말이야. 이런 감성과, 이에 맞물린 경치를 내 인생에서 다시 볼 수 있을까? 아니, 보고 싶고 그래서 카타르에 또 오고 싶다는 생각이 강렬하게 들었어.

그렇게 그녀가 우리를 데려다 주었고 우리는 오늘 인생에서 절대 잊지 못할 기억들을 품은 채 카타르에서의 마지막 여정을 준비했어.

아, 그래도 이 말 한마디를 하고 오늘의 일기를 마무리할게.

'오늘 2022년 12월 2일의 기억은, 그 무엇과도 바꿀 수 없는 소중한 보물이야.'

2022년 12월 3일

그렇게 나에겐 평생 잊지 못할, 그 무엇과도 바꿀 수 없는 어제의 기억을 뒤로하고, 드디어 카타르 월드컵 여행에서의 마지막 날이 다가왔어.

"그렇게 길고 긴 카타르 월드컵 여행의 마지막 날이 다가왔군요."

맞아. 그래서인지 마무리 여행을 하려고 하는데 어제의 꿈같은 경험을 하고 나서인지 문을 나서는 순간부터 기분이 싱숭생숭하더라고. 하지만 마무리 여행인 만큼 어제만큼은 아니더라도 여행 마지막 날인만큼 그 누구보다도 알찬 하루를 보내야겠다고 다짐했지.

사실 우리는 욕심 가득한 상태로, 어제의 경기로 월드컵 여행 경기 직관을 마무리하고 싶지 않았어. 한국 경기를 보고 싶었냐고? 그것도 좋았겠지만, 우리는 이 경기를 꼭 보고 싶었지. 바로 아르헨티나와 호주의 16강 경기!

"오! 마침 카타르 월드컵 여행의 마지막 날에 우연찮게 아르헨티나와 호주의 16강 경기가 열렸군요!"

맞아. 예상은 못했지만, 어떻게 보면 운 좋은 순간이라고 할 수 있었어. 아, 근데 물론 티켓을 구했어야 좋았다고 할 수 있었어. 그래서 우리는 숙소 바깥에 나서자마자 이번에도 DECC 앞에 있는 피파 센터에 갔지. 이번에는 기적적으로라도 아르헨티나의 티켓을 구하기 위해서. 아, 정확히는 호주 유학생인 알리송 입장에선 호주의 역사적인 월드컵 16강 경기를 볼 수 있는 티켓을 구하기 위해서.

음… 그런데 사실 여기에 대한 에피소드는 싱겁게 끝났어, 왜냐하면 이번에도 티켓이 없다는 답변만 돌아왔고 암표상들은 16강 경기여서 그런지 저번 때보다 가격을 더 높게 부르더라고. 쩝… 사실 암표의 가격이 높은 것은 그러려니 하는데 이걸 당장 지불할 수 있는 방법이 없으니…. 그래서 우리는 깔끔하게 포기했지.

"아… 그렇게 기적을 노리나 싶었는데…. 좀 싱거우면서도 아쉽네요. 그래도 부랴부랴 센터부터 왔는데."

후… 근데 뭐 사실 되게 어려운 도전인 것은 인지하고 있었던 지라 크게 실망하진 않았어. 그냥 이후 백화점에서 저번에 먹었던 몽골식 볶음밥과 콜라로 점심을 때우고 우리는 다음 일정을 소화했지.

그러고 보니 우리가 첫날 카타르에 오자마자 DECC 근처의 건물가를 산책하며 야경을 감상했잖아? 그런데 이번에는 걸었던 범위보다 좀 더 넓게 걸었는데, 뭐랄까 좀 새로운 느낌이 들었어. 그도 그럴 것이 이번에는 밤이 아닌 뙤약볕이 비치는 낮이었고, 그때보다도 더 넓은 범위의 지역에 가 본 것이잖아? 그래서인지 분명히 와 본 곳인데도 낯설다는 느낌이 들었어. 아, 물론 저번에 보았던 손흥민 선수의 포스터는 너무 익숙했지만.

아, 근데 걸어가다가 '버드와이저(Budweiser)'라는 맥주 브랜드의 홍보 부스가 있더라고? 그런데 이 부스를 보니까 왠지 불쌍한 기분이 들더라. 왜 그렇잖아. 이 브랜드가 이번 카타르 월드컵의 메인 스폰서로 자리매김했는데, 하필이면 알코올 술을 엄격히 금지하는 이슬람 국가에서 치른 월드컵이다 보니 그들의 홍보가 굉장히 한정적일 수밖에…. 그래도 다행히 무알콜 맥주를 경기장에서 섭취할 수 있다던가 정해진 구역에서 알코올 맥주를 섭취할 수 있다던가 이런 것은 되더라고? 그나마 그들에겐 다행이었겠지.

"하긴 이건 그들에게 조금 억까이긴 했을 것 같아요. 큰돈을 들여서 대회 공식 스폰서로 되었는데 하필 이슬람 국가여서 그런지 그들이 원하는 홍보로 인한 이득까지 도달하기 힘들게 되었을 테니까요. 애초에 상품 판매도 별개의 문제고. 그래도 잘 홍보되고 판매도 된 것 같아서 다행인 것 같아요."

2022년 12월 3일

어쨌든 우리는 그 뙤약볕을 걷고 또 걸었어. 이번엔 우리의 목적지가 어디였냐면… 바로 바닷가였지.

"엥, 웬 바닷가? 바닷가는 어제도 갔다 온 거 아니에요?"

아, 내가 부연 설명을 안 해 줬구나. 정확히는, 수영할 수 있는 해변가였지. 이름은 까먹었긴 했는데, 알리송이 카타르에 유명한 해변가가 있다고 하더라고? 막 모래사장이 있고 서핑까지는 몰라도 바닷가에 몸을 담굴 수 있는. 그래서 오늘의 패션은 해변가에서 물놀이를 할 수 있게 반바지를 입었어. 참, 카타르에 와서 처음으로 반바지를 입게 되었지…?

"엥, 근데 카타르는 이슬람 국가라 반바지를 입지 못하지 않아요?"

나도 그런 줄 알았는데, 카타르는 타 국가에 비해 유연한 이슬람 국가라 반바지를 입지 못하게 하는 것은 아니더라고. 나도 네가 알고 있는 것처럼 반바지가 허용 안 되는 줄 알고 아예 반바지를 챙기지 않았는데, 막상 카타르에 도착해서 버스를 타고 가니까 현지인들도 대놓고 반바지를 입고 다니더라고. ㅋㅋㅋ 뭐, 그래도 알리송이 내가 안 가져올 것을 생각해서 2벌 챙겼다고 하더라고. 그래서 정확히는 내가 입고 있던 반바지는 알리송의 반바지라고 할 수 있었지.

"캬. 이런 혜안이. 형은 진짜 알리송 형한테 고마워하세요."

그치. 사실 그가 없었다면 카타르 월드컵에 오는 것 자체도 더 힘난하거나, 아예 오지 못할 꿈이 되어 버렸을 것이니. 이렇게 글을 쓰면서 그에게 다시 한번 더 감사함을 표현하기는 해.
근데 아쉽게도 해변가에는 못 들어갔어. 참.

"엥? 왜요? 반바지가 알고 보니 금지였나?"

에이, 설마 그런 말도 안 되는 억까일까. 그건 아니고 알고 보니 이 해변가는 입장료를 받더라고. 한화로 약 8만 원 정도였나? 그랬을 거야. 근데 우리는 이 해변가가 무료입장이 가능한 것으로 알고 있어 온 것이었는데 돈을 받으니까 좀 그렇더라고. 물론 우리가 수중에 돈이 다 떨어진 것은 당연히 아니었고, 나는 신용카드까지 있으니까 들어가려면 들어갈 수 있었어. 하지만 굳이 8만 원 내고 들어가고 싶지는 않더라고? 그건 알리송도 동의하는 생각이었고. 그래서 그냥 근처에서 더우니 앉아서 쉬다가 발걸음을 움직였어.

그렇게 쉰 후 발걸음을 옮겨 도착한 다음 행선지는, 또 다른 바닷가였지.

"엥, 해변가에 못 간 게 아쉬워서요?"

내 그런 반응이 나올 줄 알았다. 뭐 그것보다는 해가 뉘엿뉘엿 저물고 있는 시점에서 카타르의 해변가 야경을 감상하고 싶다는 생각이 컸지?
우리의 선택은 최고였던 것 같았어. 바다의 바람이 선선하게 불어오기 시작했고 점점 해가 지고 있어 우리가 생각하는 야경의 모습이 점점 드러나고 있었지. 그러다 보니 이 장면도 굉장히 절경이라는 생각이 들었어. 그러면서 이때 오만가지 생각이 들더라.
'이제 한국에 돌아가면 어떤 미래가 펼쳐질까? 내가 처음에 계획했던 대로 지금 다니는 대학교를 자퇴하고 독일 유학을 준비할까? 그래도 축구 관련 대외활동을 다시 시작했는데, 이를 토대로 한국에서 축구 업계 활동을 해 볼까? 아니면 비트코인 잘 투자해서 돈 많이 벌어 여행이나 다닐까?'
참 내 미래에 대해 진지하게 고민했던 시점이었던 것 같아. 그것도 저 멀리 평생 언제 와 볼까 했던 카타르에서 말이야. 하긴 이때 나는 25살이었고 슬슬 미래에 대해 진지하게 고민해 볼 시점이었으니 이러한 배경은 나를 더욱 미래에 대한 생각을 들게 만들었던 것 같아.

"후… 괜히 놀러 가서 그런 생각을 하나 싶다가도 상황을 보면 당연한 것 같아요. 형 마음 이해해요."

그래도 카타르 월드컵 여행에서의 마지막 일정이니 더욱 재밌게 놀아야겠다는 다짐을 다시 했지. 언제, 아니지. 다시는 내 인생에서 못 올 2022년 11~12월 카타르 월드컵 여행이니까. 그렇게 우리는 진심을 다해 이 배경을 즐겼었던 것 같아. 근데 소신 발언하자면, 이곳만큼은 다음엔 연인이랑 오고 싶다는 생각이 들었어. ㅋㅋㅋ

뭐 이렇게 걷다가, 우연히 카타르 월드컵 공인구였던 '알-리흘라(Al Rihla)'를 팔길래, 심지어 외국인 관광객들이 비행기를 타고 가는 것을 고려해 공의 바람을 빼서 판매하길래 바로 질렀지. 카타르 월드컵까지 왔는데, 내 인생 첫 월드컵 직관 여행을 왔는데 그 대회의 공인구를 현지에서 안 산다는 것은 말도 안 된다고 생각이 되었던지라. 하긴 그 전날까지도 그 생각이 안 들었는데, 이렇게 마지막 날의 마지막 기회에 이렇게 공이 판매되었던 것은 어떻게 보면 운명이었을 수도…?

"오, 잘못하면 비행기에 바람이 꽉 찬 공을 들고 타면 기압 때문에 터질 수 있으니 바람을 빼서 판매한 것은 너무 센스 지렸네요. 크으으. 근데 진짜 이렇게 보면 서사가 소설이라고 생각이 들 정도로 완벽하긴 하네요. ㅋㅋㅋ 마지막 여행 날에 기어이 팔고 있는 공인구가 보였고 그래서 결국 그 공을 구매했고."

어우, 근데 생각해 보니 들고 갈 때 조금 난감하긴 할 것 같더라. 일단 캐리어에는 안 들어가니. ㅋㅋㅋ 뭐, 들고 간 건 내일의 이야기에서 풀게. 한국에 잘 가져왔으니 대충 잘 들고 왔다고 예상할 수 있겠지만.

이후에는 뭐 사실 큰 서사는 없었어. 그냥 어디에 걷다가 한 공원에서 대형 스크린을 통해 '네덜란드 vs 미국'의 경기를 생중계해 주고 있어서 앉아서 시간을 때울 겸 경기를 본 거? 근데 경기를 평가하자면, 역시 네덜란드는 네덜란드더라. 물론 미국이 조별예선에서 그닥 잘한 것은 아닌데 경쟁팀인 웨일스와 이란이 너무 못해서 올라온 지라 네덜란드가 가볍게 이길 것이라고 생각은 들었는데 경기를 보니까 그 생각보다도 손쉽게 이기는 기분이었어. 전반 10분부터 멤피스 데파이 성님이 가볍게 골을 넣어 주고 이후 블린트, 둠프리스의 추가골이 나와 미국의 라이트 선수가 만회골을 넣었지만 뒤집지 못하고 3-1로 이겼다? 이런 서사가 나왔지.

"뭐 이건 네덜란드의 승리가 예상되었고, 네덜란드가 예상대로 이겼고. 그닥 극적인 서사는 아니네요."

그래도 시간 때우기에는 충분했지. 뭐 한 경기 보면 2시간은 후딱 가니까. 근데 이런 것도 월드컵을 열고 있는 국가라 그런지 참 이렇게 서사가 나올 수 있는 것 같아. 이런 것도 다시 겪기는 힘들겠지? 내가 다음 월드컵에 가지 않는 한.

이후 밤이 깊었고 나와 알리송은 잠시 떨어져서 있다가 다시 팬 페스티벌에 모였어. 그도 그럴 것이 카타르 월드컵 여행의 밤은 팬 페스티벌에서 보내고 싶었거든. 게다가 마침 '아르헨티나 vs 오스트레일리아' 경기를 중계해 주기도 하고 말이야. 그런데 내가 팬 페스티벌에 가는 도중에 아쉬운 순간이 하나 생겼지 뭐야. ㅜㅜ

"엥, 이번엔 어떤 에피소드에요???"

그게… 사실 우리 앞서 언급한 그 경기… 극적으로 보러 갈 뻔했어…

"엥, 어떤 경기요? 뜸 들이지 말고 얘기해 보셔요. ―"

그거… 있잖아… 아르헨티나랑 오스트레일리아가 하는 경기….

"????????? 진짜요?"

엉… 그게 내가 알리송을 팬 페스티벌에서 만났는데 알리송이 다짜고짜 연락을 안 보냐고 화를 내더라고. 나는 해외이니 만큼 뭐 가다 보니 연락을 안 받을 수도 있다고 생각해 당황했는데, 알리송이 아쉽다는 듯이 얘기를 꺼내더라고. 바로 티켓 리세일 창구에서 그 경기 티켓을 2장 잡았다고.

"와… 진짜요…? 이게 된다고요…?"

맞아… 나도 당연히 가능성이 사실상 0%에 수렴한다고 생각해 아무 생각이 없었는데 알리송이 혹시 몰라 들어가 봤더니 잡았다고 하더라고… 다만 문제는 그는 당장 가지고 있는 돈이 없어 내 신용카드가 필요해 연락했었는데 내가 연락을 안 봤더라고 하더라고. 그래서 이제야 앱을 키니까 알리송이 연락을 보낸 게 보이더라고. 하지만… 이미 내가 연락을 본 시점에서는 티켓을 잡은 것도 나갔고 여기서 경기장까지 가는 것도 시간이 안 되니까 사실상 경기를 보러 가는 것이 불가하게 되어 버렸더라고… 참… 이렇게 마지막 날 억까라고 생각이 들더라….

"하긴… 근데 뭐 어제 대한민국의 극적 16강 진출을 앞에서 직관하셨 잖아요? 그리고 이 정도면 카타르 월드컵에서 메시 선수의 아르헨티나 경기를 보지 못하는 것은 운명이었을 수도 있고요. 그냥 새옹지마라 생각하고, 어차피 못 볼 경기였다고 생각하세요. 그게 마음 편할 거예요."

그치… 그래도 차라리 아예 기회가 없었던 것보다 잠깐 찾아왔다가 내 실수 아닌 실수로 날아가 버린 게 조금 생각이, 아니 많이 생각이 나더라. 그게… 나중에 메시 선수를 직접 보고 싶다는 열망으로 다가올 수 있으려나…?

"설마 그 멘트 복선 아니죠?"

혹시 모르지? 어쨌든 아쉬움을 뒤로하고, 우리는 근처에 있던 뤼카 일행과도 만나서 같이 경기를 즐겼지. 아, 그런데 여기서 너무 좋은 일이 있었어. 무엇이냐고? 바로 맥주를 마실 수 있었다는 점이야!

"엥, 근데 맥주야 원래 경기장에서 무알콜로 마실 수 있었잖아요?"

그치. 거기서는 무알콜이었지. 그런데! 놀라지 마시라! 여기서는 무려 알코올 맥주를 판매하더라고!

"진짜요??? 카타르는 이슬람 국가라 알코올 맥주를 판매 안 하는 것 아니었어요?"

원래는 그게 맞는데, 카타르는 비교적 규정에서 유한 이슬람 국가라 허용된 구역에서는 알코올 맥주를 판매한다고 하더라고. 더군다나 월드컵 스폰서가 버드와이저였던 점도 있고, 전 세계에서 맥주를 마시는 관광객들이 오니 여기에 알코올 맥주를 마실 수 있는 구역으로 지정한 것 같더라고. 아아, 비록 그 사실을 마지막 날에 알았지만 이게 어디냐고 생각이 들었지! 드디어 취기를 올릴 수 있는 알코올 맥주를 마실 수 있다는 점에 너무 감격스럽더라. ㅜㅜ

그래서 우리는 신나게 카타르에서 알코올 맥주로 '짠' 하며 음주를 즐겼지. 진짜 생각해 보니 카타르에서 어제오늘 별일을 다해 보네. 어제는 인생 처음으로 물담배를 즐겼고, 오늘은 이슬람 국가에서 알코올 맥주로 음주를 즐기고.

"게다가 다시 언급하지만 물담배는 형 인생에서 처음 아니에요? 그걸 한국도 아니고 아랍 국가에서 처음 접했으니. 게다가 마무리로는 이슬람 국가에서 즐기는 알코올 맥주라니. 참 재미있는 경험이었겠습니다!"

게다가 여기서 전 에피소드에서도 언급했던, 뤼카의 일행이자 같이 영국에서 유학하는 캐슬 님과도 제대로 안면을 틀고 친해졌지. 이후 그분과는 한국에서도 카페에 가서 담소를 나누는 등 인연이 이어지기도 했고 말이야. 책으로 푸는 이야기니까 자유롭게 쓰긴 하는데, 그분께서는 여러모로 배울 점이 많고, 인성도 좋으신 분 같더라. 이렇게 한국도 아니고 카타르에서 좋은 인연을 만들어서 참 좋았던 것 같아.

아, 그리고 마지막 소신 발언. 뤼카는 후일담도 있었지만, 진짜 길치더라. 어느 정도냐면, 잠깐 팬 페스티벌 내부에서 뭘 사러 간다고 잠시 자리를 비웠는데 한참을 지나도 우리한테 안 돌아오더라고? 그리고 결국 단톡방에서 한다는 말이, 길을 잃어버렸으니 자기를 찾으러 와달라는 말이었어. ㅋㅋㅋㅋㅋㅋ

"와 ㅋㅋㅋㅋㅋㅋ 그 형도 뭔가 완벽주의 성향이 있어 보였는데 약간 그런 허당미도 있네요."

진짜 ㅋㅋㅋ 내가 볼 땐 그 친구의 유일한 단점이 이거인 것 같아. 어쨌든 뭐, 우리 다 구시렁거리면서 결국 찾아 나섰고 기어코 찾긴 했지. 근데 찾은 거리를 보니까 진짜 별로 멀지도 않은 거리라서 더 어이없긴 하더라. 하여튼 이런 에피소드가 카타르 월드컵 여행 마지막 날에 있었다 이 말이야.

그렇게 우리는 재미있는 팬 페스티벌을 즐기고 나서 나와 알리송은 다음날 출국이 있었기 때문에 숙소에 복귀했지. 참 다음날 출국하는 애들이 술에 취해서 숙소에 온 게 참 스펙타클하네. 그래도 재미있었어. 아, 근데 아르헨티나 vs 오스트레일리아 경기는 어떻게 되었냐고? 그냥 평범하게 메시 선수가 활약해서 평범하게 아르헨티나가 이기고 8강에 진출했어.

2022년 12월 4일

'띠리리리리링'

아, 얼마나 잤다고 벌써 아침 벨이 울리더라고. 한 몇 시였나. 5시? 미쳤지. 어제 오랜만에 마셨다고 신나게 알코올 맥주를 들이켰으니. 그리고 그 상태로 새벽 2시에 잠들었으니. 그것도 출국 날에 말이야.

"ㅋㅋㅋㅋㅋㅋ 진짜 형은 스펙타클하게 사시네요."

엄청나게 인정. 하… 그래도 즐거웠으니 됐고 출국은 해야 할 거 아녀. 그래서 졸린 정신을 부여잡고 알리송이 깨지 않게 조심조심 샤워장에 갔지. 아, 알리송은 참고로 밤늦게 출국이라 나보다 늦게 나가도 되었기 때문에 내가 먼저 샤워하는 것이었어. 근데 졸리기는 졸렸는지 계속 샤워하면서도 눈이 감기더라. 하지만 이대로 잠들면 카타르에 갇히는 것이기 때문에 끝까지 정신을 부여잡고 샤워하는 데 성공했지.

"진짜 확실히 출국하는 날 아침이 가장 고통스러운 것 같아요. 어떻게 보면 어디 출근하는 거나 통학하는 것보다도 더 중요하기 때문에 더 정신을 부여잡게 되는 것 같잖아요."

그렇지. 출근이나 통학은 지각이나 못했을 시 그래도 감당이 가능한데 출국은, 비행기를 못 타면 그 후폭풍을 감당할 수 없으니. 그렇게 정신을 부여잡고 모든 짐을 싼 후에 알리송을 잠깐 깨워 인사했지. 아, 오해하지 말라고 말하는 거야. 참고로 알리송을 깨우기는 싫었는데 그래도 자기가 자고 있는 상태에서 헤어지는 것은 예의가 아니라고 내가 나갈 때쯤에 인사하기 위해서 깨워달라고 그러더라고. 그래서 알리송과 함께 포옹하며 인사를 마무리했지.

"덕분에 즐거운 여행이 되었어. 이 여행은 평생 잊지 못할 거야. 고마웠다."

아침 일찍, 나는 숙소 밖을 나섰어. 이후 내가 가지고 있는 키는 체크아웃을 위해(알리송은 자신이 따로 그가 가지고 있는 키 반납) 월드컵 임시 데스크에 가서 반납했지.

"어땠어요? 월드컵은 재미있었어요?"

반납을 하면서 직원이 나에게 물어봤지.

"네, 아주 많이요. 아마도… 제 인생에서 평생 잊지 못할 월드컵일 거예요. 제 인생에서 가장 소중한 월드컵일 거예요. 제 인생에서… 하루

쯤은 꿈에서라도 다시 돌아오고 싶을 월드컵일 거예요."

체크아웃을 마무리하고 이제야 해가 뜨는 아침 하늘을 보며 캐리어를 질질 끌고 셔틀버스를 타러 걸었지. 그리고 보니 카타르에서 매번 아침 일찍 나선 적은 거의 없다 보니 해가 덜 뜬 새벽녘은 처음이더라. 생각보다 이 풍경도 신선했지. 물론 아침 공기가 신선한 점도 있었지만.

"생각해 보니까 형이 카타르에서 이른 아침을 맞은 적은 없는 것 같네요? 하긴 대부분 오전 중반이나 오후에 일정을 시작했으니. 그래도 마지막 날에 카타르의 이른 아침을 맞아서 조금 신기하긴 하겠군요. 아라비안의 아침이라…."

근데 졸려 죽겠더라. 너무 T적인 발언이었나? 어쨌든 셔틀버스는 시내버스와 비슷한 느낌이었기 때문에 내 캐리어를 잡고 있어야 했고, 긴장을 늦추지 않아야 했음에도 졸음이 쏟아져서인지 카타르 도하 하마드 국제공항까지 눈이 감기더라. 그래도 캐리어는 꼭 잡고 있었지. 마치 예전에 후백제의 견훤이 창을 베개로 삼아 자듯이?

"이야, 이건 아무리 자고 있다고 하더라도 인기척이 들리면 바로 깬다는 그런 군인 정신이군요! 군인 정신 좋습니다! 그러니까 재입대…."

미쳤냐? 야, 임마. 그건 함부로 말하는 거 아니야. 그런 끔찍한 것을…

에잉 쯧쯧.

어쨌든 눈을 붙이고 나니 어느덧 공항에 도착했어. 음… 그런데 여기서 싸한 감정을 느꼈어. 왜냐하면 하마드 국제공항은 내가 도착했던 공항과 사뭇 다른 분위기를 보이더라고?

"근데 그건 형이 그때 카타르에 처음 와서 그걸 제대로 볼 겨를이 없었던 것 아니에요?"

그럴 수도 있었는데, 그러기에는 분명히 내가 기억하는 공항은 민가와 가까운 편이었고 1층 건물만 있었으며 버스 정류장이 있었거든. 그런데 하마드 국제공항은 뭐랄까 인천 공항처럼 층이 나눠지고 좀 더 규모가 크며 색깔도 다르더라고. 여기는 카타르의 자주색이 좀 더 돋보이는 그런 느낌.

그리고… 그 쎄한 예감은 틀리지 않았어. ㅋㅋㅋ 그게 내가 타려는 에티하드 항공사가 공항 내에 안 보이길래 공항 고객센터 직원에게 물어보니, 에티하드 항공사는 도하 인터내셔널 공항에 있을 거라고 하더라고.

"하마드 국제공항이 인터내셔널 공항 아니에요?"

나도 그렇게 생각했는데, 알고 보니 아예 다른 공항이 있더라고. 내가 카타르에 입국했을 당시 이용했던 공항은 그 인터내셔널 공항이고. 그래서 나는 직원에게 감사함을 표하고 정신 부여잡고 바로 지하철을 타러 갔지. 그나마 다행인 점은, 내가 아침 일찍 나왔기 때문에 시간이 조금 남았고, 하마드 국제공항에서 그다지 멀지 않은 곳에 위치하고 있다는 점이었어. 내 기억으로는 거의 3개의 정거장?

"오… 그래도 다행이네요. ㅜㅜ"

그니까. ㅜㅜ 만약 시간에 맞춰서 왔으면 큰일 났을 거니까. 그렇게 나는 정신을 부여잡고 빨리 인터내셔널 공항에 갔지. 확실히 공항에 도착하니까, 내가 처음에 입국했을 당시 보았던 풍경이 맞더라고. 하마드 국제공항에 비해 작고 1층 건물로만 이루어져 있으며 민가와 가까운, 그런 풍경 말이야. 근데 나는 일단 그 마지막 풍경을 감상할 시간도 없이 바로 공항에 들어갔지.
그런데 여기서도 신기한 일이 있었어. 무엇이냐면, 직원이 나보고 티켓을 보여달라고 하더라고.

"?? 티켓을 가지고 있는 상황은 아니잖아요."

당연하지. 내가 생각하는 방식은, 공항에 도착해서 내가 타야 하는 항공사 카운터에 가서 종이 티켓을 발권하는 방식인데. 아마 대부분 그렇게 생각하는 것이 정석일 것이고. 뭐 근데 나는 예약 내역을 보여 주면 될 것 같아서 그걸 보여 주니 통과시켜 주더라고. 약간 대회가 워낙에 큰 대회이다 보니 그런 보안 검사인 것 같긴 했어.

"하긴, 월드컵이잖아요. 여간 큰 대회이다 보니까."

그렇게 들어선 인터내셔널 공항. 확실히 하마드 국제공항에 비해 협소해 보이긴 하더라고? 게다가 사람도 많이 없었고 말이야. 그래도 나처럼 그날 귀국하는 한국 분들은 많아 보이더라. 그래서 서로 알아보고 인사하기도 했고. 역시 타국에서 한국인을 보는 건 반갑긴 하더라. 물론 그거야 이틀 전까지만 하더라고 실컷 봤지만. ㅋㅋㅋㅋㅋㅋㅋㅋㅋ

"그러니까요. ㅋㅋㅋㅋㅋㅋ 분명히 한국을 경기장에서 응원하면서 한국인들을 많이 봤을 텐데."

어쨌든 그렇게 출국 수속 절차를 밟고, 다시 경유를 위해 아랍에미리트 아부다비를 향했지.

그렇게 도착한 아부다비 공항. 그런데 이번에도 거의 10시간가량 남았더라고?

"와우, 카타르에 갈 때에도 10시간 동안 기다렸는데 이번에도 10시간 동안 기다리네요?"

그러게. 그래서 이번에도 지루한 시간이 지속될 예정이었지. 근데 나는 여행 동안 빡센 일정을 소화했기 때문에 좀 많이 피곤했어. 그래서 여기에서 경력직의 포스가 스스로 느껴졌던 게, 왜 카타르에 갈 때 10시간 동안 아부다비 공항에 있었잖아? 심지어 이번에도 한국으로 가는 비행기 게이트가 같더라고. 그래서 나는 누워서 잘 수 있는 곳을 알고 있기 때문에 바로 그곳을 향해 갔지. 게다가 낮이라 그런지 사람이 저번보다 없더라고. 그래서 편안한 마음으로 누웠고, 피곤해서 그런지 바로 잠이 들더라.

"헐… 그런데 소매치기 같은 걱정은 안 했어요?"

하긴 했지. 그런데 아랍에미리트도 되게 잘 사는 나라야. 그러다 보니 치안이 괜찮은 나라이고. 심지어 여기는 규모가 큰 국제공항이잖아? 그러니 누가 간 크게 남의 물건을 가져가? 라고 생각했지만 그래도 불안해서 짐 등은 손에 꼭 쥐고 잤지. 마치 후백제의 견훤처럼 창으로 베개를 삼은 것처럼.

"형… 이번에는 비유가 조금 다른 것 같은데…?"

아무튼 그러라면 그런 줄 알아. 쯧. 나 때는 말이야. (장난)

그렇게 시간이 지났을까? 어느덧 공항 밖의 풍경은 해가 져서 그런지 어둡더라고? 시간 되게 잘 보냈다는 생각이 들더라. 그렇게 기대하는 마음으로 시계를 보니, 벌써 비행기를 타기까지 거의 2~3시간밖에 남지 않았고 말이야. 참 성공적인 낮잠이었지.

"와, 이건 진짜 인정. 10시간을 기다려야 하는데 8시간을 잠으로 때우다니. 경유를 해야 하는 일정에서 가장 성공적인 서사네요."

내가 이럴까 봐 미리 피로를 누적시킨 거라고. 그래서 어제 맥주를 그렇게 마신 것이고. 내가 이렇게 한 수를 세게 뒀단다. ^^

그렇게 또 2시간을 기다리니, 드디어 한국으로 가는 비행기에 올랐어. 이번에도 셔틀버스를 타고 비행기를 타는 방식이더라고. 약간 아부다비는 대부분 이런 방식으로 비행기를 타는 것 같았어. 아, 아닌가? 게이트를 연결하는 곳이 있을지도 모르겠다. 이건 내가 아부다비 공항이 처음이기 때문에 단정은 못 짓겠다.

오, 그런데 비행기 탑승, 너무 이득이었어. 왜냐하면 좌석이 텅텅 비었거든. ㅋㅋㅋ

"엥, 왜요? 뭔 일 있었나?"

있었지. 왜냐하면 우리나라가 16강에 진출했잖아? 그러다 보니 대부분 사람들이 16강 브라질전을 보기 위해 귀국 비행기를 좀 더 늦추는 일정으로 변경했을 거였지. 아, 물론 나도 브라질전을 보고 갈까 고민했었어. 심지어 한국이 포르투갈을 이기고 16강에 올라갔을 당시 부모님께 연락이 왔는데, 내가 16강 브라질전을 꼭 보고 싶으면 돈을 모두 지원해 줄 테니까 보고 와도 된다고 하더라고?

"와… 진짜요…? 너무 부럽… 그런데 왜 그냥 정상대로 귀국했어요?"

음… 여기에는 복합적인 문제들이 작용했어. 일단 브라질전 티켓을 구하는 것이 하늘의 별 따기라고 표현할 수 있을 정도로 어려웠어. 그도 그럴 것이 그렇게 많은 브라질 축구 팬들과 티켓팅 강국인 대한민국 팬들과 경쟁하는 것이잖아? 게다가 나는 왠지 브라질에게 장렬한 전사를 맞을 것 같다는 느낌이 팍 드는 거야. 왜 그렇잖아. 우리나라가 다른 나라를 상대하면 모를까 당시 우승 후보의 브라질을 상대하는 것이니. 게다가 그들은 언제나 우리나라에 강했고 그해 6월 A매치에서도 1-5로 대패를 선사했으니. 물론 부모님이 모두 지원해 주신다고 하더라도 변경할 일정의 비행기 티켓을 구하는 것도 힘들뿐더러 가격도 만만치 않았을 테고, 내가 머무는 숙소는 내가 체크아웃하는 날부터 숙박 예약자들이 모두 차는 바람에 숙소를 구하는 데에도 어려움을 겪을 것, 그리고 더해서 더욱 비싼 가격도 이유였지. 더해 그 짐들을 다시 그 숙소에 가져가야 하는 수고도 있었고.

"오… 그렇게 보니 정상대로 귀국하는 것이 더 맞을 수 있겠네요. 게다가 형은 앞에 미국 여행과 독일 어학연수까지 했으니 예산 부분에서 부족함이 많았을 테고요."

맞아. 물론 어학연수는 부모님이 지원해 줬다지만, 오히려 이 부분에서 더욱 지원받는 것이 미안했지. 그래서 귀국은 정상대로 진행한 거야.
그 선택은…! 너무 좋았지. 일단 나는 많은 사람들이 일정 변경을 했다 보니 내 옆좌석도 비었고, 결국 나는 7시간의 비행 내내 누워서 갔지. ㅋㅋㅋ 뭐 좌석이 비어 있는데 누워서 가는 것은 상관없잖아? 진상 절대 아니잖아?

"하긴 옆 좌석이 비어서 눕는 건데 그게 진상은 아니죠."

게다가 나중에 한국에 도착해서 경기를 봤는데, 내 예상대로 우리나라는 브라질을 상대로 1-4, 장렬한 전사를 했고. 물론 나도 그 경기를 실제로 봤어도 상관없었지만, 여러 복합적인 문제로 안 보기를 선택한 것이 잘한 것 같더라고.
그렇게 7시간에 걸쳐 비행한 끝에, 인천 공항에 도착했어. 확실히 한국은 카타르랑 다르게 춥더라. 아, 이건 당연하지. 12월이었으니까.

"그렇게 나의 인생 첫 월드컵 여행인 카타르 월드컵 여행. 2주간의 일정은 그렇게 마무리되었어."

에필로그… 그 뒤…

그렇게 나는 12월 4일? 12월 5일 한국에 무사히 귀국했다. 확실히 몸은 강행군을 펼쳐서 그런지 피곤에 절여져 있었다. 하지만 그보다도 그렇게 재미있고 소중한 카타르 월드컵 여행이 끝났다는 생각에 아쉬운 마음이 좀 더 컸고, 슬픈 마음이 몰려왔던 것 같았다. 그래도 내 평생 그렇게 가고 싶었던 월드컵. 그래서 내가 지금까지 했었던 여행 중에 가장 행복했던 여행이었고, 특히 2022년 12월 2일 대한민국이 포르투갈을 격침했던 그 순간은 내 인생에서 가장 행복했던 날이었다. 지금도 딱 하루만 그날로 돌아가고 싶을 만큼.

이후 나는 다시 내가 진행하고 있었던 대외활동 교육에 복귀했다. 내가 프롤로그에서는 자세히 언급한 적 없었지만, 독일 어학연수에서 복귀한 이후 카타르 월드컵에 가기 전 토요일마다 서울에 올라가 듣는, '스포츠 산업 실무 교육'이 있었다. 나는 그 활동에 카타르 월드컵 여행으로 인해 2주간 가지 못했고, 그래서 한국에 귀국하자마자 며칠 뒤 다시 교육 활동에 복귀했다. 그러면서 대학교 복학까지 시간이 남았고 앞서 언급한 대외활동 교육비를 충당해야 했기 때문에 카타르 월드컵 직전 출근했던 인력 사무소에 다시 가 아르바이트로서 현장 일에 겨울 방학 기간 내내 나갔다. 뭐 그러면서도 계속 가고 싶었던 일본 여행을 다가오는 여름에 가고 싶기도 했고.

그렇게 나는 교육을 듣고 아르바이트를 하며 겨울을 보내니 어느덧 봄을 맞이했고 교육 활동에서 팀 대상, 즉 1등을 달성하는 쾌거를 이루었다. 그러면서도 내가 살고 있는 도시인 청주에 '충북청주 FC'라는 구단이 K리그2에 진입함에 따라 재창단되어 1년 차를 맞이했는데, 그 구단에서 '대학생 마케터'를 모집했고 나는 그곳에 지원해 '합격'하며 축구를 좋아하는 대학생으로서는 더할 나위 없는 행복한 순간들이 이어졌다. 게다가 충북청주 FC 소속의 대학생 마케터로서 1시즌을 보내면서 영상 편집, 콘텐츠 제작, 경기 업무 등 여러 귀중한 축구 산업 경험을 얻었고 좋은 사람들과 인연을 맺는 등 소중한 연결고리도 생겼다. 아, 물론 여름에는 일본 여행, 겨울에는 영국 여행을 가면서 그곳에서 소중한 축구 인연들을 만나기도 했고.

그리고 그 이후에는 FC 충주라는 K4리그 구단 소속 대학생 마케터로서 소중한 경험을 쌓고 귀중한 인연을 형성했고, 내가 평생 꿈꾸던 유튜브 활동을 열심히하며, 그리고 여행 관련 기자 활동도 하며, 축구 전력 분석에 관한 교육을 들으며. 그리고 그 해에도 기어코 미국, 일본, 사우디아라비아, 태국에 여행하고 코파 아메리카, AFC 챔피언스리그, 프리미어 12 등을 경험하며. 그렇게 지냈다.

하지만, 이렇게 바쁘게 보낸 3년 동안에도 그 순간만큼은 잊지 않았다. 아니, 앞으로도 잊지 못할 것이다.

'차가운 11월과 12월의 겨울에 보낸, 그 누구보다도 뜨거운 카타르 월드컵에서의, 나의 꿈과 열정과 청춘이 담긴 추억을.'

카타르 월드컵 그날의 추억

ⓒ 황선재, 2025

초판 1쇄 발행 2025년 12월 8일

지은이	황선재
펴낸이	이기봉
편집	좋은땅 편집팀
펴낸곳	도서출판 좋은땅
주소	서울특별시 마포구 양화로12길 26 지월드빌딩 (서교동 395-7)
전화	02)374-8616~7
팩스	02)374-8614
이메일	gworldbook@naver.com
홈페이지	www.g-world.co.kr

ISBN 979-11-388-5041-4 (03810)

- 가격은 뒤표지에 있습니다.
- 이 책은 저작권법에 의하여 보호를 받는 저작물이므로 무단 전재와 복제를 금합니다.
- 파본은 구입하신 서점에서 교환해 드립니다.